国际问题文丛
INTERNATIONAL ISSUSES BOOKS

竞争与包容

Competition and Tolerance

美国族裔政治研究

A Study of American Ethnic Politics

朱全红 著

世界知识出版社

图书在版编目（CIP）数据

竞争与包容：美国族裔政治研究 / 朱全红著 .—北京：世界知识出版社，2022.4
ISBN 978-7-5012-6413-1

Ⅰ．①竞… Ⅱ．①朱… Ⅲ．①政治－研究－美国
Ⅳ．① D771.21

中国版本图书馆 CIP 数据核字（2021）第 189191 号

责任编辑　曾伏华
责任出版　王勇刚
责任校对　张　琨
封面设计　张　乐

书　　名　**竞争与包容：美国族裔政治研究**
Jingzheng yu Baorong：Meiguo Zuyi Zhengzhi Yanjiu

作　　者　朱全红

出版发行　世界知识出版社
地址邮编　北京市东城区干面胡同51号（100010）
网　　址　www.ishizhi.cn
电　　话　010-65265923（发行）　010-85119023（邮购）
经　　销　新华书店
印　　刷　北京虎彩文化传播有限公司
开本印张　710毫米×1000毫米　1/16　19印张
字　　数　290千字
版次印次　2022年4月第1版　2022年4月第1次印刷
标准书号　ISBN 978-7-5012-6413-1
定　　价　128.00元

Preface

序 言

对美国族裔政治研究的构思产生于笔者对美国多元文化外交政策的研究。作为重要的公共政策之一，美国外交政策的制定过程充满了包括族裔群体在内的各利益集团之间的竞争与博弈，而决定利益集团影响力的关键因素在于各种政治资源的充分利用。这是由美国政治体制所决定的。因此，美国族裔政治研究一定程度上是我前一课题研究的继续与扩展。

然而，美国族裔政治研究是一个宏大的课题，涉及美国社会各族裔群体的方方面面(包括其移民历程、公民权利、宗教信仰、文化认同、风俗习惯等)。在对这一课题进行资料收集时，我发现美国学者在族裔政治研究方面更多专注于某一个民族或种族群体，且因为历史原因，研究重点往往都放在了黑人政治上；而国内学者对美国族裔问题的研究却很少涉及较为深入的政治分析。面对21世纪后民权运动时代族裔矛盾和冲突越来越激烈的美国社会，我认为更有必要对这一问题进行宏观的思考，而不是仅囿于某个族裔群体或某个族裔问题。于是，便有了这本《竞争与包容：

美国族裔政治研究》著作的面世。这里的“竞争与包容”主题所要突出的不仅仅是美国政治体制催生的利益集团博弈特质，也反映了美国政治文化中一直强调的“人人平等”的价值体系。应用于美国的族裔关系体现的正是瑞典社会学家戛纳·缪达尔（Gunnar Myrdal）1944年著述中所谓的“美国的困境”，即美国一方面宣称要实行民主、自由和平等，另一方面又长期实施种族隔离和种族歧视政策并建立起了严酷的族群等级体制。

围绕着这个主题，本书讨论的少数族裔群体就不仅仅局限在目前美国社会所界定的非洲裔、亚裔、西语裔和印第安人这四大少数族裔群体，而是将视野扩展到历史上同样遭受过主流盎格鲁-撒克逊白人清教徒歧视与排斥的白人少数群体，甚至也就盎格鲁-撒克逊这一族裔群体在早期殖民地时期为建立独立的、后来成为美国主流文化认同的民族认同进行了讨论。从中我们可以理解美国族裔政治中“竞争”与“包容”的真正内涵，其中的主题就是处于支配地位的族裔群体与遭受歧视的少数族裔群体之间的平等问题。这就是说，本书并不是一本纯族裔政治理论的阐述。作为历史研究学者，我也尝试着从族裔政治的历史叙述中来观察和解读美国政治中的族裔问题。这应该算作是本书的一个特色吧！

在本书写作过程中，美国社会正经历前所未有的族裔关系调整。这一社会热点为本课题的研究提供了具有特殊意义的鲜活素材。其中具有划时代意义的便是两位不同寻常的美国总统——奥巴马和特朗普。围绕着他们的选举和所推行的各种政策，主流族群与少数族裔群体之间展开了令人叹为观止的政治博弈与厮杀。其斗争之激烈，用“白热化”来形容毫不为过。前者入主白宫成为后民权运动时期黑人少数族裔群体中最引以为傲的胜利标识；后者则成功地举起了白人主流群体在新世纪民粹主义民族主义运动的旗帜，且发誓要“让美国再次伟大”。从族裔政治的视角来说，两位美国总统的当选和任期都具有重要的象征意义，因而成为本书着墨最重的部分。奥巴马的当选对于传统上以黑白为主基调的族裔关系来说具有划时代的里程碑意义，这是20世纪50—60年代民权运动以来美国黑人政治取得的最为重要的标志性成果；而特朗普的当选在很大程度上则意味着美国白人中出现的有史以来最为强烈的民粹主义反弹，是一场美国历史上曾经一再出现过的新的白人民族主义运动高潮。在这期间，本人也正好有机会在美国进行了约3年时间的学习与研究，亲身感受到了美国这个特殊时期族裔关系的大变迁。因此，这些难得的素材自然成为了本书相关章节中大书特书的内容。

不过，计划还是赶不上变化。“美国族裔政治研究”课题虽然从2012年获得国家社科基金的立项到最终交付出版社终稿，我们前后花了近10年时间，并且经历了美国族裔政治史上最重要的调整和变化时刻，但我们的研究仍无法完全追踪和透彻解读美国族裔政治中所发生的一切。本书完稿的时候正值美国2020年总统大选激战正酣，选民对立，党派分裂，其激烈程度不亚于2016年的大选。而背后一大重要的推动力依然是主流的白人群体与少数族裔在移民和族裔平等问题上的较量，尤其是在浓郁的白人民族主义意识推动下“白人的愤怒”的进一步释放。虽然在一片混乱的选举竞争中民主党候选人约瑟夫·拜登最终被确认赢得了大选的胜利，但“黑人的命也是命”运动与白人民族主义运动的抗争还在继续。未来美国族裔政治在拜登任期内将如何发展，本人仍将继续予以高度关注，但却无法将其涵盖于本书之中。这自然多少有些遗憾，但我们还是希望本书的出版能够为读者理解未来美国族裔关系的调整和变化提供有益的启示，并能吸引更多学者在这一问题上做进一步的追踪和探索。

Contents

目　录

第一章 导论

当代美国社会在如何定义种族、种族关系以及社会的上下流动性问题方面正在发生巨大的变化，少数族裔与白人主流社会之间在这些问题上的认识也呈现极大差异甚至有极化趋势，并通过政治选举不断表现出来。这使民族种族问题严重影响着美国的政治进程与社会的和谐和稳定。21 世纪初诞生的第一位黑人总统和随后出现的令人费解的“特朗普现象”，突出反映了美国各族裔群体在一系列政治、经济和社会问题上不同的诉求以及为此进行的激烈政治博弈。在此背景下，族裔问题成了当前美国政治中最为敏感、最有争议、也最时髦的社会焦点之一。族裔政治研究也因此成为当代美国政治研究的重要视角和课题。

一、研究缘起

1. 美国政治的双重特性

众所周知，美国社会是一个极具多元化的社会，但同时又是一个典型的多元共存的社会。作为一个移民国家，美国人口的族裔结构不断发生着变化，虽然先入为主的盎

格鲁 - 撒克逊人最早建立了具有其鲜明民族特色的社会文化体制，但不断从世界各地涌入的移民及其后裔使这个社会不断呈现出多元文化的特色，并在政治上表现出不同的利益诉求。族裔关系时而相互竞争和排斥，时而相互包容与联合，特别是占主导地位的族裔群体与（在人口和社会经济地位等方面）占弱势地位的少数族裔群体之间的关系调整，往往成为美国政治图谱中特殊的风向标识。一些曾经遭受排斥和歧视的少数族裔群体在经过一段时期适应、调整和斗争后逐渐被主流社会所接纳，其政治、经济和社会地位得到明显改善（如德国裔或德裔、爱尔兰裔、犹太裔美国人等）；而另一些如非洲裔、拉丁裔、亚裔、印第安人等这样的族裔群体则长期被排斥在美国主流社会之外。后者即便是经济、政治和社会地位有了一定的提高，但整体上仍长期处于被边缘化状态。引人注目的是，所有这些过程都是在一个相对稳定的政治体制下进行的。美国历史上只有 19 世纪 60 年代初的内战曾经因为地域文化和经济模式的差异而使南北社会发生过分裂。此外，很少由于这种社会文化的多样性而发生大规模的冲突。这就为我们研究美国政治提供了一个有益的视角，即研究族裔因素在美国政治中的作用与影响力。其中，所研究的对象主要是少数族裔群体在美国政治体制中的政治参与和政治代表性问题，同时包括少数族裔群体在相互竞争、合作包容中提升其政治、经济和社会地位的社会融入问题。

从政治视角来看，这正反映了美国政治的双重特性：A. 美国政治的竞争性。具体体现在：作为以不同历史文化背景为基础所构成的族裔群体，如何利用各种政治资源，在美国宪法框架下参与到美国的政治进程中，并通过对美国政治施加影响，实现符合其群体利益的政治诉求。B. 美国政治的包容性。具体体现在：族裔群体如何在美国特殊的体制架构内消解各种利益冲突，维持社会的稳定，促进社会的和谐与发展，实现美国《独立宣言》与宪法所设定的自由和平等的理想。

2. 研究美国族裔政治的作用

对族裔政治的研究一方面有助于使我们从族裔问题视角探讨美国政治文化的特质，了解特殊利益群体参与美国政治进程的方式、特点、资源和手段等，因而具有重要的学术价值；另一方面还可以使我们了解美国族裔政治的发展变迁，从中探寻美国政治体制中化解多元文化社会的民族种族矛盾、维持社会和谐稳定的机制，因而具有重要的现实意义。美国正是在这种竞争与包容的政治环境中持续吸纳来自世界各地的移民并不断消解各种民族种族矛盾，在持续发展壮大的同时保持各利益群体之间利益的平衡和社会的稳定。

二、研究历史与现状

1. 21世纪之前的美国族裔政治研究

有关美国族裔政治的研究早在19世纪末就已经有美国学者开始关注。当时一些历史、政治和社会等领域的学者（甚至还有传记作家）在他们各自的著述中会涉及某些族裔群体在政治中的表现。其中最早专门研究某一族裔群体在美国政治中影响的历史著述要数1893年由伊丽莎白·H.艾利(Elizabeth H. Avery ）撰写的《法国移民对美国政治史的影响》（*The Influence of French Immigration on the Political History of the United States*）。该书对18世纪不同宗教派别的法国移民在政治中的影响进行了比较，认为来自法国的新教徒在美国革命及之后的宪政活动中表现出了非凡的影响力。[①] 第一位涉及政治与族裔问题的政治学者是彼得·奥德加得（Peter H. Odegard）。他1928年出版了有关禁酒问题的《压力政治：反沙龙联盟的故事》（*Pressure Politics: The Story of the Anti-Saloon League*，New York，1928）一书。在书中，他认为推动禁酒运动和修宪的政治力量主要是那些来自英国的清教徒和福音派这样的族裔宗教组织。[②]

在艾利发表其有关法国裔新教徒对美国革命产生巨大影响的著作40多年之后，专门研究某一族裔群体的两部著述在20世纪30年代后期出版，即卡尔·韦迪克（Carl Wittike）的《世界大战中的德裔美国人》（*German-Americans in the World War*，Language Press，Columbus，1936）和克里夫顿·J.

① 该书已由纳布出版社（Nabu Press）于2010年再版。

② Lawrence H. Fuchs，*American Ethnic Politics* (New York: Harper Torchbooks，1968)，p.277.

查尔德的《美国政治中的德国裔（1914—1917年）》（Clifton J. Child，*The German-American in Politics*，*1914—1917*，Madison，Wisconsin，1939）。这两本著述都对德国裔在第一次世界大战（简称一战）中的作用与表现进行了深入的研究。也正是在这个时候，政治学家彼得·奥德加得（Peter H. Odegard）发表了他的《美国政治：美国政治的活力》一书（*American Politics*: *A Study in Political Dynamics*，New York:Harper and Brothers，1938）。其中"美国熔炉政治"一章首次在这样的政治学教科书中重点突出了美国政治中的移民问题。[①] 从这些研究的对象我们可以看出，学者们关注的主要是殖民时期就移居美国的移民后裔（Old-Stock Americans），但专门的和系统的研究成果凤毛麟角，因为在那个时候真正对美国政治特质进行系统性的研究本身就很少，关于族裔政治问题的专门研究就更少了。

此后，随着越来越多新移民的涌入，具有不同文化传统的族裔群体可能对美国政治带来的影响便越来越成为美国学者们研究的话题，但真正在这个领域较有影响的著述是在20世纪中叶的40—60年代。根据不同时期移民潮的特征，其研究对象分别是德国裔、爱尔兰裔、犹太裔、意大利裔、波兰裔以及非洲裔美国人等。这些研究对这些群体在一些历史事件中的政治态度、选举表现、政党认同与重组、移民政策、城市政治机器中的作用、不同族裔群体间的关系等进行了探讨。如克里夫顿·J.查尔德（Clifton J. Child）的《美国政治中的德国裔（1914—1917年）》、朱利尔斯·特纳（Julius Turner）的《政党和选民》（*Party and Constituency*: *Pressures on Congress*，1952）、内森·格雷泽（Nathan Glazer）与D. P.莫伊尼汉（D. P. Moynihan）共同撰写的《超越熔炉：纽约的黑人、波多黎各人、犹太人、意大利人和爱尔兰人》（*Beyond the Melting-Pot*: *The Negroes*，*Peurto-Ricans*，Jews，Italians and the Irish of New York City，1963）等。其中最为突出的有劳伦斯·H.福克斯（Lawrence H. Fuchs）编著的论文集《美国族裔政治》（*American Ethnic Politics*，1968）与埃德加·里特（Edgar Litt）的专著《超越多元主义：美国的族裔政治》（*Beyond Pluralism*: *Ethnic Politics in America*，1970）。它们不仅对白人少数族裔群体

① Lawrence H. Fuchs, *American Ethnic Politics* (New York: Harper Torchbooks, 1968), p.277.

和非洲裔美国人在政治上的影响力进行了历史的梳理，同时还对美国一些如何吸纳这些政治上边缘化的族裔群体的不同理论进行了分析和评价（如“同化”“分离”与“激进政治”等），至今仍然是研究美国族裔政治的基础性著作。

《1965年美国移民法》通过以来的50多年里，美国人口增长迅速，族裔结构也发生了新的巨大变化，来自拉丁美洲和亚洲的移民群体在美国人口中所占比例急剧提高；而20世纪50—60年代的民权运动使美国各少数民族种族群体获得了广泛的政治权利，经济地位也有了很大提高。这些变化对当代美国政治产生了前所未有的冲击，从而也形成了美国族裔政治研究的又一次高潮，至今不衰。许多美国学者从各自的专业角度对美国移民及其后裔进行了比较深入的研究，并将研究重点从过去白人族裔群体转向了人口不断增长的非白人少数族裔群体。其中，在20世纪90年代比较突出的成果有鲁道夫·德拉·加尔萨（Rodolfo de la Garza）等编著的《拉丁裔的声音：墨西哥裔、波多黎各裔、古巴裔对美国政治的看法》（*Latino Voices: Mexican, Puerto Rican, and Cuban Perspectives on American Politics*，1992）、钱德勒·戴维森（Chandler Davidson）和伯纳德·格罗夫曼（Bernard Grofman）的《南方静悄悄的革命：〈选举权法案〉的影响（1965—1990年）》（*Quiet Revolution in the South: The Impact of the Voting Rights Act, 1965—1990*，1994）等。1995年，鲍拉·D. 麦克莱恩（Paula D. McClain）撰写的综合性专著《我们可以相处吗？——美国政治中的少数民族种族群体》（*Can We All Get Along? — Racial and Ethnic Minorities in American Politics*）出版，立即引起学界的关注。该书运用比较法对当代美国四大少数族裔群体——非洲裔、拉丁裔、亚裔和印第安人——在美国政治进程中的参与和代表性等问题进行了研究，并提出了这些族裔在各种政治冲突中如何从竞争走向联合、实现民族种族关系和谐发展的方向。目前该书已经连续出版7次，2017年的最新版本涵盖了奥巴马第二任期和2016年大选，因而是目前美国族裔政治研究的一本重要著述。

2. 21世纪美国族裔政治研究特点

进入21世纪，美国族裔政治研究重点除了传统黑人研究外，学者们还更多聚焦在了人口快速增长的拉丁裔。在黑人政治研究方面，21世纪最具代表性和影响力的当属2000年由密歇根大学政治学教授、著名黑人研究学者汉斯·沃尔顿（Hans Walton）等出版的论著《美国政治与非洲裔美国人对普遍自由权利的追求》（*American Politics and the African American Quest for Universal Freedom*）。该书全面展现了美国黑人对美国政治的深远影响，突出了黑人对国家、政府机构及政治进程的重要作用，强调黑人的斗争不仅为其自身争取到了自由，也为所有美国人带来了自由。该书到目前为止已出版8次，最新版本涵盖了2016年大选及黑人最新的“黑人的命也是命”（Black Lives Matter）运动，是一本了解黑人政治经济地位与黑白关系的重要著作。在拉丁裔政治研究方面，由于拉丁裔人口及其相应政治影响力的快速增长，这些年相关研究成果越来越丰富，比较有代表性的著述有：乔治·拉莫斯（Jorge Ramos）2005年出版的《拉丁裔潮流：西班牙语裔如何正在改变美国政治》（*The Latino Wave: How Hispanics Are Transforming Politics in America*，2005）、约翰·A.加尔西亚（John A. Garcia）的《拉丁裔政治：社区、文化与利益》（2017年第3版）（*Latino Politics in America: Community*，Culture，and Interests）以及希塞·西贝尔·穆罕默德（Heather Siber Mohamed）的《新美国人？移民、抗议与拉丁裔的认同政治》（*The New Americans？ Immigration，Protest，and the Politics of Latino Identity*，2017）等。其中密歇根大学教授约翰·A.加尔西亚（John A. Garcia）出版的《拉丁裔政治：社区、文化与利益》深入分析了美国不同背景的拉丁裔少数群体如何影响了美国的政治版图，特别是拉丁裔领导层、被动员起来的拉丁裔群体以及那些游说组织是如何影响了美国政治中有关选举、移民和党派政治等话题，因而是我们研究拉丁裔群体在21世纪美国政治中影响力变化的重要著述。

关于美国亚裔政治研究的虽然不如黑人政治和拉丁裔政治研究那样成果丰硕，但因其人口的快速变化也呈不断增长趋势。突出成果有林多（Lindo Vo）2004年出版的《动员亚裔社会（亚裔历史与文化）》[*Mobilizing an*

Asian American Community（*Asian American History and Culture*），2004]、安德鲁·青木村（Andrew Aoki）和竹田（Okiyoshi Takeda）共同出版的《亚裔政治》（*Asian American Politics*，2009）、艾伦·D. 吴（Ellen D. Wu）的《胜利的颜色：亚裔美国人与模范少数群体的起源（当代美国政治与社会）》[*The Color of Success: Asian Americans and the Origins of the Model Minority*（*Politics and Society in Modern America*），2015] 等。特别值得关注的是反映亚裔美国人政治和社会生活缩影的最新一本新书《侵入者：亚裔与郊区的战斗》（*Trespassers: Asian Americans and the Battle for Suburbia*，2017）。该书由马里兰大学助理教授威洛·S. 珑 - 阿曼（Willow S. Lung-Amam）撰写，重点探讨了亚裔群体在旧金山郊外的高科技城硅谷的社会生活与政治融入，并在此基础上提出：城市的郊区对于移民和少数族裔群体来说是一个争取平等与融入的重要场地。

关于印第安人政治的研究成果有：明尼苏达大学印第安人研究教授大卫·E. 威尔金斯（David E. Wilkins）和加拿大维多利亚大学的海蒂·K. 斯塔克（Heidi Kiiwetinepinesiik Stark）博士撰写的《美国印第安人政治与美国政治体制》（*American Indian Politics and the American Political System*，2017）最有影响。该书已连续再版 3 次，其从政治学视角对印第安人（含阿拉斯加和夏威夷土著民）自治政府的结构与职能、印第安人部落之间及印第安人部落与州和联邦政府之间的关系以及这些印第安人部落在维护和争取它们的民族特性与权利所遇到的挑战等方面进行了全面的研究，是我们研究印第安人部落政治的一本基础性学术著作。

除了上述有关少数族裔群体的研究成果外，对盎格鲁 - 撒克逊主流白人群体及泛白人族群的研究是后民权运动时代的一大特色。特别是在 21 世纪初随着白人族群对新的移民浪潮的冲击和多元文化主义思潮泛起的愤怒和恐惧心理不断增强，相关研究已经成为当代美国族裔政治研究的一大热点。其中，21 世纪初较全面和深入关注这一问题的是英国伦敦大学政治学教授埃里克·考夫曼（Eric Kaufmann）。他的《美国主流族裔群体的衰落：盎格鲁美国人的兴衰》（*The Rise and Fall of Anglo-America: The Decline of Dominant*

Ethnicity in the United States）一书在2004年一出版便受到学术界的高度关注。考夫曼在书中提出，面对来自拉丁美洲和亚洲新移民的急剧增加，自最早的清教徒到达北美以来就占据美国民族文化核心地位的盎格鲁-撒克逊白人新教文化正遭遇前所未有的冲击，加上内部日益激烈的“文化战争”，其在美国社会的主导地位如今已岌岌可危。究其原因，考夫曼认为这主要源自盎格鲁-撒克逊新教群体内部的那些自由主义和世界大同思想的潮流。这些潮流在19世纪末的最后10年和20世纪初的最初30年形成了给美国社会带来巨大变化的改革洪流，并于20年代在文化上、60年代末在体制上成功地挑战了盎格鲁-撒克逊的主导地位，使美国少数族裔群体开始不断融入主流文化。其中，倡导这一社会改革的突出代表为简·亚当斯（Jane Addams）和约翰·杜威（John Dewey）。2019年2月，考夫曼对这一问题的研究又有了最新的成果，即推出了其新书《白人的变迁：民粹主义、移民与白人多数群体的未来》（*Whiteshift: Populism, Immigration and the Future of White Majorities*, 2019）。该书直面北美和西欧因人口结构的巨大变化而出现的严重社会分裂与国家认同危机，分析了四种可能的应对策略（即抗争、压制、逃离与融合）。考夫曼认为至为重要的是应该对白人多数群体的未来进行公开、理性的辩论，以寻求切实可行的解决办法。此外，研究美国白人族群意识和身份认同的最新研究成果——《白人认同政治》（*White Identity Politics*, 2019）——也广受关注。其作者为杜克大学助理教授艾希莉·加蒂娜（Ashley Jardina）。她依据大量的事实说明美国白人主流群体的身份意识正在不断增强并积极支持那些他们认为能够保护其权力与地位的政策和政治候选人。这种情况的出现势将极大地影响美国未来可能出现的种族矛盾与冲突，并在很大程度上决定美国政治未来的走向。

在关注美国白人族群意识和认同不断增强的同时，也有美国学者开始重点研究美国极端右翼思潮。尤其是针对近些年美国社会中极端白人民族主义思想/运动的抬头，一些学者也有了令人瞩目的研究成果。其中以美国范登堡大学（Vanderbilt University）政治和法律教授卡萝·斯温（Carol M. Swain）的《美国新白人民族主义：对社会融合的挑战》（*The New White*

Nationalism in America: Its Challenge to Integration，2004）以及她与普林斯顿大学的学者拉斯·尼利（Russ Nieli）合编的《当代美国白人民族主义的呼声》（*Contemporary Voices of White Nationalism in America*，2003）两本著述最为突出。它们对美国不断兴起的“新白人民族主义运动”的特征及其原因进行了深入的分析，认为这场运动的兴起与民权运动后美国实施的以种族为标准的肯定性行动计划项目、多元文化主义思潮、高黑人犯罪率等因素有直接的关联。斯温和尼利还通过社会学调查挖掘了参与这些运动的极端白人民族主义者的内心世界，强调他们的声音应该被美国社会广泛知晓，并受到认真的对待。引人注目的是，如今面对特朗普时代更加激烈的民族种族矛盾和新一波白人民族主义浪潮，斯温教授更加倾向于支持特朗普的政策，呼吁无论是白人民族主义者还是黑人或黄色人种的民族主义者，都应该放弃认同政治和多元文化主义的理念，代之以一个能够给美国社会带来民族融合与社会和谐的“美国民族主义”（American Nationalism）。[①] 有关特朗普与白人民族主义的联系问题的研究有2018年出版的《美国白人民族主义复活的内幕》（*Everything You Love Will Burn: Inside the Rebirth of White Nationalism in America*）一书。该书作者是美国资深记者维加斯·特诺德（Vegas Tenold）。他在过去几年与白人极右翼组织成员进行了深入的接触，为我们提供了这些过去被边缘化的反主流文化群体如何在新的政治氛围中不断壮大（其诉求受到包括总统在内的联邦政客的极大关注和支持），从而逐步走向美国主流政治中心的内部图景。

3. 国内对美国族裔问题的研究

在中国，有关民族种族问题的研究成果主要在历史和社会学领域，这可能与我国同样是一个由56个民族组成的多元文化社会密切相关。研究重点更多地聚焦在民族理论、中国民族政策和民族关系方面，而与美国族裔政治相关的研究成果并不多见。有代表性著述主要由从事历史学和社会学研究的学者撰写。他们从各自学科和研究领域出发，从美国移民政策、少数族裔群

① Carol M. Swain, “ ‘White Nationalism’ Is the Left’s Latest Trope against Trump ,” https://nationalcenter.org/project21/2019/03/12/white-nationalism-is-the-lefts-latest-trope-against-trump-by-dr-carol-m-swain/.

体移民历程、文化冲突与融合等视角研究美国族裔群体［如戴超武的《美国移民政策和亚洲移民》（1999）、邓蜀生的《世代悲欢美国梦——美国的移民历程及种族矛盾》（2001）、钱皓的《美国西裔移民研究：古巴、墨西哥移民历程及双重认同》（2002）、施琳的《美国族裔概论》（2006）、姬虹的《美国新移民研究（1965 年至今）》（2008）、余志森的《美国多元文化研究：主流与非主流文化关系探索》（2012）、闫亮的《大洋彼岸的陌生人：中国移民美国纪实》（2017）等］。这些著述与当代美国的社会变迁以及美国学界相应研究重心转变相呼应，研究范围也有越来越向非白人少数族裔群体转移趋势，其中也涉及许多与族裔政治相关话题。如姬虹对 1965 年以来美国新移民状况和影响作了客观考察和分析，并在族裔关系、移民政策与 2008 年大选等政治问题方面进行了探讨；而施琳则对美国族裔的各种表象进行了较为全面的阐述和分析，其中有关族裔利益集团的研究则涉及重要的族裔政治话题。

近些年，由于多元文化主义引发的美国民族种族矛盾越来越激化。美国种族主义、多元文化主义等研究在国内再次成为热点，成果频出。如袁兆霆、徐荣的《种族歧视对美国国家认同的影响》（2019）聚焦美国黑白关系的变迁，探讨了种族主义在美国国家认同建构中的作用和影响。而 2020 年出版的有关美国多元文化主义的著述特别引人瞩目。一部是王恩铭的《美国多元文化主义：理论与实践》（2020），另一部是李新英的《美国多元文化主义研究》（2020）。两部著述都从不同侧面探讨了美国多元文化主义的产生、发展及其对当代美国政治和民族种族关系的深刻影响。此外，社会学研究学者关凯著述的《族群政治》（2007）虽然不是一本研究美国族裔政治的专门著述，但他在书中吸纳了国内外有关族裔政治研究的重要理论，其视角和重点都与本研究密切相关，因而是本研究重要的参考书目。总体来说，中国学者在美国族裔研究方面的成果集中出现在 21 世纪以来的这 20 年间，数量并不是很多。市面上能看到的相关研究著述多来自国外学者成果的翻译文本，而与美国政治有关的族裔研究更是难得一见。

三、研究路径

综上所述，美国族裔政治的研究往往针对美国在不同时期移民结构的变化而展开，研究重点对象也从“老移民”逐步转向“新移民”、从白人转向非白人族裔群体，最近又从非白人族裔群体转向主流白人族群。内容涉及各个时期美国的移民政策、族裔冲突与融合理论、政党认同、选举表现、族裔组织等各方面。这些为我们进行较为全面的美国族裔政治及其历史演变研究奠定了基础。在国内外已有研究基础上，本研究拟对美国族裔政治进行全面的、综合性的探讨，并从美国多民族、多种族视角解读美国政治体制的基础、本质、历史变迁和运作机制，探寻美国政治体制在消解各种社会利益冲突、保持社会稳定与进步发展中的功能与作用，从而理解美国社会“合而为一”与“和而不同”的本质，填补国内在这一研究领域中的不足。

1. 美国族裔政治的研究切入点

我们将从移民和美国族裔人口结构的历史演变、美利坚民族认同及其形成、族裔群体的双重文化认同以及有关族裔群体社会文化融入观念的历史博弈几个方面入手，探讨美国族裔政治的社会、文化和历史背景；然后从美国开国领袖们的政治思想、宪政原则、政治体制特征以及族裔群体在美国政治架构中的地位几个方面来分析美国族裔政治的政治基础。接下来，我们将对美国族裔政治的发展进行历史回顾，即欧洲移民政治统治地位的建立和其他少数族裔群体坎坷的政治融入历程。前者包括盎格鲁 - 撒克逊民族统治地位的确立、“老移民”的政治抗争以及“新移民”艰辛的政治融入之路；后者包括从奴隶到总统的非洲裔美国人、从主人到保留地部落的美国印第安人、从“黄祸”到模范少数族裔群体的亚洲裔美国人以及从非法移民到政治新秀的拉丁裔美国人。由于非洲裔、亚洲裔、印第安人和拉丁裔是当代美国四大少数族裔群体，因此有关他们参与美国政治的历史变迁也是我们这一部分的主要研究内容。开展这方面的研究有助于我们从历史视角探寻当代美国族裔政治的变迁轨迹，并为后续研究提供充分的历史依据。

2. 美国族裔政治的社会化研究

在前两部分基础之上，我们将探讨美国族裔群体的党派认同及其参与和影响美国政治进程的途径，其中包括政党、政党认同、投票选举、政治献金及院外游说活动等，旨在揭示美国族裔政治的特征及表现形式。最后，我们将对当代美国族裔政治的特点和发展趋势进行分析，其中包括“新种族主义”之争、“特朗普现象”及“白人愤怒”三个方面。结尾部分将对美国族裔政治作出总体的评述，分析美国政治与社会“合而为一”与“和而不同”的实质与意义。

本研究跨越社会学、历史学、政治学等理论视角，我们将运用这些理论对美国族裔政治的特殊性进行阐述和分析，同时联系美国社会族裔关系和政治运作实际，充分说明美国族裔政治的特点、运作模式及发展趋势，做到理论联系实际。同时，由于美国族裔群体是构成美国族裔政治的主体，其形成和发展历史背景则是我们了解美国族裔政治的前提。因此，我们的研究将以历史的发展为基础，结合当代族裔政治现实来探讨美国族裔政治发展变迁的脉络，把握美国政治体制在处理民族种族问题上的内在机制。此外，我们的研究主要采取定性分析的方法对族裔政治进行研究，同时我们将利用各种资源收集相关的数据和案例，进行一定的定量分析来说明族裔群体参与美国政治进程的特点和方式。

四、几个基本概念

1.“族裔群体”

“族裔群体”的英文对应词 Ethnic Group 在我国社会学研究中又被称作“族群”，它源自多数相关英文著述。20 世纪 60 年代，该词在欧美国家逐步开始流行起来，其解释和定义也层出不穷，在国内相关著述中也有多种不同译法，如“民族群体”“民族集团”“种族群体”“族群”等。中国社会科学院郝时远研究员于 2002 年分别在《民族研究》《世界民族》《思想战线》等杂志上发表了一系列文章，专门对“Ethnic Group”一词的演变、注释、译法与应用等进行了考察，认为西方学者在众多用法中“普遍强调文化这一概念和认同原则”，但同时也“高频率地”涉及“种族”属性。[①]也有学者注意到“Ethnic”一词近年来在美国的某些社会学著作中已经发生了变化，它已不仅是基于文化特征用于区分美国的各类群体，而且还用来包括那些以前被人们称为“种族”（Race）的社会群体。[②]此外，在内森·格雷兹等合著的《族裔：理论与经验》中，学者们将“Ethnic Group”理解为“一个以公认的共同祖籍为基础的大的社会群体，它至少有时是人们自我意识的一部分，同时也是文化特性的标志”。[③]

综合所有这些解释，我们在本研究中将“Ethnic Group”定义为有着共同历史文化传统的社会群体，其中也包括那些有着共同文化认同的种族群体。这就是说，它与“种族”这一更多强调人的生物特性的概念有时会有一定的重合，但我们主要还是使用“族裔群体”这一概念来泛指包括种族群体在内的各民族种族群体，但在一定上下文中仍会使用“种族群体”或“族群”（Racial Group）来特指美国社会中的白人、黑人、亚洲裔、印第安人这四大群体，以适应美国社会群体分类话语中时常突出的人种生物属性。

与“族裔群体”经常联系在一起使用的是“少数族裔群体”（Ethnic Minority）概念，其在社会学中的使用与权力相关。所谓“少数群体”（Minority Group），系指“一个社会中任何因其生理或文化特征不同而与其他群体分开归类的一个群体。他们在这个社会中受到有差别和不平等对待，因而认为自己是集体歧视的对象”。[④]由于它含有受歧视的意义，因此它往往与“从属群体”（Subordinate Group）互换着使用。与之相对的则是“多数群体”（Majority Group）或“支配群体”（Dominant Group）。特别需要指出的是，“少数群体”中的“少数”不一定是指数量，相对于掌握着权力的“多数群体”

① 郝时远：《对西方学界有关族群释义的辨析》，《广西民族学院学报》（哲社版）2002年第4期。

② 陆月娟：《论战后美国族群结构的变化及其影响》，《华东师范大学学报》（哲社版）2002年第5期，第27–34页。

③ Nathan Glazer & Daniel P. Moynihan, *Ethnicity: Theory and Experience* (Cambridge, Mass.Harvard University Press, 1975), p.210.

④ J. A. Laponce, *The Protection of Minorities* (Oakland: University of California, 1960), p.5.

或“支配群体”来说，“少数群体”主要是那些在一个社会中并不掌握权力甚至受到排斥的从属群体。例如，过去在南非种族隔离制度下，数量占绝对多数的黑人处于从属地位，而人数相对极少的白人群体则掌握着国家权力，处于支配地位。因此，“少数族裔群体”的概念也就是指那些受到有差别和不平等对待的、处于从属地位的民族种族群体。

在美国，“少数族裔群体”和“支配群体”的概念是动态的。历史上在不同时期所指的少数族裔群体对象是不同的。在第二次世界大战（简称二战）之前，美国社会认为除了信奉新教的盎格鲁-撒克逊白种人以外的人群均为美国的少数族裔群体。不仅肤色不相同的非裔、亚裔或是拉丁裔美国人属于少数族裔群体，而且那些同为白人却信奉不同宗教的爱尔兰人（信奉天主教）、东欧人（信奉东正教）与犹太人（信奉犹太教）等均被视作少数族裔群体。这些信奉其他宗教的白人在进入美国后为了融入美国社会，不断基于当地文化调适自我，最终与美国新教社会相适应。例如，美国天主教上层人物把天主教的普世主义与美利坚民族主义调和在一起，使天主教成为新教化的天主教；美国的东正教也在发展过程中受到了美国社会的影响，礼拜方式及教义都有所新教化甚至在一定程度上失去了其原有特色。原有宗教新教化能较为容易地与信奉新教的盎格鲁-撒克逊白种人相互融合。最终，在进入20世纪后，盎格鲁-撒克逊族以外的白种人也慢慢地不再被看作是少数族裔，而成为“支配群体”的组成部分。当然，现在美国族裔群体在人口结构和数量上也是白人占据多数。据2010年美国人口普查的数据，2010年美国总人口约为3.08亿，其中白人数量约为1.97亿，占总人口比例63.7%；其他少数族裔人口约为1.11亿，占总人口比例36%。[①]

2.“族裔政治”

在确定了“族裔群体”概念后，“族裔政治”（Ethnic Politics）一词的意义也就容易理解了。这里系指一个少数族裔群体为了在一个更大的社会中保护自己的身份认同和政治经济利益，通过各种政治途径参与政治进程以促

---

① US Census Bureau, “Overview of Race and Hispanic Origin: 2010 Census Briefs 2010,” https://www.census.gov/prod/cen2010/briefs/c2010br-02.pdf.

进自己的群体利益的政治活动与表现。“这些族裔群体因其特别的民族、语言、种族或者宗教而与众不同，因而都曾遭受过偏见和歧视，这些经历是促使他们参与政治的强大动因”。[①]在美国这样一个多元民族和种族的社会里，民族种族偏见与歧视与生俱来，贯穿美国历史始终。族裔政治从美国诞生之日起就存在于美国的政治进程之中，是美国政治中的特殊现象。

① Joseph S. Roucek & Bernard Eisenberg, *America's Ethnic Politics* (Westport: Greenwood Press. 1982), pp.1 – 2.

第二章

族裔多元与文化多元的美国社会

美国是一个移民国家，所有在现今美国版图内居住的人都是外来移民和移民后裔，且其移民来源地在美国历史上不断发生着变化，最终涵盖地球上所有地区和人种。因此，美国的民族种族多样性与生俱存。这使美国的社会结构、民族意识和文化认同呈现出特别的形态，并从各个方面影响着美国政治文化的形成和体制的建立、运行与发展变化。

一、移民与美国的族裔结构

1. 四次移民浪潮

1492年哥伦布发现美洲大陆，从此开启了北美的现代移民历史。此前印第安人是唯一土生土长的族裔群体，虽然一般历史著述认为这些印第安人也并非北美真正的主人，但在欧洲人发现这块“新大陆”之前，这个群体已经在此生活繁衍了上万年。据人类学及考古学研究，印第安人是在距今约2.5万年以前的末次冰川时期越过白令海峡，从东亚地区迁徙而来并逐渐扩散至美洲各地。在欧洲人到来时，土著印第安人已经达到 1400 万—4000 万，[①] 并且创造了灿烂的印第安文化。不过，美国历史学家在讨论美国移民历史时，一般只讨论哥伦布发现美洲之后由欧洲人开启的现代移民历史，很少包括之前美洲印第安人的历史。

1492 年之后最早来到美洲进行殖民探险的包括西班牙、葡萄牙、意大利、丹麦、英国及荷兰等国家，足迹遍布南北美洲的大西洋沿岸。最初获得成功的主要是西班牙人和葡萄牙人。他们在南北美洲征服了许多印第安人部落，攫取了大量财富和土地。英国在北美进行大规模殖民活动较其他西欧国家晚，但后来居上。1607 年，英国人在詹姆斯敦建立起了在北美的第一个定居点，从此英国便开始了持续不断的北美移民。1620 年后，清教徒创建了马萨诸塞海湾殖民地，并在之后的 100 多年时间里相继在大西洋沿岸建立起 13 个殖民地，奠定了以盎格鲁 - 撒克逊文化为主体的美国文化基调，其中最主要标志是白人盎格鲁 - 撒克逊新教（White Anglo-Saxon Protestansts，简称 WASPs）文化。1776 年独立革命胜利之后，英国的这 13 个殖民地脱离了大英帝国，建立起了他们自己的国家——美利坚合众国。随着美国资本主义社会的不断发展，外来移民潮比以往更加猛烈，一浪接着一浪，逐步汇聚了世界上几乎所有的民族和种族。200 多年来，族裔特征各异的移民漂洋过海来到美国，繁衍生息，形成了今天美国多民族多种族的社会。托马斯·索威尔在其《美国种族简史》中称："今天美国的爱尔兰后裔比在爱尔兰的爱尔兰人还要多；犹太后裔比以色列的犹太人还要多；美国黑人的数目超过大多数非洲国家的人口。波兰大多数主要城市的人口都赶不上美国底特律一地的波兰后裔，而纽约市的意大利后裔则是威尼斯人口的两倍。"[②] 如此长时间的移民涌入及由此形成的多元族裔构成状况在世界各民族国家中绝无仅有，并对美国社会各个方面产生了深远影响，堪称人类社会的一大奇观。

美国的移民历程大起大落，但自始自终没有停息，移民结构也随之不断发生变化。从 1607 年英国在北美开始移民至今，美国历史上主要有四次大的移民浪潮。

---

① 人类学家和历史学家对于美洲土著人的人口数量一直争论不休。有人估计少于 100 万，也有人估计超过 1 亿。

② 〔美〕托马斯·索威尔：《美国种族简史》，沈宗美译，中信出版社，2011，第 4 页。

第一次移民浪潮（1680—1776年）

这时的移民主要有爱尔兰—苏格兰人（Irish-Scots）、德国人、犹太人、法国人和非洲黑人。这些移民中除了黑人以外其他都是因宗教、经济或政治原因而飘洋过海来到新大陆。黑人则是欧洲人通过当时大西洋的三角奴隶贸易而从非洲绑架后贩卖至此的奴隶。1790年美国进行第一次人口普查时人口已接近390万，其中白人320万，占总人口的80%；黑人76万人，占19%；白人中英格兰人占明显多数，达60%，苏格兰人和爱尔兰人占18%，德国人占9%，荷兰人3%，法国人2.3%，西班牙人0.8%，瑞典人0.7%；另有6%—7%的人口来自欧洲其他国家和地区。[①] 由此可见，美国建国时人口结构以来自大不列颠的英格兰人和苏格兰人为主，再加上大量生活在美国南方的黑人奴隶，构成了美国人口结构的主体。

第二次移民浪潮（1820—1890年）

这是美国建国后遭遇的第一次大规模来自西欧的移民浪潮。特别是1840—1860年，超过400万人进入美国（相当于美国自由人口的30%）。到1860年，美国大部分大城市有将近一半的人是国外出生。移民中人数占主流的是来自德国和爱尔兰的移民，他们或由于生活贫困或因为国内政治革命而大规模移民美国。特别是在爱尔兰，马铃薯枯萎症导致成千上万的人死亡，也使爱尔兰人向外移民浪潮达到高峰。仅1850—1860年，爱尔兰移民美国的人数就达91.4万人。[②] 除此之外，法国人、斯堪的纳维亚人以及来自亚洲的华人等也相继来到美国。这期间发生的南北内战以及内战后美国出现的工业化高潮催生了大量的劳动力需求。加上1862年的《宅地法》，大批欧洲移民相继被吸引到美国。因此，这一时期也被称作“自由移民时期”，[③] 这些移民在美国历史上也被称作“老移民”。

第三次移民浪潮（19世纪80年代初至20世纪20年代初）

19世纪80年代初至20世纪20年代初，来到美国的移民竟逾2300万人，

① 施琳：《美国族裔概论》，中央民族大学出版社，2006，第72页。

② 邓蜀生：《时代悲欢“美国梦”》，中国社会科学出版社，2001，第115页。

③ 邓蜀生：《美国移民政策的演变及其动因》，《历史研究》1989年第3期，第164-178页。

超过此前300年间移民总数的两倍以上。① 据当时的人口统计，1870—1910年美国人口中有55%出生在国外。② 而移民来源的比例也从西北欧偏向东欧、南欧和亚洲各地，其中有意大利人、犹太人、俄国人、希腊人、波兰人等。他们被美国人统称为"新移民"，以区别于上个移民潮到达美国的"老移民"。但也正是在这一时期，美国社会对于越来越多的移民涌入表现出了越来越普遍的排外情绪，加上当时流行的社会达尔文主义呐喊助威，最终导致美国国会开始了限制和排斥外来移民法律的制定。1882年《排华法案》即是在这个时候出笼的，加上后来其他排斥移民法案，华人以及后来的其他亚洲人被排斥在了美国的移民之外，并不得归化为美国公民。之后，美国国会1924年通过的《移民限额法》除继续排斥亚洲移民外，还将欧洲每年移民总额从1910年35万多人削减为16万人，并且把计算移民限额的基准年从1910年变为1890年，从而大大地限制了东南欧移民数额。这时，唯一受益的只有那些来自西欧和北欧的移民了。③

第四次移民浪潮（民权运动高潮期至今）

约翰逊总统签署的《1965年移民法》延续了罗斯福时期开启的美国移民政策改革，取消了原来的族籍限额制，取而代之的是以国家决定份额，将家庭团聚、对美国的价值和移民动机作为衡量移民的主要原则：东半球总限额17万人，但每一个国家不得超过2万人；西半球共12万人。④ 这被认为是在美国移民史上影响最为深远、变化最大的移民归化法，因为它完全突破了美国移民法的传统格局：一方面导致了美国又一次新的移民浪潮，另一方面使美国社会的民族种族结构再一次发生了巨大变化。来自拉丁美洲和亚洲的移民取代了欧洲移民成为美国外来移民主体。据统计，仅在1990—1997年，新移民就增加了30%，达到2500万人。⑤ 进入21世纪，新移民人数继续快速增长。据统计，美国之外出生的人口从2000

① 〔美〕安娜·哈里斯·莱夫、苏珊娜·哈里斯·桑考斯基：《美国民族百衲图》，邹笃钦译，商务印书馆，1995，第1页。

② 陈致远：《多元文化的现代美国》，四川人民出版社，2003，第8页。

③ 邓蜀生：《美国移民政策的演变及其动因》，《历史研究》1989年第3期。

④ Ellis Cose, *A Nation of Strangers: Prejudice, Politics, and the Populating of America* (New York: William Morrow and Company, Inc., 1992), p.111.

⑤ 陈致远：《多元文化的现代美国》，四川人民出版社，2003，第8页。

年的大约2840万增至2012年的4000万，占美国总人口的13%。[①] 人口结构的变化趋势也愈加明显。根据美国2010年人口普查数据，美国总人口已达3.08亿，少数族裔人口为1.11亿，占全国人口的36.6%。相较2000年时的30.9%，10年间增加了2500万人，其中拉丁裔和亚裔人口增长都达到或超过了43%；而2010年非拉丁裔白人的人口是1.96亿，占总人口的63.7%，相较于2000年的69.1%，10年间只增加了1.2%，约200万人。具体人口结构变化见表1。

表1 美国2000年和2010年人口普查数据：族裔结构变化[②]

族裔群体	2000年		2010年		变化
	总人口：281 421 906 人		总人口：308 745 538 人		9.7%
	人口	比例	人口	比例	
白人	211 460 626	75.1%	223 553 265	72.4%	5.7%
非拉丁裔白人	194 552 774	69.1%	196 817 552	63.7%	1.2%
拉丁裔	35 305 818	12.5%	50 477 594	16.3%	43%
黑人	34 658 190	12.3%	38 929 319	12.6%	12.3%
亚洲裔	10 242 998	3.6%	14 674 252	4.8%	43.3%
印第安人与阿拉斯加土著民	2 475 956	0.9%	2 932 248	0.9%	18.4%
夏威夷和其他岛屿土著民	398 835	0.1%	540 013	0.2%	35.4%
跨种族	6 826 228	2.4%	9 009 073	2.9%	32%
其他	15 359 073	5.5%	19 107 368	6.2%	24.4%

① James Ciment & John Radzilowski, *American Immigration: An Encyclopedia of Political, Social and Cultural change*, 2nd Edition (New York: Routledge, 2015), pp.285－286.

② U.S. Census Bureau, "Overview of Race and Hispanic Origin: 2010,"http://www.census.gov/.

2. 族裔结构的变化与冲击

从横向角度看，第四次移民浪潮给美国族裔结构带来的最大变化是少数族裔在整个社会中占比扩大了。从上述数据上看，美国白人虽然在美国社会仍为多数族群，但正在失去占比中的绝对优势且比例下降较快。这种族裔结构的巨大变化给美国社会带来了巨大心理冲击。人们越来越担心这种变化趋势会给美国带来什么样的人口结构。无论是学界还是媒体，我们会经常看到这样醒目的提示：美国人口按照现在速度和结构继续增长和变化，2060 年非拉丁裔白人将从现在的多数变成少数（见表 2）[①]。

除增长速度快、占比变大这两个特点之外，美国社会少数族裔人口变化的另一个重要趋势是：少数族裔青少年比白人青少年人数更多。据美国人口普查局 2009 年数据， 5 岁以下婴幼儿中，少数族裔人口为 1028.4 万人，占该年龄段人口总数的 48.3%；19 岁以下青少年中，少数族裔人口数为 3609.8 万人，占该年龄段人口总数的 44.2%。[②] 由此可见，美国少数族裔整体人群十分年轻，这也是在未来极有可能超过白人人数成为美国多数族裔的基础。其中最为明显的特征是拉丁裔人口迅速增长。美国人口普查局数据显示，2009

表 2 2015 年与 2060 年美国族裔结构的预计变化情况

族裔群体	2015 年	2060 年
非拉丁裔白人	61.72%	43.65%
黑人	12.38%	12.96%
亚裔	5.28%	9.09%
拉丁裔	17.66%	28.56%

① The Statistics Portal, "Percentage Distribution of Population in the United States in 2015 and 2060, by Race and Hispanic Origin,"Statista, 2018, https://www.statista.com/statistics/270272/percentage-of-us-population-by-ethnicities/.

② U.S. Census Bureau, "Table 11. Resident Population by Race, Hispanic Origin, and Single Years of Age: 2009," Statistical Abstract of the United States: 2012, p.14, http://www.census.gov/prod/2011pubs/12statab/pop.pdf.

年新出生（即 1 岁以下）儿童中拉丁裔为 110.5 万人，占该年龄段儿童总数的 25.9%，而同一时期的非拉丁裔白人儿童数目为 218.7 万人，占该年龄段儿童总数的 51.3%；2009 年 14—17 岁少年中，拉丁裔为 322 万人，占该年龄段人口总数的 19.2%；而在 2000 年，14—17 岁少年中拉丁裔为 244 万人，占该年龄段人口总数的 15.1%；2009 年 16—64 岁的青壮年中，拉丁裔为 3052 万人，占该年龄段人口总数的 15.1%；而在 2000 年，16—64 岁的青壮年中拉丁裔为 12.3%。①

西语裔中低龄人口及青少年人口迅速增长，已对美国主流文化产生一定影响。例如，2013 年美国迪士尼旗下皮克斯动画工作室所推出的《玩具总动员》（3）里添加了与前两部作品不太相关的西班牙语元素；2017 年夏天美国最热门的流行音乐是一首西班牙语歌曲《慢慢来》（Despacito）等。这些现象表明日益壮大的西语裔人群影响力已经有力地反馈到了美国主流文化中。而以欧洲裔为主体的白人主流社会担心，未来极有可能“美国将失去文化和语言的统一，变成一个双语双文化社会，就像加拿大、瑞士或比利时那样”。③ 也就是说，人们认为美国族裔人口结构已开始呈现“少数多数化”（minority-majority）特征，且西语裔在美国人口数量越来越多，白人群体及

表 3 2000 年与 2009 年美国白人与拉丁裔年龄分布变化情况②（单位：千人）

年龄 \ 年份	总人口数	白人		拉丁裔	
	2009 年	2000 年	2009 年	2000 年	2009 年
1 岁以下	4 261	/	2 187	/	1 105
14—17 岁少年	16 761	10 290	9 802	2 438	3 220
16—64 岁青壮年	201 419	127 023	131 935	22 471	30 521

① U.S. Census Bureau, "Table 11. Resident Population by Race, Hispanic Origin, and Single Years of Age: 2009 ," Statistical Abstract of the United States: 2012, p.14, http://www.census.gov/prod/2011pubs/12statab/pop.pdf.

② Ibid.

③ 〔美〕塞缪尔·亨廷顿：《我们是谁？美国国家特性面临的挑战》，程克雄译，新华出版社，2005，第 18 页。

其传统的 WASPs 文化在美国的主体地位受到了一定程度的威胁。日益壮大的少数族裔选民群体已对美国社会的政治、经济、文化等各个领域产生深刻变化与影响。

不过，纵观美国移民史和美国人口结构的变化，我们可以看到美国人口的增长在很大程度上依赖外来移民的迁入，这已经是一种常态。其发展历程是：A. 美国建国之时，盎格鲁 - 撒克逊和西北欧移民占主导地位；B. 19 世纪欧洲其他地区移民的大规模涌入；C. 20 世纪下半叶开始的拉丁裔和亚洲裔人口的快速增长。直至现在，美国已吸纳了全世界各个角落几乎所有民族和种族。在 19 世纪末美国边疆封闭之前，移民主要来自西欧和北欧（他们被称为“老移民”）；从美国边疆关闭后至 20 世纪 20 年代，移民美国的人主要来自东南欧和南欧的斯拉夫民族（被称为“新移民”）；而第二次世界大战（简称二战）之后，特别是 20 世纪 60 年代之后，移民主要以亚洲和拉丁美洲的移民为主，其中以华人、日本人、东南亚移民、墨西哥裔和古巴裔移民为主。正是这些移民给美国社会的发展作出了最大的贡献。

从移民持续不断涌入美国的原因来看，归纳起来不外乎移民祖籍国的推动力和美国强大的吸引力两个因素。当然，非洲裔美国人作为奴隶被贩卖至美洲大陆，属于例外；其他外来移民群体莫不如此。就移民祖籍国的推动力而言，政治、宗教、经济、社会等原因都有（如早期英国清教徒就是由于不堪忍受英国的宗教迫害而来到新大陆创建自己的自由理想之地的）；1848—1849 年，法国、德意志、奥地利、意大利和匈牙利等欧洲国家爆发了资产阶级民主、民族革命，但在各国封建势力的联合镇压下迅速失败，导致许多革命者流离失所并流亡美国寻求政治庇护。但整体来看，外来移民移居美国的最主要原因仍然在于经济方面。18 世纪的欧洲由于农业革命带来土地兼并，同时工业革命又使许多工人被机器取代，从而产生大量的农业剩余人口和工业失业工人。

就美国自身的吸引力来说，新兴的美利坚共和国方兴未艾，有着广阔的廉价土地和富余的就业机会。特别是在 19 世纪的西部大开发过程中，美国急需大量的劳动力来开发西部的土地和振兴其不断革新发展的工业，这正好为欧洲的多余人口提供了难得的安全阀。此外，相较于欧洲各国，美国社会不存在等级森严的封建制度，人们相信美国民主开放，公民可以享受着比移民祖籍国更多的民主权利和参政机会。因此，为了摆脱祖籍国的政治、宗教和文化迫害，或为了寻找各种经济机会，创造更自由富裕的生活，追寻“美国梦”便成了许许多多移民的实际选择。

3. 美国移民政策与族裔群体的分类问题

从美国历届政府的移民政策演变来看，美国移民的到来与美国社会和经济自身发展紧密相连。美国资本主义经济在建国后短短 200 多年迅猛发展，客观上需要大量的劳动力和各个方面的有用人才，因此美国在不同发展时期采取了不同移民政策，其目的自然是要引进其所需要的人才和人力，排斥其认为无用外来者。其中起作用的除了实用主义的价值取向外，早期还表现出主流文化中种族主义的传统意识风格。用邓蜀生先生的话来概括，就是“理想主义与实用主义的相互渗透，利己主义与博爱主义的相互作用，宽容和歧视的相互影响，开发与限制的相互补充”，而“吸引和借助外部人才来发展美国”才是美国移民政策的实质。[①]

大致说来，历史上美国的移民政策经历了三个时期的变化。第一个时期从殖民地开始一直持续到 1882 年（历史学家称为“自由移民时期”）。这个时期，美国专注于西部开发，大力扩张其领土，因而需要大量的劳动力人口向西部迁徙。最初有来自西欧的移民，如德裔和爱尔兰裔等；接着有来自中国的劳工，在西部开发中挖矿和修筑铁路等。伴随着华工人数的急剧增加，本土白人工人感到威胁，本土主义占据上风，最终促使加利福尼亚和美国联邦政府出台了一系列排斥华工政策。其中以 1882 年美国国会通过的针对华人的《排华法案》为标志，“自由移民时期”随之结束。第二个时期从 1882 年开始，至美国参加二战（被称为“排斥和限制移民时期”）。这一时期美国从《排华法案》开始，相继出台了多项排斥东亚移民、限制东南欧移民的移民配额制度，有目的地选择移民来源地，从而大量减少了外来移民数量（这

① 邓蜀生：《美国移民政策的演变及其动因》，《历史研究》1989 年第 3 期。

是美国历史上少有的移民低潮期）。第三个时期从二战至今，被称为“限制和选择时期”。由于二战期间的特别需要，美国在 1943 年废除了《排华法案》并取消了那些排斥印度人和菲律宾人的法律。后来在民权运动高潮时期的 1965 年又通过了新的移民法案，废除了 1924 年确立的移民配额制。不过废除移民配额制不等于回到以前的自由移民时期，因为美国移民政策仍然是根据不同的政治（难民）和经济（投资移民和专业技术人才等）需要进行选择性调整。[①] 如进入 21 世纪以来，美国移民政策改革支持取向已经开始从突出人道主义的以血缘关系为重心的家庭团聚移民，逐渐转向以投资和高技术人才为重心的移民，同时加大遣返非法移民力度。目前，由于非法移民越来越成为美国社会关注的焦点，反移民情绪通过白人民粹主义的民族主义浪潮不断显现出来并被特朗普所利用，导致特朗普就任总统以来美国移民政策进一步全面收紧。美国移民政策在新时期何去何从，最终还要看美国经济的发展趋势。就目前形势来看，由于新冠肺炎疫情在美国的蔓延和特朗普政府抗疫措施的不力，美国经济发展前景不确定性增强，排外主义的反移民情绪势必会持续较长一段时间，美国移民政策也会越来越趋向保守。

关于族裔群体的分类，这在美国社会是一个极具争议的问题，历史上也曾经有过不同变化。首先它涉及如何定义种族或族裔问题（这一点社会学家也没有一致准确的定义）。对族裔的分类通常有两种方法：A. 生物学家在体貌特征和行为差异基础上将人类这一物种分为不同种群；B. 社会学家基于文化与宗教标准将人类分为不同民族。美国人口普查局根据其人口普查需要对美国民族种族进行的分类代表着美国官方的观点和立场，因而对美国社会各个方面都有深远影响，对各族裔群体的认同也有特别意义。对于种族概念，美国人口普查局的定义是指一个人对一个或多个社会群体的自我认同；一个个体可将自己定义为白人、非裔美国人、亚裔美国人、印第安人或阿拉斯加人、夏威夷原住民或其他太平洋岛屿人和其他种族。[②] 对于各种族具体概念，

① 邓蜀生：《美国移民政策的演变及其动因》，《历史研究》1989 年第 3 期。

② US Census Bureau，“Race and Ethnicity,” January 2017，https://www.census.gov/mso/www/training/pdf/race-ethnicity-onepager.pdf..

美国人口普查局也有如下定义：白人指那些祖先来自欧洲、中东或北非的美国人；黑人或非洲裔指祖先来自非洲撒哈拉沙漠以南的任何黑人族群；西班牙语裔或拉丁裔指祖先来自拉丁美洲与西班牙的美国人；美洲印第安人或阿拉斯加原住民指祖先中有来自北美与南美的原住民或任何仍然在部落里定居的美国人；亚洲裔指祖先中有来自远东、东南亚或印度次大陆的美国人，例如柬埔寨裔、华裔、印度裔、日裔、韩裔、马来西亚裔、巴基斯坦裔、菲律宾裔、泰国裔和越南裔美国人等；夏威夷原住民或其他太平洋岛屿原住民指祖先中有来自夏威夷、关岛、美属萨摩亚或其他太平洋岛屿的美国人。[①] 在美国各个族裔中，拉丁裔是一个特殊的群体，区别于黑人、白人以肤色等生物学特征划分的种族。严格地讲，西班牙语裔美国人是一个文化和地理概念，而非一个种族分类，因为它包含了来自拉丁美洲、操西班牙语的任何种族。[②] 同时，美国人口普查局也将族裔（Ethnicity）单独定义为一个人是否为西班牙语裔或拉丁美洲裔。[③] 由此可见，美国各族裔中西班牙语裔和拉丁美洲裔成为区别于其他族裔之外最大的少数族裔群体。

美国人口普查局的种族分类方法在历史上也经历过多次变化，这也反映了美国社会族裔结构和关系的变化。1790 年美国建国初期，其人口普查中的种族分类只有“白人”和“黑人”两个类别，而 2000 年的人口普查中美国族裔分类已经包含了 63 种可能的组合。这些组合的基础是六个种族类别（其中一个是万能的：“某一其他种族”）。这六种种族类别中的每个类别又都分为多个子类别。[④] 同时，基于每个个体的自身状况，美国人口普查局从社会属性方面定义种族，并于当年开始允许一个个体对自我有多种认同。至 2010 年全国人口普查时，美国已有多达 15 种种族类别且可以多选。例如，在跨族裔家庭中，一个美国人既认同自己是亚裔又认同自己是白人的情况相

① US Census Bureau, “Race and Ethnicity,” January 2017, https://www.census.gov/mso/www/training/pdf/race-ethnicity-onepager.pdf..

② 张善余：《世界人口地理》，华东师范大学出版社，2002，第 311 页。

③ US Census Bureau, “Race and Et, hnicity,” January 2017, https://www.census.gov/mso/www/training/pdf/race-ethnicity-onepager.pdf.

④ 阿里亚娜·舍贝尔·达波洛尼亚：《种族主义的边界——身份认同、族群性与公民性》，钟震宇译，社会科学文献出版社，2015，第 45 页。

当普遍。此外，拉丁裔除了选择是否为拉丁裔这一个大类时，还可以选择其他不同种族类别。这些都使美国族裔群体分类变得十分复杂，凸显了美国社会“百衲衣”的特性。

二、美国民族认同与早期美利坚民族意识的形成

移民给美国的发展带来了所需的人力资源，也给美国社会带来了世界各地的文化。正如我们前面所提到的，最早从欧洲来到现在美国这个版图上的开拓者是盎格鲁 - 撒克逊人。他们先入为主，依照英国的文化传统和价值观建立起了 WASPs 文化。在经历长期的开拓和实践后，他们脱离母国英国，通过美国革命、领土扩张、边疆开发和内战等一系列轰轰烈烈的历史事件，逐步完成了以这种文化为主导的民族认同的建构，并通过《独立宣言》和《美国宪法》将这种民族认同政治化，最终形成了美国的国家认同或美国认同（American Identity）。这种认同的核心意识既包括早期英国移民的清教主义思想和“例外论”，也融入了独立战争后美国建国过程中以西方政治哲学理念为基础的自由、民主、个人奋斗和“边疆精神”等原则和信条。塞谬尔·亨廷顿在其《文明的冲突与世界秩序的重建》一书中对此的解释更加明确，他指出，“在历史上，美国的民族认同在文化上是由西方文明的遗产所界定的，在政治上则是由美国信条的原则所界定的，即绝大多数美国人都赞同的自由、民主、个人主义、法律面前人人平等、宪政和私人财产权”。①

美利坚民族的形成过程最初起始于英国人在北美的殖民活动，它不包括在此之前印第安人的社会与文化进程。实际上，在哥伦布发现新大陆后不久，英国人就已经在开始探查北美大陆了，但由于各种原因，英国人直到 1607 年才在弗吉尼亚的詹姆斯敦建立起他们的第一个永久居住点，并在以后的 100 多年时间里，相继在沿大西洋海岸的狭长地带建立起了 13 个殖民地。在这一时期，殖民地社会以英国人为主，人口约占各殖民地总数的 3/4，信奉

① 〔美〕塞谬尔·亨廷顿：《文明的冲突与世界秩序的重建》，周琪等译，新华出版社，1998，第 352 页。

新教。无论从文化传统还是语言习惯来说，此时的殖民者均认为自己是英王的臣民。直至独立革命前夕，殖民地之间、地区之间政治上相互独立，各自隶属于英国政府，社会生活方面也存在诸多差异，因而虽在各殖民地都有来自欧洲其他地区信奉天主教、犹太教的移民群体，但整体来说还没有形成统一的民族社会，其政治和社会体制仍深深根植于英国文化之中。作为欧洲的海上强国，为了抵抗不断从事海外殖民掠夺的西欧各国的威胁，英国还需要为她的海外殖民地提供着各种安全保护。在经济上，北美 13 个殖民地也极大地依赖着英国的市场，特别是南方的种植园主与英国之间形成了密切的贸易关系，一方提供烟草，一方则提供生活所需的奢侈品。殖民地就是英国统治下的保护地。

然而，浩瀚的大西洋将英国母国与 13 个北美殖民地分隔开来。在极其艰难的交通和通信条件下，这 13 个北美殖民地日渐与母国之间产生了距离和离心力。随着这一趋势的不断演变，早期美利坚民族意识不断发展壮大。因此，要了解美国族裔政治发展的历史轨迹，我们有必要先来了解一下早期美利坚民族意识的形成及其认同的核心内容。

1. 现代民主政治的兴起

美国民主政治思想的形成和实践与早期迁徙到北美大陆移民的目的息息相关。这些远渡重洋、历尽艰辛的人们离开自己的母国，很多都是不满英国的政治与宗教现状，为了追求自己的政治自由与宗教信仰而来到北美的。其中最著名和最典型的就是 1620 年搭乘“五月花号”抵达马萨诸塞普利茅斯的清教徒，他们所追求的正是在英国被剥夺的宗教和政治自由。为此，他们签订了《五月花号公约》：“我们在上帝面前一起庄严盟誓签约，自愿结成民众自治团体。为了使上述目的得以顺利实施、维护和发展，也为了将来能随时依此而制定和颁布有益于殖民地全体民众利益的公正法律、法规、条令、宪章和公职，我们全体都将保证遵守和服从。”[①] 这份公约所表达的民主思想奠定了集体民主管理原则，确定了一个按照少数服从多数原则实行自治的

① 〔美〕戴安娜·拉维奇：《美国读本》，陈凯译，国际文化出版公司，2005，第 4 页。

共和政体，使每一位成员都享有平等和自由的权利。因此，它可以说是北美新型民主政治道路的起点，并被后人称为“北美民主的基石”。在后来相继建立起来的殖民地中，平等、自由的政治思想得到不断发展，人民享有的公民权利不断扩大，新型的民主体制逐步得到了建立。当然，这与英国政府统治北美殖民地的方式有着直接的关系。

英国政府对其在北美殖民地的统治采取的是管理海外领地的方式，其政治属性和土地权利均来自英王的授予。英国政府对其拥有合法的主权和管辖权。因此，殖民地的社会结构、政府体制与法律体系均仿照英国的模式与功能建立。总督由英国本土选派，是英王的代表。不过，在一些殖民地总督也有不少为本地人的情况。殖民地的参事会由本地人组成，相当于英国的枢密院和议会贵族院；而议会下院则由民众选举产生，相当于母国的议会平民院。两院共同掌握殖民地的立法权，在不违背英国法律的前提下，制定殖民地法令法规。后来，议会下院还逐渐掌握了财政权和总督薪俸的拨款权，因而成为了殖民地权力结构的核心。①

然而，由于受到各种因素的限制，尤其是受到遥远的地理阻隔，英国政府对殖民地统治的实际效果大打折扣。英国对殖民地议会通过的法令的审查情况就是一个有说服力的例证。“在 1691－1776 年，北美殖民地提交英国审查的法律共有 8563 项，其中仅有 469 项被废止，占 5.5%”；“而且，殖民地议会通常运用各种技巧来规避英国政府的审查，许多法令在英国政府开始审查时即已经期满失效，有的殖民地则将被否决的法令以另一种方式再度通过，有时英国政府的废止决议在殖民地得不到及时而认真的执行”。② 因此，英国对北美殖民地的政治统治实际上非常宽松，殖民地的许多事务很大程度上都掌握在殖民者自己手中。

就北美各殖民地的殖民者来说，模仿英国的政治体制是他们最初普遍感到的荣耀。从理论上来说，国王、贵族与平民各自代表着社会的不同利益集团，共同管理政府，各自的权利相互得到制约。然而，殖民地的现实却让他们逐

① 李剑鸣：《英国的殖民地政策与北美独立运动的兴起》，《历史研究》2002 年第 1 期。

② 同上。

渐感到失望，英国的政治理论架构对他们来说似乎越来越不适应。

至 18 世纪中叶，北美殖民地多数都有了由皇室任命的总督。这些被任命为总督的许多人由此可通过运气、魅力或家族关系而获得亲近国王的机会。但由于总督职位的薪酬不高，不能吸引那些特别有权势和有才能的人，因而被任命为总督的人大多是那些有一定野心或孤注一掷的中层官僚。尽管如此，这些总督在北美殖民地里拥有巨大的权利，甚至可以做国王在英国都无法做到的事情（如否决立法议案和解除法官的职务等）。给总督做决策咨询的是一个由约 12 人组成的参事会，他们通常由总督推荐，由伦敦的“贸易委员会”挑选确认。这些人都属于殖民地富裕阶层。在 17 世纪的时候，参事会曾经在殖民地政府中发挥过重要作用，但在 18 世纪时它的独立权威逐渐衰落。殖民地议会下院也与英国不同，其中最主要的是选举议员的选民群体与英国有很大区别。在英国，下院议员由分布在全国不同选区的选民选出，选区大小不一，选民资格也受到诸如财产等方面规定的限制，因此，1715 年英国只有不到 20% 的成年男性具有投票权。然而，在北美多数殖民地，白人成年男性只需要拥有很少的财产就可以参加殖民地的各种选举，其人数比例要远远高于当时的英国。有历史学家估计，有的殖民地中这部分具有投票资格的人数高达 95%。[①]

殖民地政治现实与母国的政治理论及实践之间存在着巨大差别，这对于殖民地民主政治的独立发展具有极其重要的影响。皇室总督的权威受到质疑，参事会也绝对不能代表殖民地社会中的上层阶级，而通过选举产生的下院议员则具有更广泛的代表性。因此，殖民地社会至少在政治上由那些相对较为富裕的农民进行着实际管理，他们完全无须与由皇室任命的总督进行合作，可以对殖民地事务作出独立的判断和决定；他们认为自己具有特殊的责任来保证殖民地的自由，并将任何对议会的攻击视为是对殖民地人民权利的挑衅。一些历史学家把殖民地社会的这种体制称为“中产阶级民主制”，而把 18 世纪北美殖民地政治的发展描述为“议会的崛起”。[②]

随着殖民社会在其他方面的不断发展，北美英属 13 个殖民地社会与英

① Robert A. Divine & Others, *The American Story* (Hoboken, NJ.: Pearson Education, Inc., 2007), pp.103－105.

② Ibid, pp.104－105.

国政治体制的差别逐渐扩大。在这种特殊的地理、历史和政治环境下，殖民地所进行的政治实践，最终为殖民地的独立革命、建立美国现代代议制民主政治体制打下了基础。托马斯·杰斐逊的《独立宣言》以及 1787 年联邦宪法所确立的政治原则，也最终成为了美利坚民族认同的核心价值体系。

2. 统一经济体的形成

共同的经济利益是形成民族意识的必要前提。从 1607 年英国人在詹姆斯敦建立第一个殖民地到 18 世纪中叶，北美 13 个殖民地经济发展经历了从生产力水平低下的家庭种植和手工业到大规模生产各种经济作物的大型农庄和较大规模的集中手工工场过程，殖民地之间的经济联系也从几乎相互隔绝的状态发展到各殖民地经济各具地域特色、相互经济联系密切加强并逐步形成北美统一的经济体。

在英国人殖民北美的初期，生产力水平低下，生产和交换仅仅只能满足殖民地人们的基本生活需要，殖民地之间的经济联系也非常稀少，几乎处于相互隔绝状态。北美大地虽地广人稀，但各土著印第安人部落遍布北美大陆，都拥有各自土地范围，因此殖民者最初只能在印第安人所放弃的“废地”开垦荒地，为生存开始自己的家庭种植，落脚生根。然而，随着进入殖民地移民的增多，殖民者对土地的需求急剧增长。于是，他们便通过各种方式从印第安人那里获得大片土地，殖民地范围也随之逐渐扩大。对于新获得的这些大片土地，英国政府在土地分配上最初采取的是“授地”方式。随后不久人们逐步开始了土地的租佃和买卖，独立农场主和租佃农场主也随之出现。但最初移民的生产工具粗糙简陋，大都使用锄、镐进行翻地，入土不深，地表肥力几年即已耗尽。这种情况一直延续了很长的时期。因此，由于生产力水平低下，投入少，耕作方法粗劣且劳动力缺乏，这些土地没有能够得到有效的开发和利用，许多地方甚至长期闲置。同时，低下的劳动力水平，制约了农作物产量的提高，因而限制了加工和制造业的发展。这样，早期殖民地经济只能是一种生存性的农业经济。

随着移民人口的不断增多，同时伴随着农业生产力水平的不断提高，北美生存性农业经济逐渐向商业性农业经济转化，而且殖民地根据不同的自然条件，发展了带有明显地域特色的地方经济。英属殖民地在北美大陆的建立与开发也是不断吸引更多外来移民的过程。其中除了来自英国的移民，还有来自德国、爱尔兰及其他一些欧洲国家的移民，而从非洲贩运来的奴隶数量也不断增加。他们源源不断的到来为开发殖民地丰富的土地提供了宝贵的劳动力资源和欧洲先进的农耕技术。这时，英属殖民地的生产工具得到不断改进，如耕犁、大镰刀和阔刃斧等都被大量运用于生产，从而大大促进了农业生产力水平的提高，产量也由此大幅增加。

北方的新英格兰地区，由于山石嶙峋、灌木丛生、土地相对贫瘠，不适宜进行商业性农作物种植。于是，殖民者开拓和发展了畜牧业和捕鱼业，以此作为他们的主要生存之道，并在此基础上逐步发展了与之相适应的加工工业和制造业。这些最初的工业虽主要以家庭作坊为主要生产模式，但在满足本地基本需要后，生产出来的产品也销往其他地区及海外，特别是欧洲市场，从而带动了商业贸易活动的兴盛。在中部地区，由于土地肥沃、森林茂密，来自英国、德国、荷兰及瑞典等国的农民凭着各自从母国带来的农业种植技术优势，种植生产出了各种农业产品（如小麦、蔬菜、水果和牧草等，其中尤以小麦的产量为最大）。这些产品除了满足殖民地的需求，还大量出口。这些丰富的农产品也带动了相关农产品加工业的发展并促进了这个地区商业贸易的繁荣。在南部的弗吉尼亚，烟草种植和贸易早在1616年后就开始发展起来，并逐步形成了以奴隶劳动为特色的烟草种植园经济；南部其他殖民地与之情形相似，也种植烟草，而卡罗来纳地区还是主要的靛蓝和水稻的生产基地。①

18世纪以后，正是这些具有地域特色的经济发展，殖民地农业生产的商品化程度有了很大提高，经济活动的地区专业化也发展起来。这无疑促使殖民地之间的经济往来趋于频繁。南部殖民地所需的肉制品从新英格兰地区采购，新英格兰和中部殖民地从南部购买烟草，而中部殖民地生产的谷物则大量销往南部和北部地区。除此之外，一些大的港口城市如纽约、波士顿、费城等还作为贸易枢纽，承担着将不同地区的商品转口销售海外的经济功能。

① 参见刘鹏：《殖民地时期北美地区农业经济快速发展的原因》，《洛阳师范学院学报》2013年第7期。

经济联系的加强、内部市场的初步形成，使殖民地人逐渐萌生共同利益感并推动了美利坚共同意识的形成。这为殖民地后来团结一心反对英国政府针对殖民地的一系列不公正政策打下了基础。

3. 新文化认同的觉醒

殖民者由于经济或宗教原因移民到新大陆的过程并不是英国政府行政管辖权或社会文化体制的简单移植。早期的开拓者横越大西洋，经历的是一次巨大变化和挑战。要在一个荒野的陌生土地上建立起一个文明社会，其艰难程度可以想见。此前，他们在英国的生活经历根本没有为他们应对这些困境做好准备。他们不得不抛弃过去的思想观念，用一种新的思维方式为在一个新的和充满敌意的环境中生存下来而拼搏奋斗。因此，从一定意义上来说，第一代殖民者即是第一代美洲人。

在殖民地时期占据人口多数的移民是来自英国的新教徒。他们对英国始终怀有一种母国的依恋情感，无论在政治制度、法律、宗教、风俗习惯还是在伦理道德观念上都在很大程度上照搬或模仿英国。直到北美独立战争之前，许多人都为自己是英王的子民而自豪。然而，在一个全新的世界里，英国社会那种严格的社会等级制却没有能够在殖民地上建立起来。这与北美丰富的土地资源密切相关。在英国，由于土地少、人口多，社会上那些拥有财产的小部分人口对那些没有财产的多数人拥有巨大的权力，土地与人口之间的不平衡也就成为了英国经济和社会等级体制的基础。而在英属北美殖民地，这种情形恰好颠倒了过来。在这里，土地资源丰富，但人口却十分稀少，劳动力匮乏。当然，在北美殖民地社会中也出现了上流社会或贵族阶层，但他们更多依赖的是对一定劳动力的控制，而非对土地资源的占有。而且与英国的贵族相比，他们的社会地位一般都更不稳固，权力也更加有限。因此，殖民地社会比英国存在着大得多的流动性——向社会上层和下层的双向流动，人与人之间的地位相对更加平等，社会环境更加自由，个人的权利更加受到社会尊重。当然，这主要局限于以盎格鲁 - 撒克逊人为主流的白人社会，黑人和印第安人完全被排斥在这个公民社会之外。

“新世界”里新的自然环境不仅产生了新的生产生活方式，而且塑造出新的思维方式和新的文化心理结构。在最初面对严酷的自然环境挑战和后来不懈的边疆开拓中，殖民者对在这样一个具有广阔自然空间和无尽自然资源的世界充满了自信和对新生活的梦想与憧憬。他们对生活乐观进取，认为自己是与“旧世界”不同的新人，特别是他们可以凭借自己的艰苦劳动创造美好未来；而作为在母国受到过宗教迫害的新教徒，他们的梦想也被赋予了神圣的宗教意义。最典型的就是 1630 年 5 月在马萨诸塞海湾所建立的殖民地。当时，这批清教徒由于对英国国教的改革感到失望，希望通过在“新世界”建立一个新的、完美的教会来改革英国国教。殖民地总督约翰·温斯路普所作的《基督教博爱的楷模》布道词清晰地表明了他们的这种理念：“我们将成为整个世界的‘山巅之城’，全世界人民的眼睛都在注视着我们。如果我们在进行这一事业中欺骗了上帝，如果上帝不像今天这样帮助我们，那么我们终将会成为世人的笑柄。”[①] 正是在这样的信念下，一个全新的新教社会开始在北美建立起来。它是一种实验，是一种没有传统的美利坚传统，它对美国历史发展的进程和美利坚民族文化的形成产生了深远的影响。从此，新教价值理念占据了美国文化的核心，“山巅之城”“使命感”和“例外论”等成为了美国主流文化的基本特征。追求这种理想的精神即是一种新的民族意识，一种新文化认同的觉醒。它在美国历史上一直延续发扬至今，成为后来美国民族文化认同的基本价值理念。

18 世纪 30 年代在殖民地兴起的新教复兴运动（也称“第一次大觉醒”）对于各殖民地的交流与联合起到了极大的推动作用。复兴运动最早在新英格兰地区兴起并逐步蔓延至其他地区，持续时间达半个世纪之久。当时人们抱怨殖民地的宗教活动已经失去了活力，而对温斯路普那个时代人们对宗教的虔诚充满了怀念之情。教会牧师们也似乎只专注于那些令人乏味的经院哲学问题，说教和布道都不再能打动教友，而在南部甚至没有足够的牧师来满足人们的宗教活动需要。1734 年，马萨诸塞西部北安普敦的牧师乔纳森·爱德华兹（Jonathan Edwards）首先发起了这次复兴运动。他接受传统加尔文主义

---

① John Winthrop, *A Model of Christian Charity* (*1630*), https://history.hanover.edu/texts/winthmod.html.

的说教，提醒人们上帝无所不能，人不能救赎自己，人的命运完全取决于上帝的意志。人们对他的布道反应热烈，许多年轻人上教堂，开始产生狂热的宗教信仰浪潮，经历一种“再生”的感觉。1741 年在康涅狄格的恩菲尔德镇（Enfield），爱德华兹做了他最具震撼力的布道——“落在愤怒之神手中的罪人”。这篇布道让人们懊悔哭泣，不能自已，有的甚至抱住座椅或教堂的柱子，向神呼求怜悯，唯恐坠入地狱。大觉醒运动因此达到高潮，整个北美殖民地出现了前所未有的宗教狂热，并很快从一个村镇到一个村镇地蔓延开来，遍及各殖民地。对此，福音派牧师们感叹到：上帝一定是在让他的美利坚“选民”做好准备，迎接千禧年的到来（即基督开始对世界的统治）。①

将“大觉醒运动”持续下去的是来自英国的年轻传教士乔治·怀特菲尔德（George Whitefield），他被人们称为是“第一位美国人”。② 1738 年，这位具有超凡魅力的怀特菲尔德从英国来到北美东海岸做巡回布道。他声音宏亮，表情生动，从新罕布什尔到佐治亚，所到之处，方圆几十里内的人们放下手中的工作，纷纷赶到教堂来聆听他的讲道。人数常常达到数千人之多，有时甚至能同时吸引 2 万名听众。据记载，当时北美殖民地至少有 80% 的人听过他的讲道。在大众传播工具尚未发明之前，竟能有百万人听过他的讲道，可以想像当时人们对他的热情是何等高涨。③ 与他的朋友本杰明·富兰克林一样，怀特菲尔德代表了当时强大的文化力量，改变着大西洋两岸的世界。虽然他声称自己是一位加尔文教信徒，但他欢迎所有的新教教徒：“不要告诉我你是一位浸礼会教徒，一位公理会教徒，一位长老会教徒，一位反英国国教的教徒，我只想知道你是一位基督徒。”④

大觉醒运动是殖民地时期一股强大的文化力量，它第一次将相互分散、独立的殖民地联系了起来。历史学家玛丽·K. 格特（Mary K. Geiter）和 W.A. 斯

① Robert A. Divine & Others, *The American Story*, 3rd Edition (Hoboken, NJ.: Pearson Education, Inc., 2007), pp.99－100.

② Mary K. Geiter & W. A. Speck, “Anticipating America: American Mentality before the Revolution,” *Britain and America: Studies in Comparative History, 1760 － 1970*, Edited by David Englander (New Haven: Yale University Press, 1997), p.42.

③ Robert A. Divine & Others, *The American Story,* 3rd Edition (Hoboken, NJ.: Pearson Education, Inc., 2007), p.100.

④ Ibid.

佩克（W. A. Speck）指出，这次宗教运动对英属北美殖民地产生了两个方面的重要影响：一方面是在救赎问题上，它在殖民地的各宗教派别中产生了严重的分歧；但在另一方面，它打破了殖民地之间的地理和文化障碍，使各个殖民地统一了起来。[①]受大觉醒运动洗礼后的北美人民，无论是男人还是女人，无论是英国移民还是德国移民或是来自其他国家的移民，他们对北美的未来产生了一种共同的憧憬；他们相信在上帝的帮助下一定能取得社会和政治的进步。显然，这种共同的文化认同实际上早在独立革命和国家建设很久之前就已经开始发生了。它为殖民地民族意识的形成，并最终脱离英国而建立起一个统一的美利坚合众国奠定了坚实的文化基础。

美国殖民地时期是美利坚民族发展和形成的创始阶段，它使早期的殖民者从模仿英国的政治体制和续承英国的文化传统，到逐步适应新的自然与社会变化；从相互分散、孤立逐渐走向联合与统一；与母国渐行渐远，到形成自己的民族特色并民族意识越来越清晰、浓厚。这是殖民地间在政治、经济和文化上不断增强联系以及各殖民地与母国交往中形成了共同利益后，彼此相互影响而产生的结果。诚然，清晰、鲜明的美利坚民族意识和美国国家认同的最终形成还需要经历后来的独立战争、联邦国家的建立、西部开发运动、内战以及后续一系列轰轰烈烈历史事件的洗礼，其民族认同的内涵也需不断地在这些历史事件中得到丰富与展现。我国有学者甚至特别将独立运动作为美国国家和民族认同形成过程的起点。[②]然而，不可否认的是，殖民地时期发展的以盎格鲁-撒克逊族裔群体为主的社会结构，以共同地域认同、共同英语语言要求、共同经济生活联系、共同政治利益以及共同文化心理为基础的新的美利坚民族意识和认同已经在殖民地人民中生根发芽。一个具有自己文化特色的新的民族实际上已经在这片土地上诞生，从而为未来接纳新的移民群体、同化异质文化建立起了一种崭新的、占主导地位的文化和社会价值体系（即所谓的 WASP 文化），并成为未来美国政治和经济体制发展的基础。

① Mary K. Geiter & W. A. Speck, "Anticipating America: American Mentality before the Revolution ," *Britain and America: Studies in Comparative History, 1760 – 1970*, Edited by David Englander (New Haven: Yale University Press, 1997), p.42.

② 张涛：《美国民族意识的开端》，民族出版社，2008，第 355 页。

三、少数族裔群体的群体认同

由盎格鲁 - 撒克逊裔最早建立的美国主流文化和社会体制不仅占据了美国民族和国家认同的核心，也成为后来美国引以为自豪的“熔炉”社会锻造新移民及其异质文化的标准，或接纳同化，或排斥歧视。而新移民来到美国都带着沉甸甸母国文化，共同的移民经历和在美国所受到的各种歧视和偏见使他们在很长时期内始终保持着自己浓厚的族裔文化认同，有的甚至得到加强而具有持久生命力。

的确，来自不同祖籍国和祖籍地的移民持续涌入，不断改变着美国的人口规模和结构，使美国从一个以盎格鲁 - 撒克逊人为多数的社会变为一个多民族多种族的社会。这些来自世界各地的移民有着不同肤色、不同宗教信仰、不同文化习俗和价值观念，并在美国这个新家园形成了一个有着自己文化认同的族裔群体，主流社会将它们称为“少数族裔群体”。当然，这个词难以充分描述构成美国社会百衲衣的这些族裔群体，因为实际上除了早期特定历史时期盎格鲁 - 撒克逊人曾经占据人口多数外，美国社会并不存在“多数群体”。这些族裔群体或因自己独特的文化特质而自然形成一个有着共同意识和认同的社会群体，或因文化的或生物的某些共同特性而被主流社会归纳为某个种族或民族群体，并在美国特别的社会环境下逐渐形成了某种群体意识和认同。形形色色的族裔群体不仅固化了美国社会的多元特性，也不断给美国主流社会所尊奉的国家认同带来了冲击，使得民族种族关系时常要经历阶段性的矛盾和冲突。

社会学家告诉我们，族裔群体在一个多民族的社会中能够生存和发展，主要靠共同的群体认同和意识来维系。而所谓族群认同就是“社会成员对自己民族归属的认知和感情依附”；族群意识则是指“社会成员对自己民族归属和利益的感悟”。“民族认同是具有天然群聚性和类别感知能力的人类都能具有的社会认知，它有很强的自发性；而民族利益感悟却往往需要一定的社会认识能力或外因诱导作为条件”。[①] 这就是说，族裔群体认同源于我们

① 王希恩：《民族认同与民族意识》，《民族研究》1995 年第 6 期。

中国人常说的“物以类聚，人以群分”的那种亲切感觉或紧密联系的意识，或群体成员之间“我们”的感觉。这种意识或感觉的产生要么是因为客观存在的、人们可以识别的共同文化特性；要么是被其他群体认定的具有某种独特的族裔特征而被赋予某一特殊地位的社会团体，比如语言和宗教。所以，族裔群体“是一个客观单位，能够通过人们独特的文化特点进行识别，或者仅仅是主观的产物，即人们将一个群体视为或将其宣布为族群”。[①]

美国的族裔群体众多、情况复杂，既有可以通过其文化特性轻易被识别的族裔群体（如华裔和犹太裔），也有文化、祖籍地和生物特征交错复杂而难以确认的群体（对其识别和分类往往引发诸多的争论，如非洲裔美国人、亚洲裔美国人、拉丁裔或西班牙裔美国人等）。与其他国家相比，美国最早开始将其人口明确划分为不同的种族类别，划分标准还随人口结构的变化而变化。这种划分依据的是不同时期的所谓伪“科学理论”，具体反映在每 10 年一次的人口普查中。政府通过官方分类不仅给予这种分类以合法性，也对不同人群赋以某种官方的思维定势。[②]但无论哪一种情形，在美国这样一个由盎格鲁 - 撒克逊族裔建立的主流文化国度，非盎格鲁 - 撒克逊族裔都属于亚文化群体，其群体认同的建立和群体意识的形成既与其个人的移民和生活经历相关，也与美国社会这一大的外部环境密切相联。无论是早期白人少数族裔群体（如德国裔、爱尔兰裔、犹太裔等），还是现在被定义为少数族裔群体的黑人、印第安人、拉丁裔和亚裔这四大群体，都在美国经历了群体意识的形成和群体认同的建立这个过程。其中白人少数族裔群体与盎格鲁 - 撒克逊民族都来自欧洲，因而相互之间对各自的文化差异十分了解，族群认同清晰明确，族群意识也从初期因受到歧视而相对强烈，到后来被主流社会接纳而弱化。然而，黑人、拉丁裔、亚裔和印第安人的情形则大不相同，如何界定他们的共同文化特性以及它们内部如何培养一种共同的群体意识都经历了一个较为艰辛的过程。直至今日，这种群体意识的强弱程度在各群体中仍

---

① 〔美〕马丁·麦格：《族群社会学》（第 6 版），祖力亚提·司马义译，华夏出版社，2007，第 11 页。

② David I. Kertzer & Dominique Arel, *Census and Identity: The Politics of Race, Ethnicity, and Language in National Censuses* (Cambridge: Cambridge University Press, 2002), p.11.

然还有很大差异。

1. 黑人群体认同

首先，黑人的群体意识与群体认同完全是艰难的外部环境所造就的。我们知道，黑人最早是由白人通过奴隶贸易贩卖至北美大陆的。在所有移民中，他们是唯一带着脚镣来到这个陌生大陆的群体。然而，他们在被掳掠离开家乡之前，相互之间并没有太多的共同文化特质，除了共同的肤色和非洲这块祖籍地之外，彼此没有任何共同的群体意识和认同。然而，到达新大陆之后，他们作为奴隶，过着痛苦的非人道的生活，没有人的尊严和基本权利，即使有着黑白血统的黑人，他们也因为白人所规定的"一滴血"（One-drop Rule）[①]原则而成为奴隶。共同的命运和痛苦的生活经历最终成为黑人形成共同的群体意识和认同的基础。美国内战结束之后，黑人为摆脱自己的奴役生活，争取自己的政治权利，逐步形成了一个命运共同体，群体意识不断增强和巩固。到20世纪50—60年代民权运动发生时，黑人的群体意识达到高潮，群体认同在这一代人中得到完善和成熟。这种认同的核心就是自由、平等和尊严，其基础就是共同的奴隶命运和种族歧视的受害者。这是老一代黑人及其后裔至今仍然持有的一种群体意识和群体认同。

然而，自民权运动以来，美国黑人的内部结构也有很大变化。来自加勒比海地区和非洲的新的黑人移民越来越多，导致传统的黑人群体认同意识受到冲击。许多新移民因缺少奴隶经历或未遭受过传统的种族歧视，对老一代黑人的诉求没有共鸣；而后民权运动时期美国社会对所有黑人所使用的"非洲裔美国人"这个标签在老一代黑人中间也没有共鸣，因为非洲对他们来说是一个遥远的记忆，完全没有一个共同的利益感悟。例如，2008年当奥巴马竞选美国总统职位时，很多老一代黑人一开始并不支持他，因为他的出身和成长经历被认为与传统的美国黑人经历无任何联系，只是后来奥巴马作为一

① "一滴血原则"是美国划分黑人种族的一个臭名昭著的原则，即无论一个黑白混血人身上有多少比例的黑人血统，无论他/她的外表和肤色多么像白人，他/她只能被确定为黑人。这一原则是在黑人奴隶制时期建立起来的，专门针对黑人，而没有用以界定其他族裔群体的混血儿。参见 Richard T. Schaefer, *Encyclopedia of Race, Ethnicity and Society* (Thousand Oaks, CA: SAGE Publications, Inc., 2008), p.998。

个政客成功地在黑人中间激发起了一种象征性的黑人群体意识和自豪感，他才获得了黑人的信任和支持。奥巴马当选为美国历史上第一位黑人总统的胜利，至今仍被许多人认为只是象征性的，因为在当今美国社会黑人在政治上仍然被边缘化，在经济上依旧处于社会底层。黑白差异显著、种族歧视无法消除的这一现状并没有因为奥巴马成为总统而改变。黑人也将继续保持其传统的群体认同，内部凝聚力仍然强大。2020 年，美国黑人为抗议白人警察对黑人的暴力执法而发起的“黑人的命也是命”运动就是很好的证明。

2. 拉丁裔群体认同

拉丁裔美国人是目前人口数量最多的少数族裔群体。他们也经常被称作西班牙语裔美国人（Hispanic Americans），因为其中来自不同拉美国家的各族裔群体大致都源于西班牙前殖民地并使用同一种语言——西班牙语。其中最大规模的群体是墨西哥裔美国人（占拉丁裔美国人人口的比例达 63%），其次是波多黎各人和古巴裔美国人（分别超过拉丁裔总人口的 9.2% 和 3.5%），其他西班牙语裔人口则接近 24.3%。[①] 所以，拉丁裔和西班牙语裔这两个词常常被交互使用，一个强调其共同的地域，一个强调其共同的语言文化。

相较于黑人来说，拉丁裔的群体意识和认同更加复杂，因为他们来自拉丁美洲不同的国家和地区，有着不同的历史、文化和地域传统，也有不同的种族背景。首先从他们在美国的种族地位来看，他们始终被视作“中间人”，[②] 处于欧洲裔美国人和非洲裔美国人之间的地位，既没有像黑人那样遭受过白人长期固有的歧视，也没有像欧洲裔那样被盎格鲁 - 撒克逊主流群体所接纳。这是因为构成拉丁裔的三大群体——墨西哥裔、波多黎各裔和古巴裔——大部分都是混血种族。在墨西哥裔中，虽然还有许多人基本上是欧洲血统或纯印第安人血统，但大多数墨西哥裔都是欧洲裔和印第安人的混血后裔。波多黎各裔的种族身份则更成问题，因为他们主要是欧洲人和非洲人的混血后裔，也还夹杂了一些印第安血统，所以在美国这个传统上按照黑白二分法来确定

① 数据来自美国人口普查局 2011 年 5 月发布的 “The Hispanic Population：2010 ,” http://www.census.gov/。

② 〔美〕马丁 · 麦格：《族群社会学》（第 6 版），祖力亚提 · 司马义译，华夏出版社，2007，第 277 页。

种族身份的社会，波多黎各人往往又被称为黑人。第三大群体古巴裔美国人属于一个特殊群体，因为他们主要是由于古巴革命而逃离古巴的难民。早期来美的古巴裔在古巴属于上层社会，肤色偏白，因此他们往往被归为“白人”类别，而后来移民美国的古巴裔在古巴政治经济地位较低，肤色也较黑，从而使古巴裔美国人这个群体的结构也变得较为复杂。

正是由于拉丁裔群体内部结构复杂，拉丁裔群体认同的建立就势必要经历一个较为艰难的过程。实际上，他们在美国被当作一个整体看待也是过去20年的事情。之前，美国人口普查局将墨西哥裔当作一个单独的“种族”，同时也作为白人人口的一部分。随着来自拉丁美洲的移民快速增加，美国人口普查局从2000年开始正式完整地用“西班牙人 / 西班牙语 / 拉美血统”（Spanish/Hispanic/ Latino Origin）的标签来对拉丁裔进行人口普查，这也是“拉丁裔”和“西班牙语裔”在过去20年被广泛交互使用的原因。同时也在此社会语境下，这个群体才开始逐步产生了一个共同的群体意识。而凝聚这一群体的动力除了其自身的语言和文化共性外，还有来自主流社会对这一群体长期的漠视、偏见和敌意（因他们被视为主要非法移民的来源）。

3. 亚裔群体认同

亚洲裔与拉丁裔的人口数量一样增长迅速，其在群体认同上也与拉丁裔相似。亚洲裔作为一个种群的共同点就是他们的亚洲这个祖籍地域，其他几乎没有任何共同的认同基础，因为他们各自都有着自己独特的历史背景、文化习俗、传统、宗教信仰和语言，甚至有着不同的人种特征（如来自南亚和中亚等地的移民与来自东亚和东南亚的移民在肤色上就有显著的不同）。亚洲裔自己很少将自己称为“亚洲裔”，而是按照自己的母国名称来称呼自己（如华裔、印度裔、菲律宾裔、日本裔、越南裔等）。人们开始普遍使用“亚洲裔”这一称呼是在20世纪70年代，原因主要是美国主流社会不能或不愿清楚地区分亚洲移民中的各族群，于是就常常把他们笼统地归为同类人群而不加区别地对待。[①] 美国人口普查局将祖籍地为亚洲各国的美国公民归为一类

① 董娣：《“亚裔美国人”概念的起源及其含义的变迁》，《南京师范大学学报》2001年第4期。

进行统计还是2000年的事情。最初，亚洲裔都是以各自祖籍国家的名称归类，1977年美国行政管理与预算局发布其15号“统计指南”，要求将亚洲裔与太平洋岛屿居民归为一类进行统计；1997年在对该“指南”进行修订后又正式发布其修订版，将亚洲裔和太平洋岛屿居民分别进行统计，这就形成了目前人口普查中实施的五大人种统计标准：白种人、黑种人、亚洲裔、美国印第安人与阿拉斯加土著民、夏威夷及太平洋岛屿居民，而“西班牙语或拉丁裔”则作为一个族裔群体单独进行统计。①

除了祖籍地都为亚洲这一共同点外，要说亚裔各群体还有任何其他共同之处，那就要数早期移民美国的亚洲裔群体都曾遭受过白人社会的种族歧视了，其中主要包括华裔、日本裔、菲律宾裔和韩裔。从19世纪40年代随着“淘金热”而最早来到美国的华裔开始，直至20世纪60年代中期，几乎所有来自亚洲的移民都遭受过美国的歧视。1882年的《排华法案》就是美国历史上第一个针对某个族裔的歧视性法案。随后的日本裔、印度裔、韩裔及菲律宾裔等都曾经在一定时间内受到白人主流社会的排斥和歧视。1924—1965年，美国几乎将所有亚洲国家都列为禁止移民美国的来源地，只有菲律宾人在其国家独立之前被视为美国公民，可以享受移民美国的特殊地位，相当于如今的波多黎各裔身份。但菲律宾在1934年获得独立资格后，菲律宾人也和其他亚洲国家的公民一样被禁止移民美国。而华裔只是在二战中日本偷袭珍珠港之后，美国将中国视为反抗日本侵略的盟国，罗斯福才成功劝说国会于1943年取消了其实施达半个多世纪之久的《排华法案》，且每年象征性地给予中国105个移民配额，直至1965年《新移民法》彻底取消这些限制和配额为止。

亚洲裔的这一共同移民经历虽然不像黑人在美国所遭受的那般奴役，但却使亚裔群体都感受到了这个国家主流白人群体根深蒂固的白人至上主义意识以及一开始就对他们表现出的种族歧视。这促使他们在这个新的国度逐渐产生了一种“泛亚”（Pan-Asian）意识，并利用这个曾经是强加到他们头上

---

① David I. Kertzer & Dominique Arel, *Census and Identity: The Politics of Race, Ethnicity, and Language in National Censuses* (Cambridge: Cambridge University Press, 2002), pp.58–60.

的类化观念来为自己服务，满足各种政治需要，维护自身权益。

4. 印第安人群体认同

美国印第安人的群体认同也是十分特殊的现象，因为他们一方面在欧洲人殖民美洲前就已经在此居住生活了几千年，他们才是这块土地最初的主人。而作为主人，他们不可能存在任何亚群体的认同。另一方面，处于部落发展时期的印第安人在荒野的美洲大陆相互隔离，各自培育了独特的部落文化，因而除了人种特征外，他们的习俗、信仰、语言以及生活习性都存在着巨大差异。也就是说，在欧洲人到来之前，他们并不是一个以共同文化特征为基础的整体，也不存在一个共同的群体意识。

然而，正如我们前面所指出的，一个群体的认同既可以是根据自身的共同文化特征产生，也可以是外部强加给某个群体而形成。无论他们之间的文化有多大差异，印第安人被来自欧洲的殖民者统统视为愚昧的蛮荒部落。殖民者一来到这块土地上就不断扩张，无情地毁坏了印第安人的家园，剥夺了他们的土地，最后将他们驱赶到荒瘠的中西部保留地。从身份地位来看，即便在美国独立之后的很长时间内，他们都被作为外国人对待，成为自己土地上的“外邦人”。虽然内战后美国通过宪法第十四条修正案规定，所有在美国领土上出生的人都具有美国公民身份，但印第安人却不被包含在内。直到1924年美国国会通过的《印第安人公民身份法案》才正式赋予所有印第安人美国公民身份。这一共同的历史遭遇逐渐成为美国印第安人形成共同群体意识的基础。特别是在20世纪50—60年代美国民权运动中，他们为争取自己的政治经济权利而团结起来，印第安人在美国社会的群体认同才在后民权运动时期真正开始建立起来并不断得到巩固。

从以上对美国四大少数族裔群体的群体认同分析可以看出，美国族裔群体长久地保持着各自的群体认同和或多或少、或强或弱的群体意识，其原因就是他们各自在美国社会遭遇歧视的共同记忆以及主流社会对其进行的特别分类。这种群体认同未来还能保持多久，最终能否像之前的白人少数族裔群体那样被美国社会所接纳同化，很大程度上还要取决于白人主流社会的态度。

作为美国公民，这些少数族裔群体既接受美国的国家认同，保持对美国的忠诚，也继续保持着各自的群体认同，以争取自身的群体利益和权利，改善自身的政治、经济和社会境况。这便是学者们所说的特殊双重文化认同。这种双重文化认同的强与弱，一定程度上是衡量他们在美国文化与社会融入水平的标尺。

有意思的是，我们注意到，作为支配群体的美国白人族群现在也开始形成自己的群体认同和群体意识。通常情况下，主流群体的认同很大程度上被认为代表着这个国家的民族认同，因而主流群体成员的身份认同和意识是隐性的。他们处在族群分层架构的顶端，享受着这一地位给他们带来的政治、经济和社会利益与特权，并逐渐将此视为一种想当然的社会安排，其族群也就被认为是一种默认的和隐性的族群类别，因而也就不存在一种像少数族裔群体那样强烈的群体认同和意识。[①]本人在美国访学期间曾经向一位朋友（英国后裔）提到盎格鲁 - 撒克逊裔也是美国的一个族裔群体（Ethnic Group）时，这位朋友立即否认并坚称：美国其他任何族裔群体都可以是族裔群体，但盎格鲁 - 撒克逊裔不是，因为它是主流的支配群体。虽然作为学者，他后来在确认这一概念的含义后承认也可以将盎格鲁 - 撒克逊裔称为一个族裔群体，但他的潜意识中已经形成了盎格鲁 - 撒克逊裔在美国的特殊身份认同和意识。[②]

然而，美国白人族群这种“想当然的”支配群体地位在过去几十年中受到了严重挑战，其中最主要原因是大量新移民的涌入导致美国人口结构日趋多元，后民权运动时代少数族裔群体在美国政治和社会中拥有更多的话语权和代表权。随着第一位黑人总统的诞生，越来越多的白人感到自身的利益和地位受到前所未有的威胁，因而逐步开始形成一种显性的群体认同和群体意识，而且这种趋势在过去 20 年似乎越来越明显。根据一项调查，20 世纪 90 年代白人中有较强烈白人身份认同的比例为 15%；而 2010—2016 年的一项

① Ashley Jardina, *White Identity Politics* (Cambridge: Cambridge University Press, 2019), p.22.

② Ibid.

跟踪调查显示，这一比例已经增加到了 30%—40%。[①] 这一群体认同和群体意识的变化反映的是 21 世纪白人越来越强烈的失落感，认为白人已不再是这个社会的多数，也不再享有支配一切的地位。“作为一位美国人的定义正在发生巨大的变化，我们再也不能想当然地认为我们（白人）就是词典里‘美国人’的定义了。”[②] 对于美国族裔政治来说，这种变化已经和将要对美国政治和社会产生深远的影响。对此，我们将在后面相关章节中作进一步讨论。

四、文化与社会融入：从“熔炉”到“多元文化主义”

美国的多元族裔结构和各族裔群体的双重文化认同注定了移民群体在美国的文化与社会融入过程将异常艰难，主流与非主流文化之间的交融也一定具有竞争性的。从建国至今，有关如何接纳和同化来自不同国家和地域的移民，美国社会出现过多轮观念博弈。这充分反映了主流社会和移民群体之间关系调整的艰难历程。

1. 世界大同自由主义与本土主义之争

当《独立宣言》发表的时候，殖民地上的居民有 80% 来自大不列颠，所以，“国父们”有充分的理由以盎格鲁 - 撒克逊人的族裔特性来建立美国最初的国家认同，即以英国文化、价值观和英国的政治体制为模板来塑造这个国家。然而，他们并没有这样做。虽然“国父们”仍然强调盎格鲁 - 撒克逊人文化在新的美国文化特性中的地位——英语、英国风俗习惯和新教信仰等，如托马斯·杰斐逊在担任乔治·华盛顿总统的第一任国务卿期间就曾表示，“我们的国家就是盎格鲁 - 撒克逊文化统治的国家，如果你不愿意学习英语，不愿接受我们的文化，大西洋的门永远为你敞开着，你可以回欧洲去！”[③] 然而，他们用以凝聚这个新的国家的基础还有一套自由主义的政治原则，即无

① Ashley Jardina, *White Identity Politics* (Cambridge: Cambridge University Press, 2019), pp.61 – 62.

② John Blake, “Are White Racially Oppressed?” *CNN*, March 4, 2011, https://edition.cnn.com/2010/US/12/21/white.persecution/index.html.

③ 马戎：《民族与社会发展》，民族出版社，2001，第 313 页。

论你来自哪个国家、哪个民族或哪种文化背景，你只需要接受杰斐逊在《独立宣言》中所宣示的这一套政治理想——自由、平等、个人权利和人民主权，你就可以被接纳为美国公民。这就是后来著名的瑞典经济学家戛纳·缪达尔（Gunnar Myrdal）在其《美国的困境：黑人问题和现代民主》（1944）一书中所提出的“美国信条”：“美国人无论来源于何种民族、何种阶级、何种信仰、何种肤色，其共同点即是：一种社会精神，一种政治信念。”[①]“国父们”这样做的用意不言而喻，就是要能够在未来吸引更多的移民，同时要让原来的那些英国臣民从心理上与那个不自由的、专制的母国脱离。从美国历史后来的发展来看，这一新型的国家认同理念从族裔关系来说具有包容性。虽然在当时这种“美国性”排除了黑人和印第安人，但是它在19世纪早期显然至少在理论上具有自由主义和世界大同的精神。另一方面，不将国家的认同建立在血缘或族裔基础之上，而是建立在抽象的政治原则基础上，这在那个时代也是独一无二的。直至今日，这些原则仍然是美国国家认同的基石。

然而，随着美国历史进程的前行，来自世界各地的移民不断蜂拥而至，给美国社会的文化带来了巨大的冲击。与几次大的移民浪潮相适应，“国父们”建立起来的国家认同理念也面临不同观念的挑战。不过，这些观念或思潮仍然以“国父们”确定的政治理想为其核心的价值理念，不同的只是这些文化上多元的族裔群体是否应该按照美国的标准或方式来同化。在19世纪大部分时间里，面对来自欧洲的大规模移民潮，世界大同的自由主义（Cosmopolitan Liberalism）与本土主义（Nativism）之间就进行了激烈的斗争。[②]

世界大同自由主义强调社会的开放和文化与生活方式的多元，具有显著的包容性和有意愿与他人交往的特性。[③]建国之初，美国主流社会显然对美国具有强大的信心，认为美国的价值理念、历史和政治社会体制具有特殊性

① Gunnar Myrdal, *An American Dilemma: The Negro Problem and Modern Democracy* (New York: Harper and Brothers, 1944), p.3.

② Jack Citrin, Ernst B. Haas & others, “Is American Nationalism Changing? Implications for Foreign Policy,” *International Studies* (*Quarterly*), 1994, 38, pp.1 – 31.

③ Charles R. Beitz, “Social and Cosmopolitan Liberalsim,”*International Affairs*, Vol.75,No.3,Jul., 1999, pp.515 – 529.

和普世性（例外论）。因此，对于来自欧洲的移民潮，他们深信美国社会具有吸纳和同化的能力，相信新移民只要自身足够努力就一定能够融入美国社会。不过，当时的这些大同论者并非我们现在所理解的超越国界和民族的大同主义者。受时代的局限，他们只相信欧洲人具有这种被同化的可能性，像黑人、印第安人、亚洲人等移民都被排斥在外。直到20世纪的二战之后，他们才改变这种观念。显然，这里蕴含有种族主义的成分。

与世界大同自由主义相对的是本土主义，两者有着完全不同的观念。本土主义一词产生于19世纪中叶，最初它强调本土出生的公民的利益要高于移民的利益；但后来学者们在使用这一概念的过程中扩大到了包括对移民和潜在移民对象的敌对情绪、对“外来”宗教和“外来”民族的厌恶、对文化认同和/或价值观的维护、保护美国不受居住在美国的外国人的侵害等内容在内的范围。[①] 的确，19世纪中期开始，本土主义者对大规模涌入的来自非英语国家和非新教国家的移民感到反感和排斥，坚持认为在巨大的移民浪潮冲击下，美国应该保护本土居民的利益，保存或复兴美国本土的文化，强调保持美国文化的纯洁性。而且，他们认为只有盎格鲁-撒克逊民族才具有这种道德和智慧成为美国民主体制下的公民。如19世纪中叶，面对信奉天主教的爱尔兰裔和德国裔的涌入，本土主义者发起了一波排斥天主教的运动，认为教皇对天主教徒的控制会妨碍他们对美国保持忠诚。于是，在19世纪40—50年代，便出现了所谓的“公共学校”（Common School）反复向这些新移民灌输带有浓厚新教色彩的公民教育现象。同时，本土主义者还建立了自己的政党——“一无所知党”（Know-Nothing），并力图运用政府的权力来保持美国社会的新教特性（如要求政府机构的职位不对移民开放；新移民在成为美国公民并拥有投票权之前必须有21年的等待期；限制酒的销售；限制公立学校只对新教徒开放和要求在教室内每天阅读新教版的《圣经》等）。[②] 不过，内战的结束标志着世界大同自由主义者在这一轮博弈中的胜利，

① Brian N. Fry, *Nativism and Immigration: Regulating the American Dream* (EL Paso, TX: LFB Scholarly Publishing LLC, 2007), p.2.

② Richard T. Schaefer, “Irish Americans,”*Encyclopedia of Race, Ethnicity and Society* (Thousand Oaks, CA: SAGE Publications, Inc., 2008), p.760.

因为第 13、第 14、第 15 条宪法修正案将国民的法律范畴扩大到了黑人，而内战中的北方部队也成了同化移民的理想舞台，本土主义思潮在一定时期内衰落下来。

然而没有多久，美国在 19 世纪和 20 世纪之交的前后几十年间，又有更多的移民涌入美国，移民来源地主要是东南欧国家，但也有大量的华人劳工。这些新的外来移民与盎格鲁 - 撒克逊族裔文化具有更加突出的异质性，这导致了本土主义思潮的卷土重来。借助这个时期“社会达尔文主义”思潮和“优生学”理论的盛行，本土主义者有着充分的“科学”依据来强调盎格鲁 - 撒克逊民族与文化至上的思想，因而坚决要求新的移民按照美国的标准来进行包括语言、举止、宗教等各个方面在内的同化。美国社会一度出现让新移民“美国化”的运动，排外气氛浓烈，并在 1882 年出现了历史上第一份针对某一特定族裔群体的法案，即排斥华人的《排华法案》；同时，由于白人至上主义的秘密恐怖组织“三 K 党”横行，成百上千的黑人遭受私刑。对于这个时候因百老汇的一部有关移民的戏剧《熔炉》（Melting Pot）而流行的“熔炉”论，本土主义者对其也有自己的理解。

《熔炉》最初于 1908 年 10 月 5 日在华盛顿的哥伦比亚剧院初演，受到当时美国总统西奥多·罗斯福的赞赏。该剧后来在芝加哥和纽约连续演出了 11 个月，风行了近 10 年。作家伊斯瑞尔·赞格维尔（Israel Zangwill）表示，“美国是上帝的炼炉（Crucible），是一座熔炉，来自欧洲的所有种族在这里融化锻造！”[①] 显然，赞格维尔的观点是乐观的，虽然他只强调了欧洲移民，但也反映了主流社会的“例外论”思想和美国价值观的普世主义精神，认为移民在美国这个大熔炉中一定会被融化，这是一个自然过程，无须任何干预。这一比喻也成了后来美国社会自由主义的象征性描绘。不过，由于这一比喻带有明显的种族中心主义色彩，在它出现的同时，便受到了当时著名的犹太裔实用主义哲学家哈瑞斯·卡伦（Horace Kallen）的批判，并提出了文化多元主义（Cultural Pluralism）的概念。卡伦认为，民主是文化最重要的前提

---

① Joe Kraus, “How the Melting Pot Stirred America: The Reception of Zangwill’s Play and Theater’s Role in the American Assimilation Experience,”*MELUS*, Vol.24, No.3, Autumn, 1999, pp.3–19.

条件，就像美国历史所表现的那样，文化可以并在某个时候也的确是民主最灿烂的装饰物，也就是说各族裔群体自身的文化特性不会对他们融入美国社会构成任何障碍，美国文化也会因为新的移民文化的到来而变得更加丰富与和谐，如同一个交响乐队（Philharmonic）所演奏的“文明的交响曲”（The Symphony of Civilizations）。[①]这里，无论是赞格维尔的“熔炉”还是卡伦的“文化多元主义”，它们对来自欧洲的移民潮还是持乐观和欢迎的态度，具有一种自由主义的文化自信。

与此相对的是，本土主义对此的理解却不同。他们怀疑新移民能否顺利地被美国文化所同化，坚持要采取措施加快移民脱掉他们身上的异质文化，代之以美国盎格鲁 - 撒克逊的传统价值观和习俗。否则，美国和谐的政治统一体将会有遭遇破坏的危险，因此美国这所熔炉不是要融化移民文化，而是要去除他们的文化，用美国的传统习俗和价值观将移民“美国化”。在这种思潮的影响下，一段时间内在一些州如爱达荷和犹他州，不说英语的移民被要求参加“美国化”学习班；1919 年有 15 个州通过了法律，要求所有公立和私立学校的教学语言必须也只能是英语；还有几个州规定只有美国公民才能够担任公立学校的教师职位等。[②]也正是在这种本土主义思潮的影响下，美国在 1924 年正式对新移民的欧洲来源国实施了严格的移民配额制度，而对西北欧国家的移民则予以配额优待，对几乎所有亚洲国家移民予以禁止。

本土主义思潮在这一轮博弈中显然战胜了自由主义。直到二战之后，特别是 20 世纪 60 年代中期，本土主义所理解的“熔炉”论占据美国社会的主流，移民受到限制，少数族裔受到歧视，种族主义和白人至上主义甚嚣尘上，只是在当时的民权运动之后这一切才有所改变。

2. 多元文化主义

多元文化主义是美国 20 世纪 60 年代民权运动的遗产，是后民权运动时

① Richard T. Schaefer, “Melting Pot,”*Encyclopedia of Race, Ethnicity and Society* (Thousand Oaks, CA: SAGE Publications, Inc., 2008), p.886.

② Brian N. Fry, *Nativism and Immigration: Regulating the American Dream* (El Paso, TX: LFB Scholarly Publishing LLC, 2007), p.49.

代少数族裔群体要求彻底根除种族主义、实现民族种族平等、建立和谐多元文化社会的一种思潮，它也是对传统“熔炉”论的挑战。其背景与1965年新的《移民法》有着直接的关联。该部法律废除了实施几十年的移民配额制，使美国社会迎来了又一波移民浪潮。这波移民的规模超过历史上任何一次移民潮，且移民祖籍国或祖籍地也从原来的欧洲转移到了亚洲和拉丁美洲。它与民权运动一道，相互作用，激发了多元文化主义思潮的兴起。多元文化主义的核心理念强调多元文化的共存，反对某一种文化的独尊地位。换句话说，就是作为一个国家，在一个统一的社会内要保持各种文化或文化认同的差异性。多元文化主义者认为，美国所宣示的美国社会是一个“机会均等”的社会具有误导性和欺骗性，美国自由主义的国家认同观尤其问题严重，因为它对不同种族和民族采取的是一种自上而下（Top-down）的同化模式，强调美国民主信条的独一无二和普世性，而不考虑作为整个社会组成部分的少数民族种族的文化特性。所以，多元文化主义者明确拒绝自由主义者对“熔炉”的解释，认为它霸道而具有压迫性，应该用“马赛克”（Mosaic）和“万花筒”（Kaleidoscope）来作为一种理想取代“熔炉”论的观念。[①] 在这其中的各种文化都是平等的，没有任何文化、种族或语言享有超越其他文化和种族的地位。此外，多元文化主义的核心价值理念还坚持族裔群体的群体认同超越作为公民的个人价值观或利益，它是个人人格和自尊的港湾。

多元文化主义思潮在20世纪末的美国社会达到高潮。对群体认同的强调意味着对群体差异、群体利益和群体权利的尊重，这使“认同政治”（Identity Politics）成为美国政治中的时髦词汇，它不仅只是涵盖保护少数族裔群体的利益，还扩展到了妇女和同性恋等社会弱势群体。随着优待少数族裔和妇女的“肯定性行动计划”政策（Affirmative Action Programs）的长期执行，对少数族裔文化和妇女问题研究的学科在美国各大院校相继建立，“政治正确”成为美国政治和社会反对歧视与偏见的默认的行为与话语准则。然而，所有这些都遭遇到了传统的自由主义者的反对，因为传统的自由主义者认为新的

① 参见词条“Multiculturalism ,” Ellis Cashmore, *Encyclopedia of Race and Ethnic Studies* (London: Routledge, 2004), pp.289 – 290。

移民浪潮和多元文化主义的思潮相互作用，冲击了一直以来凝聚美国社会的以政治原则和新教文化为基础的美国认同（American Identity）。当时，人们讨论的热点集中在"美国人意味着什么？"(What it means to be an American ?)。许多人担心，如果不解决好这个问题，传统的美国认同会面临崩溃、美国社会面临四分五裂的危险。实际上，这种反对的思潮在多元文化主义开始兴盛的 80 年代就已经开始了，这就是新保守主义的崛起，并在此基础上发展成为 21 世纪初的民粹主义浪潮。

3. 民粹主义的复兴

民粹主义在 21 世纪的表现以右翼的"茶党运动"（Tea Party）、左翼的"占领华尔街运动"（Occupy Wall Street Movement）以及 2016 年以"特朗普现象"为标志的右翼民粹主义竞选运动为主要表现，其诉求虽然主要集中在经济方面，但对美国日益恶化的族裔关系的不满也是民粹主义的一个重要动因和目标。从动因方面来说，后民权运动以来以"认同政治"为核心的多元文化主义盛行一时，许多白人保守主义者深切感受到其种族优越感和种族特权受到威胁，"肯定性行动计划"和"反向歧视"争议不断，白人蓝领工人的工作受到来自新移民特别是非法移民的竞争压力，经济利益被边缘化，以福音派为核心的宗教右翼群体对多元文化主义带来的如堕胎、同性恋婚姻等许多社会问题感到愤怒等。① 这些让包括左、右翼在内的民粹主义分子有充分的理由扯起激进的反智、反精英、反建制的大旗。民粹主义的目标是要保护日益受到侵害的白人群体的利益，重新倡导传统的白人清教文化价值观，强调共同的国家认同，反对以突出群体差异的认同政治，限制移民等。显然，这其中包含有浓厚的本土主义成分，与传统意义上反移民、要求保持白人社会和文化纯洁性的本土主义一脉相承。

随着民粹主义在 21 世纪的复兴，本土主义与自由主义、多元文化主义正在经历又一轮的博弈，哪一方会占据上风，目前还暂时难以定论。虽然以特朗普为首的右翼保守主义一度得势，其对移民的限制和对白人民族主义的

① 张毅：《分裂的美国》，《美国研究》2017 年第 3 期。

关注已经使美国社会出现震荡。但从历史的博弈结果来看，美国社会往往会在博弈过后进行一定的自我“修复”，以达到某种社会利益的平衡。最终的理想当然是托马斯·杰斐逊在《独立宣言》中所宣称的“人人生而平等”，实现包容和谐共存。后面第七章我们将对这一问题做进一步的讨论。

第三章

美国多元政治理论基础

族裔群体长期活跃在美国政治进程中是一个不争的事实。这除了与美国人口构成中民族种族的多元性及族裔群体双重文化认同的特殊性外，美国政治文化和体制所呈现的竞争性与包容性特征也是族裔政治发展变化的基础。本章要讨论的内容包括宪法设计中的利益多元理论、族群等级结构中的社会分层理论以及政治参与过程中的利益集团理论三个方面。利益多元理论为族裔政治的存在提供了基本的法理依据，社会分层理论解释了美国社会族群等级结构的现实，利益集团理论则为族裔群体参与美国政治进程的特殊方式提供了理论基础。族裔政治正是在这些兼具竞争性和包容性的政治文化中不断发展变化并构成了美国政治进程中一道特别的风景线。

一、《美利坚合众国宪法》与多元政治理论

1. 人民、人民主权与有限政府

《美利坚合众国宪法》（简称《美国宪法》）制定于

1787年，是至目前为止世界上仍在使用的最久的成文宪法。其设计原则可追溯到古希腊的自然法思想。这种思想经由17—18世纪欧洲启蒙主义思想家（其中最主要的是英国政治学家约翰·洛克与托马斯·霍布斯等）的传播和发展，最终形成了以“自然权利说”“人民主权”及“契约论”等为核心的古典自由主义思想。这些思想充分体现在1776年由托马斯·杰斐逊起草的《独立宣言》之中，并通过1787年宪法成为美国宪政原则的核心。

《独立宣言》明确宣称“人人生而平等”的自然权利思想，强调人从生下来都拥有生命权、自由与追求幸福的权利。这些权利是神圣的，是不可被剥夺的。由于这些思想被认为是“不言而喻”的，宪法制定者在1787年的制宪会议上并没有将这些思想明确写入宪法文本，但在宪法审批过程中美国人还是达成共识（即必须在宪法中明确表述出来）。于是，就有了后来美国第一届国会迅速提出并通过的《人权法案》（即第1至第10条宪法修正案），明确包括了言论、信仰及结社自由等国家权力不可侵犯的公民权利。

《独立宣言》接着宣称，“为了保障这些权利，所以才在人们中间成立政府。而政府的正当权力则系得自被统治者的同意。如果遇有任何一种形式的政府变成损害这些目的，那末，人民就有权利来改变它或废除它，以建立新的政府。”① 这便是“人民主权”和“契约论”思想的宣示。它强调了人民建立政府的目的、政府权力的来源以及政府权力的有限性。在宪法中，这些思想首先体现在宪法的“引言”部分，突出了“我们人民”作为宪法制定的主体；其次，宪法中通过精心设计的政府产生程序，保障了人民拥有建立和撤换政府的神圣权利；而宪法中对政府权利的分配和制约，特别是联邦制及“人权法案”，明确了政府权力的有限范围及人民权利的不可剥夺性。②

可见，杰斐逊在《独立宣言》中宣示的天赋人权、人民主权及契约论等古典自由主义思想相互交织，构成了美国1787年宪法设计的指导思想，并在此基础上建立了美国政治文化与体制的核心原则：人权、人民主权、有限政府。相对于利益多元的美国社会，特别是那些具有不同文化背景和认同的

① 李道揆：《美国政府和美国政治》，中国社会科学出版社，1990，第746页。

② 同上，第751－759页。

族裔群体来说，这些原则显然具有明显的包容性。虽然在历史现实中，杰斐逊宣示的“人人生而平等”中的“人人”及宪法制定者所突出的“人民”概念中并没有包括黑人、印第安人和妇女，因而具有强烈的排他性，但作为政治原则和理想，《美国宪法》所体现的原则为后来少数族裔群体争取自身的权利提供了基本的宪法依据。正如马丁·路德·金在其 1963 年所作的著名演讲《我有一个梦》中所说：“当我们共和国的设计者们在宪法和《独立宣言》中写下那些庄严的语言时，他们是在签下一份所有美国人将要继承的承诺书。它承诺，所有人——无论是白人还是黑人——都保证享有‘不可被剥夺的权利’，即‘生命权、自由权和追求幸福的权利’。”[①]

2. 代议制共和政府

美国“宪法之父”麦迪逊就《美国宪法》的包容性曾经做过最精辟的阐释。当时为了解释宪法，让那些“反联邦派”能够投票支持宪法草案的批准通过，他和汉密尔顿、杰伊在当时纽约的报刊上以“普布利乌斯”（Publius）的名义发表了 85 篇系列文章，即后来被合编为著名的《联邦党人文集》（The Federalist Papers）。其中由麦迪逊撰写的第 10 篇就宪法与美国的多元利益特性的阐述后来成了美国最早的集团政治理论。这一理论被后人认为确立了《美国宪法》的基本框架。麦迪逊首先肯定了当时人们普遍认为的利益群体（党争）对社会和政府的稳定具有极大的危害性观点，并将利益群体定义为“不论是全体公民的多数还是少数，团结在一起，被某种共同情感或利益所驱使，反对其他公民的权利，或者反对社会永久的或者集体的利益”。[②] 显然，在他眼里，利益群体——尤其是那些多数派的利益群体——是政治不稳定的主要根源，因为利益群体是造成“党争”的根源：“造成党争的最普遍而持久的原因，是财产分配的不同和不平等。有产者和无产者在社会上总会形成不同的利益集团。债权人和债务人也会有同样的区别。土地占有者集团、制造业集团、商人集团、金融业集团和许多较小的集团，在文明国家里必然会形成，从而

① 马丁·路德·金：《我有一个梦》（演讲英语全文），斯坦福大学网址，https://kinginstitute.stanford.edu/king-papers/documents/i-have-dream-address-delivered-march-washington-jobs-and-freedom。

② 〔美〕汉密尔顿、杰伊、麦迪逊：《联邦党人文集》，程逢如等译，商务印书馆，1980，第 46 页。

使他们划分为不同的阶级，受到不同情感和见解的支配”；党争的原因“植根于人性之中”。[①]

就如何应对和管控现代文明社会中不同群体间的利益冲突，麦迪逊试图从政府体制上寻找解决这一问题的办法。他认为群体之间的利益冲突是必然存在的，在现代文明社会中也是无法根除的，因此，政府立法的主要任务就是要解决社会中不同利益群体之间的矛盾和冲突；强调把党派精神和党争带入政府必要的和日常的活动中去。他说，“自由于党争，如同空气于火”，[②]现代政治中不可缺少的自由只会助长党派之间的竞争，而我们又不可能给予每个公民同样的主张、同样的热情和同样的利益，因此，既然人们不能消除产生党争的原因，那我们就只有想办法“控制其结果”，[③]让不同的派别或利益集团在实际生活中相互竞争、相互制约。这样，我们就可以防止任何一个派别或利益集团的势力恶性膨胀，避免它们控制政府或整个社会，出现这种或那种专制统治。

关键的问题是我们应该怎样“控制其结果”呢？麦迪逊提出的解决办法是代议制政府为特征的共和制。他说：“通过某个选定的公民团体，使公众意见得到提炼和扩大，因为公民的智慧最能辨别国家的真正利益，而他们的爱国心和对正义的热爱似乎不会为暂时的或局部的考虑而牺牲国家。在这样的限制下，很可能发生下述的情形：由人民代表发出的公众呼声，要比人民自己为此集会和亲自提出意见更能符合公共利益。”[④]因此，他提出美国需要建立一种既能反映各种不同的群体利益，又能平衡不同利益群体之间的矛盾和竞争的政府。这就是麦迪逊及其联邦党人为美国宪政所设计的社会利益多元体制，并依此制定了《美国宪法》和权力制衡的三权分立、平衡制约的代议制共和政府，这一利益多元理论后来被人们认为是美国宪政能够持久稳定的第一基石。[⑤]

---

① 〔美〕汉密尔顿、杰伊、麦迪逊：《联邦党人文集》，程逢如等译，商务印书馆，1980，第46-47页。

② 同上，第46页。

③ 同上，第48页。

④ 同上，第49页。

⑤ 夏立安、万尚庆：《美国宪政体制稳定的第一基石》，《湖北大学学报》（哲社版）1997年第5期。

这样，《美国宪法》以《独立宣言》中所宣示的政治原则为核心，通过代议制的民主体制突出主权在民的思想，并以三权分立与平衡制约的政府架构设计理念，建立起了一个包容和平衡社会各种利益冲突与矛盾的政府运作机制，为族裔群体参与美国政治进程，表达各自的利益诉求，提供了最基本的法理依据。

二、分层理论与美国族群等级结构

1. 马克思和韦伯的分层理论

从某种意义上来说，《独立宣言》宣示的是一种理想和价值理念，而《美国宪法》则为实现这些理想提供了完整的制度设计。然而，在现实世界能否真正实现这种理想，如何落实这种价值理念，美国的宪法设计者们心里是不确定的。面对利益多元的美国社会，特别是文化背景越来越混杂的各族裔群体，“国父们”自身就带有各种偏见和歧视。如本杰明·富兰克林对当时不愿融入美国社会的德裔移民的抱怨，起草《独立宣言》的托马斯·杰斐逊拥有黑人奴隶这一事实以及他对黑人所抱有的种族偏见都从一个侧面反映了人类社会固有的等级观念。刚刚成立的联邦共和国以英国移民及其后裔为主，以盎格鲁-撒克逊白人新教为主流价值体系，他们与少数族裔之间从一开始就构筑起支配群体与少数群体之间不平等的权力关系。因此，马克思和韦伯的分层理论也可以从社会学的视角为我们解读美国族裔群体的权力等级结构。它与宪政理想构成美国族裔政治中包容与排斥、竞争与平衡的旋律。

社会分层（Social Stratification）源自地质学中的“分层”这一术语，指地质沉积的若干层级现象，后来被社会学家用来特指人类社会中个人和群体之间的不平等现象。我国清华大学著名学者李强将此定义为“社会成员、社会群体因社会资源占有的不同而产生的层化或差异现象，尤其是指建立在法律法规基础上的制度化的社会差异体系”；而“从本质上说，既然是分层，那么，处在不同层级上的人群之地位就是有差异的，所以，不均等是一种普遍的现象”。[1]也就是说，人类社会本质上是有等级的，处于不同等级的个人和群体之间是不平等的。

马克思的阶级理论是现代社会分层理论的基础。在马克思看来，阶级是一种因为经济差别而存在的社会群体，其划分标准并非“收入和收入源泉的同一性”，[2]也非收入的多寡，而是隐藏在一定社会的经济结构（生产关系）中，阶级因而意味着一种社会关系，这就是人们同劳动力和生产资料的所有权关系。[3]依据这个标准，马克思最终根据对生产资料的占有状况将现代社会主要分成两大阶级，即那些拥有生产资料的资本家阶级——统治阶级，和那些不占有任何生产资料而只能通过出卖劳动力来换取必需生活用品的无产阶级——工人阶级。因此，马克思阶级理论的基础是要看社会各个阶级是否占有生产资料，对生产资料的所有权首先决定个人或群体的经济地位，进而决定共同的群体利益、群体意识和属性，并最终决定群体的政治地位和社会地位。而对生产资料所有权的争夺是社会群体矛盾和斗争的根源，并由此引发阶级的分立和政党的形成。

与马克思经济决定一切的社会分层模式相比，德国社会学家马克斯·韦伯的分层理论更加精细。虽然在阶级概念上韦伯和马克思一样都认为经济报酬的机遇决定了个人和群体的社会地位、阶级由社会地位相似的人所构成，但韦伯认为除了基于经济因素的社会分层之外，也有基于权利和声望的社会等级体制（即政治地位和社会地位）。这就是说，因生产资料所有权确立的经济地位并不能决定社会分层的一切要素，它与政治地位、社会地位相互交织在一起，既具有各自的独立性，也相互影响。这便是韦伯的社会分层多维理论模式。这一理论主要在他的“阶级、地位和政党”一文中得到集中的阐述。[4]

韦伯认为，群体的社会地位包含特定的生活方式，由此形成共同的群体

① 李强：《社会分层与社会空间领域的公平、公正》，《中国人民大学学报》2012年第1期。

② 马克思、恩格斯：《马克思恩格斯全集》（第25卷·第2册），中共中央马克思恩格斯列宁斯大林著作编译局编译，人民出版社，1974年第1版。

③ 李金：《马克思的阶级理论与韦伯的社会分层理论》，《社会学研究》1993年第2期。

④ 马克斯·韦伯：《阶级、地位和政党》，格伦斯基编：《社会分层》（第2版），王俊等译，华夏出版社，2005，第108–118页。

表 4　美国社会分配体系中的族群等级体系

政治阶级体系	财富阶级体系	职业阶级体系	族群阶级体系
精　英	上层阶级	资本家	盎格鲁－撒克逊血统的美国人
官　僚	中上层阶级	专业人员 管理人员 企业家	其他欧洲裔美国人
选　民	中产阶级	熟练工人 技　师	亚裔美国人
不关心政治的平民	工人阶级	无技术工人	西班牙语裔美国人
	穷　人	失业者	非洲裔美国人
	底层阶级		美国印第安人

意识，并通过共同的消费模式、群体成员资格、居住地域、接受教育的学校和内部通婚等体现群体的地位。由于特定的生活方式需要有相称的经济收入和财富，因此，社会和经济这两个维度大致一致。这便是我们经常看到社会学家常常用“社会经济地位”这一概念的原因。政治地位则是指个体在集体或组织中所处的位置，体现的是政治等级。这个集体或组织的行动目的是要获取“权力”，或影响“公共行为”，因此也被称为党派。它既包括正式的政党组织，也包括诸如工会、商会、职业协会以及族裔群体等这样的非正式群体组织。

无论是马克思的单向经济模式还是韦伯的多维模式，对于我们充分理解社会中体制性的不平等现象都具有重要的理论价值。在韦伯多维模式中，他强调了人们在生产体系中的位置是决定他们在社会分层体系中所处位置的基本因素，但他与马克思的区别在于他的模式将其他因素也纳入了社会分层体系中。这对于我们理解像美国这样的多民族、多种族的社会结构来说尤为具有重要意义，因为正如美国著名社会学家、密歇根州立大学社会学教授马丁·麦格所指出的，“在多族群社会中，除了经济地位之外，人们还会因其族群身份而划分等级。……通常人们的经济等级和他们的族群有非常紧密的联系，但是两者并不总是重合的。”①

此外，美国著名的社会学家格哈德·伦斯基（Gerhard Lenski）还提出了另外一个多维分层模式，认为现代社会中存在着几种阶级等级制并将其分为政治阶级体系、财富阶级体系、职业阶级体系和族群阶级体系。这些体系的基础是某些关键的社会身份指标，如社会精英、上层阶级、资本家、族裔群体身份等。为此，他还专门就美国社会的分配体系构制了表4。②

在这里，伦斯基给我们展示了族群身份与其他阶级体系之间的关系（即族群等级制中的地位与其他等级制中的位置相匹配）；人们在族群等级中的位置往往决定人们将会从事的职业，他们所能够获得的收入和财富以及他们能够拥有的政治权力。

2. 权力在社会等级结构形成中的作用

权力是分层体系中的基础，也是决定族群等级结构的决定性因素。在美国，处于政治、财富和职业上层阶级的精英、资本家拥有最大的权力，对应族群等级中顶层的便是盎格鲁-撒克逊血统的美国人；而处于各类阶级体系中底层的是那些不关心政治的失业者，对应族群等级中的则是那些长期遭受歧视和排斥的非洲裔美国人和印第安人（他们所拥有的权力也相应最少）。正如麦格教授所指出的，社会分层就其本质而言，实际上是一种社会权力的

---

① 〔美〕马丁·N. 麦格：《族群社会学》（第6版），祖力亚提·司马义译，华夏出版社，2007，第32–33页。

② 同上，第34页。

配置，反映了社会各个族群在财富、教育、职业和声望各方面的等级差异，而权力差异首先决定了社会报酬的不平等分配体系；“那些处于上层的人由于更加强大，因此能够获得更有价值的资源；他们占据了财富、财产、政治职位、军队、通信控制以及知识等形式的更多权力资源，而其他人在分层体系中的位置取决于他们积累和使用权力资源的能力”。②

除此之外，社会分层与意识形态也有着密切的关联。处于社会顶层的统治阶级除了具有一种强制性的权力外，还有一套维系某种使不平等体系得以合法化的意识形态。这种意识形态是一种经过深思熟虑的、反映支配群体利益的价值观体系。例如在美国，对于社会不平等的现象，支配群体给出的解释是：美国是一个自由平等的社会，它为所有人提供了均等的政治权力和获得财富的机遇，个人之间的不平等因而不是美国政治和社会体制所造成的，也不是由于个人的出身所决定的；也就是说，个人在社会分层中的地位是个人因素决定的，其中包括个人的能力和个体努力的程度。

对于族群等级结构来说，历史上主流群体的意识形态通常包含了各种形式的种族主义。作为一套信念体系，种族主义借助社会达尔文主义及优生学的伪科学理论，包括了三个基本思想：A. 人类被自然地分成不同的身体类型；B. 他们所表现的身体特征与他们的文化、人格和智力有着本质的联系；C. 以遗传为基础，有些群体天生就比其他群体优越。③ 显然，种族主义者用族群之间先天的差异（如肤色）来证明社会分层体系中不平等的合理性，即各群体在等级体系中的地位“自然天成”。例如，美国黑人在美国社会中长期处于政治经济地位的底层，相对于白人群体来说较少占有社会财富。对此，种族主义的解释是黑人与生俱来的劣根性，黑人天生懒惰，没有家庭观念。这些性格品质决定了黑人只能从属于白人统治阶层。而一旦被描绘成为劣等群体，黑人不仅仅得不到公平的政治权利和获得社会财富的平等机遇，也有可能会遭受白人主流群体的奴役和排斥。

---

① Gerhard Lenski, *Power and Privilege: A Theory of Social Stratification* (New York: McGraw-Hill, 1984)[转引自〔美〕马丁·N. 麦格：《族群社会学》（第 6 版），祖力亚提·司马义译，华夏出版社，2007，第 34 页]。

② 〔美〕马丁·N. 麦格：《族群社会学》（第 6 版），祖力亚提·司马义译，华夏出版社，2007，第 33 页。

③ 同上，第 23 页。

总的来说，社会分层与权力的分配直接相关，它决定了社会各阶层在社会的政治、经济和社会地位。无论是把各个社会阶层看成是社会生产体系的产物（马克思的经济决定论），还是韦伯的三维模式或伦斯基的多维模式中所提出的其他标准派生物，它们都建立在不同形式的权力基础之上，或者由不同形式的权力来维持。族群分层和其他各种社会分层形式一样，也是一种不平等的社会体系，反映了各个族群在一个多元民族和种族社会中的等级安排。麦格教授对此给出了一个较为明确的定义："一个族群分层体系就是各个族群的次序等级体系，各等级是由被认为享有共同的文化和身体特征的人组成，并且与支配群体以及其他从属群体相互影响。"①显然，美国就是这样一个典型的族群等级分明的社会。

在美国社会中，盎格鲁-撒克逊民族最早建立起了它的支配地位。对于其他族裔群体和后来的新的移民群体来说，作为主人的盎格鲁-撒克逊民族拥有型塑相互关系的最大权力；而处于从属地位的族裔群体则只能拥有相对较小的权力，或者根本就没有任何权力。这是一个权力差异巨大的族群等级体系。支配群体按照少数族裔群体与自身群体在文化以及身体特征的差异大小来决定各个族裔群体在这个等级中的地位：那些与支配群体自身文化或身体特征相近的族群，往往被安排在等级中较高的位置，而那些与自身文化和身体特征相差较大的群体，则被安排在了等级中较低的位置。这就是我们所看到的美国族群结构中从盎格鲁-撒克逊到欧洲裔美国人、亚洲裔美国人、拉丁裔美国人、非洲裔美国人、印第安人这样一个族群等级体系。其中，盎格鲁-撒克逊群体处于等级的顶层，在政治、经济、文化和移民控制等方面居于统治地位，拥有高于其他族裔群体的绝对权力。

三、美国政治架构特征与族裔群体的形成

根据前述美国政治体制的原则和特点以及分层理论所勾画出的美国族群等级结构特征，我们看到美国各少数族裔群体在美国政治中都曾处于一种"矛

① 〔美〕马丁·N.麦格：《族群社会学》（第6版），祖力亚提·司马义译，华夏出版社，2007，第36页。

盾的、尴尬的、为难的”地位（Dilemma）。[①] 一方面是《独立宣言》和依此制定的美国宪法，宣传、倡导和保障人民的平等、自由和人权；另一方面则是支配群体依据自身的文化和人种标准建立的不平等族群等级体系，其中几乎所有的少数族裔群体都曾遭受过支配群体的排斥和歧视，非洲裔美国人甚至还曾遭受过奴隶制下的非人待遇。对此，瑞典著名的经济学家戛纳·缪达尔（Gunnar Myrdal）在其1944年出版的《美国的困境：黑人问题和现代民主》一书中就曾对美国的种族问题进行过全面的评析，认为美国一方面声称坚持奉行民主价值理念，而另一方面在美国社会中却随处可见种族压迫。这种自相矛盾的现象给美国白人造成了一种道德的困境，是美国种族关系问题的根源。[②] 这就为我们提出了这样的问题，即美国族裔群体如何参与美国的政治进程？在美国的政治体制架构内族裔群体如何表达自己的诉求，争取和维护自己的权益？我们将从政府架构、政党体制及利益集团政治三个方面来进行分析。

1. 三权分立与平衡制约

作为美国“宪法之父”的麦迪逊认为，人非天使，人有了权力就会去滥用，“如果是天使统治人就不需要对政府有任何外来的或内在的控制了。在组织一个人统治人的政府时，最大困难在于必须首先使政府能管理被统治者，然后再使政府管理自身。毫无疑问，依靠人民是对政府的主要控制；但是经验教导人们，必须有辅助性的预防措施”。[③] 什么是麦迪逊说的“预防性措施”呢？这便是宪法制定者们所精心设计的三权分立与平衡制约的政府架构。

从权力的分立来说，根据美国宪法的第一、第二、第三条款规定，美国政府权力的分配从国会到行政机构，再到最高法院，分别予以了确认：“本宪法授予的全部立法权，属于由参议院和众议院组成的合众国国会”；“行政权属于美利坚合众国总统”；“合众国的司法权，属于最高法院和国会不

① Paula D. McClain & Joseph Stewart, Jr., “Can We All Get Along? ”—Racial and Ethnic Minorities in *American Politics* (6th Edition), Boulder, Colo.: Westview Press, 2014, Chapter 1.

② Gunnar Myrdal, *An American Dilemma: The Negro Problem and Modern Democracy* (New York: Harper and Brothers, 1944), Introduction, p.xlvii.

③ 〔美〕汉密尔顿、杰伊、麦迪逊：《联邦党人文集》，程逢如等译，商务印书馆，1980，第264页。

时规定和设立的下级法院”。[①] 三权分立包括权力的分立和权力的平衡制约两个方面。立法、行政和司法三个部门既分立，彼此独立，又相互联系，相互制约，保持平衡。

（1）三个部门产生的方式各有不同

在国会中，参议院由代表各州的参议员组成。每州 2 个席位，由各州议会选举产生。1913 年通过的宪法第 17 条修正案规定，参议员改由选民直接选举产生，即由各州选民直接投票选举，任期为 6 年，每 2 年改选 1/3，无连任期限限制；众议院直接代表全国人民，其席位根据每 10 年一次的人口调查结果来确定，以此将全国划分成若干个选区，众议员便由选区内的选民直接选举产生，任期 2 年，无连任期限限制。总统由全国选民选举出来的选举人团间接选举产生，任期 4 年，1947 年国会提出的宪法修正案规定总统任期为 2 届。联邦法院法官由总统提名，经参议院确认后由总统任命，可终身任职。

（2）三个部门各自独立行使由宪法赋予各自的权力

国会主要拥有联邦最高立法权、宪法修正权以及对行政司法部门的监督权；总统则是国家元首、行政首脑和军队总司令，拥有执行联邦法律、统率军队和主导外交的权力；联邦法院拥有联邦司法审查权并享有最终裁决权力。

（3）三个部门的权力互相制衡

国会的立法权受到总统否决权和法院的司法审查权制约。国会通过的法案只有在总统签署之后才能成为法律，而要推翻总统的否决则需要国会议员投票并达到 2/3 的多数才能实现，因此，总统也被认为是联邦立法领袖。但总统也会受到国会行政监督权和弹劾权的制约，同时还要受到联邦法院的司法审查权的制约（如根据宪法授权，总统有权提名联邦高级官员、驻外使节、联邦法官以及与外国签署的条约等，但所有这些均须经过参议院投票确认后才能任命）；而联邦法院则可以用司法审查权来审查总统发布的行政令或政策是否违宪等。联邦法院受国会和总统制约主要体现在最高法院法官的任命

① 李道揆：《美国政府和美国政治》，中国社会科学出版社，1990，第 751、第 756、第 759 页。

上，即联邦法院法官须由总统任命；而对最高法院法官的任命还需要经过国会参议院的批准确认后才能走马上任。此外，国会还拥有对联邦法院法官的弹劾及免职权并可以运用其宪法修正权来制约法院的司法审查权。

《美国宪法》制定者对美国政府这种权力架构设计的核心在于要体现主权在民的思想，并希望通过对三个政府部门权力的相互制约，来防止政府权力的滥用。三个部门的政府官员、议员和法官均由人民选举或由人民选举的代表批准产生，而在三权分立原则下，三个部门中没有哪个部门的权力地位超越其他两个部门，每个部门的权力扩张也都会受到其他两个部门的制约，从而保持了三个部门权力的基本平衡，以避免独裁和暴政的出现。从《美国宪法》批准生效后的两百多年实践来看，三权分立原则基本上实现了制宪者们所确立的宪法原则，通过协调社会各种政治势力的矛盾和冲突，保持了社会的基本稳定。但三个部门的关系及其各自的政治影响力也在美国历史上不同时期发生了一些演变。

历史实践表明，权力关系的调整和变化主要在总统和国会之间进行，因为联邦最高法院既没有指挥军队的权力，也没有对联邦财政的支配权，因而无须与国会和总统在权力上一争高低。即使在运用宪法赋予它的司法审查权时，联邦法院也受到诸多因素的限制，如它的司法审判行为是被动的，因为在当事人未起诉之前，法院并不主动直接介入；而它做出的判决，也需要依赖行政部门去执行，其效力往往要看行政部门的执行力度；国会通过宪法修正案或制定新的法律，也可以绕开司法部门的判决。因此，在联邦三个权力部门之间，只有总统和国会的权力关系会有诸多交集，因而往往错综复杂，特别是在那些宪法赋予两个部门的权力模糊不清的领域，遇到国家重大政策制定和实施时，总统和国会之间常常会发生各种矛盾与冲突，从而导致三权分立原则的演变。在美国建国以来，学者们将这些演变大致划分为三个时期：权力平衡期（1789年至内战）、国会居权力主导地位时期（1865—1900年）和总统居权力主导地位时期（1901年以后）。[①] 其中第一次到第二次权力关系转变的原因主要是美国内战结束之后，美国社会扫除了资本主义发展的障

① 张定河：《美国政治制度的起源与演变》，中国社会科学出版社，1998，第122-127页。

碍，开始从农业社会向工业社会转型，国会因而需要大量的立法来平衡社会各方面的发展；出现第二次到第三次权力关系的转变则是因为美国社会在经历了“镀金岁月”时期的经济高速发展后，美国进入了现代工业社会的发展期，其经济实力越来越强大，因而在世界事务上扮演更重要的角色，总统的权力在为提高政府行政效率和主导外交事务方面自然占居了突出地位。由此，现代总统制逐渐形成。

不过，无论总统和国会之间的关系如何演变，美国联邦政府三权分立的格局始终没有打破，因为宪法赋予每个部门制约其他部门的权力始终存在，没有出现三个部门中的任何一个独揽所有权力的现象，避免了专制和暴政。其中，联邦法院在行政部门和立法部门的权力争斗中也发挥了关键的仲裁与平衡作用。在这个政府架构内，我们讨论的族裔政治会涉及三个部门的权力争斗。为了能够实现自己的政策目标，在不同时期和不同议题上，族裔群体可能会通过不同政府机构的权力渠道参与到政策制定过程中。如在一般情况下，它们会通过选举、政治捐献和游说对行政和立法部门施加影响；而在某些特别时期和特别政策诉求上，它们会采取法律诉讼的方式，借助司法机构的司法审查权来推翻现有的体制障碍，实现自己的利益诉求。

2. 两党制传统

在美国政治体制架构内，除了制宪者们设计的三权分立、平衡制约的联邦政府机构外，还有一个以两党制为特征的政党体制，它是现代政治的标示。美国的政党体制并非制宪者们精心设计出来的，而是在美国政府体制开始运作之后自然演变产生出来的。我们前面提到，早期制宪者们显然将政治中的派别（政党）视为“恶”，认为它们必然会对政府和社会的稳定带来危害。杰斐逊就曾说过，“如果非同一个政党就不能一起进天堂的话，我宁愿永远不进天堂。”① 在《美国宪法》的文本中，我们可以看到“国父们”没有提到任何关于政党的条文，但历史上除了第一任总统华盛顿任期内没有正式的政党机制外，历届总统都有明确的政党标签。而正是在华盛顿总统任期内，

① 〔美〕莫里森、康马杰：《美利坚共和国的成长》（上册），南开大学历史系美国史研究室译，天津人民出版社，1980，第 376 页。

美国出现了最早的两党制政党体系雏形，并在此后长期的美国政治生活和社会生活中发挥了十分重要的作用。我国也早有学者认为“美国宪法和政党制，是美国政局长期稳定的重要因素”。[①]

（1）美国两党制产生的背景

美国两党制之所以在美国建国初期的华盛顿总统任期内就开始出现，主要是因为人们当时围绕着对宪法的解释、经济政策选择和实施以及外交政策的走向有着不同的理解和认识，因而自然形成了具有不同意见和不同观念的派别。出于客观的利益需要，几乎是在政治家尚未充分意识到的情况下，美国最早的政治运作中就产生了以第一任财政部长汉密尔顿为首的联邦党和以第一任国务卿托马斯·杰斐逊为首的民主共和党，这是美国政党制最早的雏型。经过两百多年的发展变化，美国政党现在已经成为美国政治生活中不可缺少的政治组织，同时也是美国民主政治的一个重要工具。美国政党政治与西方其他国家的政党政治不同，也与我们所理解的政党概念的内涵相去甚远。它的两个最基本的特点就是“两党制”（Two-party System）和政治上的“温和派”（Centrist）现象。[②]

从最早的联邦党和民主共和党发端，直至今日，除了 1816—1824 年只有民主共和党一个大党控制总统职位以外，美国大部分时间里都是由两个大党轮流控制着总统职位和国会的大多数席位。当然，在美国政治生活中也始终存在着许多的小党派，并且它们在许多选举中曾经发挥过决定选举结果的关键性作用，但在实际政治进程中始终只有两个主要的政党轮流赢得总统大选和国会的多数党地位，“两党制”因而十分稳固。目前的两个主要政党一个是 1800 年成立的民主共和党（后改为民主党）和 1854 年成立的共和党。从 1860 年 11 月林肯当选为共和党第一任总统至今，民主党和共和党轮流执政，虽然在各种历史背景下两党经历了多次政党重组和第三党的“挑战”，但“两党制”格局一直延续至今。

---

① 黄绍湘：《美国的总统制》，《历史研究》1989 年第 3 期。

② Peverill Squire, James M. Lindsay & Others, *Dynamics of Democracy*（Madison, WI: Brown & Benchmark Publishers, 1997, p.271）.

从两大政党所持意识形态来看，美国现代两大政党都持有较为温和而非极端的意识形态观点，因而具有很大的包容性和很强的实用性。在美国，即使是最自由的民主党人也倾向于资本主义的经济体制，拒绝对市场进行激进的和强硬的政府干预。[①]这就是说，美国两大政党在意识形态上的差别是在一个大的共同的自由资本主义意识形态框架下的竞争，常常表现为具体政策的分歧而非理论上的对立，因此，虽然民主党更倾向于自由主义或者被认为是左翼政党，而共和党更倾向于保守主义或被认为是右翼政党，但两大政党实际上都是政治上的“温和派”，都是走“中间道路”的政党（这与美国政党在政治进程中的作用密切相关）。

（2）美国政党的功能

组织竞选是美国两大政党在政治生活中的核心作用，即在政党标签下尽一切所能为本党赢得总统、国会和各州的选举。美国学者给政党下的正式定义是：“在选票上的一个政党标签下为选举提出候选人而组织起来的这样一个派别，目的就是要主导政策的制定和管理政府事务。”[②]两大政党虽然也有各自的党纲和组织机构，但却没有固定的党员，也无须经过任何入党手续，只要你在选举投票时在选票上标明“民主党”或“共和党”就可以了，政党对党员不具有任何约束力，所以，美国有“党员就是选民”“选民就是党员”之说。具体来说，美国政党的基本功能归纳起来主要有五个方面：A. 招募候选人（即为了赢得某项政治选举而招募有本党认同并且具有潜在竞争力的人士参加竞选）；B. 为候选人提供经费支持（为此，两党全国委员会的主要任务就是筹集大量资金，为政治候选人提供选战支持，有人甚至讽刺其为“筹款机器”）；C. 连接候选人与选民的桥梁（即为了赢得选举，政党在候选人和选民之间起着桥梁的沟通作用，通过了解选民的政治意愿，适时调整本党的竞选纲领和策略，以期“影响选民的政治态度，并最终使支持本党候选人的选民最大化，从而建立一个能赢得选举的联盟”）；D. 帮助候选人建立选

① Peverill Squire, James M. Lindsay & Others, *Dynamics of Democracy* (Madison, WI: Brown & Benchmark Publishers, 1997), p.271.

② Fred R. Harris & Others, *Understanding American Government* (Chicago: Scott, Foresman and Company 1988), p.23.

民联盟（即尽最大力量争取多数选民支持本党的候选人，特别是采取所谓的“草根行动”，以提高选民的投票热情）；E. 组织政府（即在本党候选人赢得总统和国会大选后，政党负责帮助新当选的总统组建行政机构，提供可供选择的政党储备干部人选，在国会则主导立法程序的运作，从而开始控制政策的制定和政府事务的管理）。①

正是由于政党所起的这五大基本功能，政党在美国的政治体制构架内的作用是其他政治组织所无法替代的。从我们的研究视角来看，政党连接政府和选民的纽带作用尤其具有重要的意义。它一方面为选举和组织政府提供动员选民参与政治的组织作用；另一方面为选民和政治候选人提供相关的信息，让政府能够及时了解民意，同时让选民理解政府，保持政治热情，积极参与政治。“如果没有政党，普通公民将会难以或根本不可能理解那些杂乱无序的自由选举过程。有些人甚至认为没有政党的组织，大众民主根本无法发挥作用”。② 可见美国政党是为美国民主政治服务的一个不可或缺的工具，美国政治也因此被称为“政党政府”。③

然而，现代政党在美国政治中的作用已今非昔比，早已开始呈现衰落之势。这其中的主要原因是：A. 因为 20 世纪行政权力扩张而形成的总统权力的过度膨胀，通信手段的不断进步和由信息革命引发的公众舆论的发展，国会权力的分散及腐败等。特别是 20 世纪 60 年代末和 70 年代进行的政党制度和选举改革对政党组织的作用产生了重要影响，其中最为重要的是对总统候选人的提名权不再由政党领袖和核心人物所掌握，改由党的基层代表会议（即普通选民）来决定。在候选人中谁获得的预选票最多，谁就可以获得政党的提名，因而候选人实际上在党的全国代表大会召开之前就已经由党内的选民确定了下来。这样，1972 年直接初选制度的普及实际上是夺走了政党及其领袖提名候选人的权利，并将其交给公众来决定，使全国代表大会沦为实

① 张立平：《美国政党与选举政治》，中国社会科学出版社，2002，第 45—49 页。

② Peverill Squire, James M. Lindsay & Others, *Dynamics of Democracy* (Madison, WI: Brown & Benchmark Publishers, 1997), p.271.

③ 张立平：《美国政党与选举政治》，中国社会科学出版社，2002，第 50 页。

际上的“橡皮图章”，政党的影响力由此大大减弱。[①] B. 1976年国会开始实施的选举改革明确规定，由联邦选举基金会向总统预选中愿意接受经费支出最高限额的合格候选人发放配套资金，对总统选举实行自愿的公共资助。[②] 这意味着联邦政府而非政党成为了总统候选人选举经费的主要来源之一。

显然，这些改革对美国政治生活的影响是巨大的。由于政党对选举活动的控制被大大削弱，再加上大众传媒和信息技术的不断发达，特别是20世纪60年代开始的电视直播在竞选中的作用日益扩大，政治参选人在竞选中与广大选民可以进行直接交流，政党的助选角色因而也大为降低，选举也就开始从“以政党组织为中心的选举”逐渐变为“以候选人为中心的选举”，其结果就是普通选民的权力大为增强，美国各利益群体的活动越来越兴盛，而被选举出来担任公职的官员也会更积极地对选民而非政党领导人的要求做出更加积极的反应。华盛顿大学政治学教授罗伯特・H．塞利斯伯纳在比较美国政党和利益群体的情况时指出：“的确，几乎所有的人都认为美国的政党从来都不是强大的，现在的情形很糟；而在过去的30年中，我们却看到利益群体无论在数量还是在种类上都出现了爆炸性的增长，并非常积极地追求政策利益。”[③]

不过，无论这样的形势如何发生变化，政党组织在美国政治中的作用依然十分重要，它是无法用其他组织形式所替代的。政党组织本身是社会多重利益集团的联合体，是利益集团表达其政治诉求、关注其政策走向的有效渠道；同时，它也是政策制定者联系选民、了解民意的有效政治网络。从族裔政治的视角来看，族裔群体始终需要通过党派认同和依靠党派政治来扩大自己的影响力，实现自己的政策诉求。因此，政党政治将始终是族裔政治表现的最主要平台。有关少数族裔群体的党派认同，我们将在后面第六章进行专门讨论。

① 李铁明：《美国政党组织的衰落及其原因分析》，《文史博览》2005年第18期。

② 张立平：《美国政党与选举政治》，中国社会科学出版社，2002，第193页。

③ Robert H. Salisbury, “Parties and Pluralism ,” *American Political Parties: A Reader*, Edited by Eric M. Uslaner (Itasca, IL: F.E. Peacock Publishers, Inc., 1993), p.30.

3. 利益集团政治

（1）利益集团产生背景

利益集团政治是美国宪政制度的副产品，因为美国的分权体制为利益集团的出现、生存和发展提供了最适宜的土壤，而政党组织的“零碎化”（Fragmentation）和权力的分散（Decentralization）特征为利益集团政治的发展提供了充分的活动平台。与此同时，美国社会与生俱来的多元利益竞争模式使各利益群体最终演变为寻求实现自身利益的政治实体。在美国的宪政体制框架内，利益集团属于宪法《权利法案》中所指的非政府组织，受相关修正案中明确规定的人民有自由结社的权利条款的保护。利益集团是人们根据不同的利益认同而形成的，其政治活动历史与美国的政党组织历史一样悠久，建国伊始就已经成为美国人政治生活中的一个重要组成部分。在 19 世纪，保护农民利益的“格兰其农业集团”（Grange Farm Group）、后期的“美国劳工联盟”（American Federation of Labor）以及“美国红十字会”（American Red Cross）等已经是具有相当规模的利益集团组织；在 20 世纪，利益集团政治更是蓬勃发展，出现了如“美国商会”（U.S. Chamber of Commerce）、“全国有色人种促进会”（National Association for the Advancement of Colored People 或 NAACP）以及“城市同盟”（Urban League）等许多势力强大的利益集团组织，其范围涵盖美国各行各业和社会各个阶层。以族裔群体利益为核心的少数族裔利益集团在美国历史上也是发展较早和势力强大的利益集团，其中爱尔兰裔和德裔美国人的族裔组织在 19 世纪和 20 世纪初影响最大，而犹太裔美国人的族裔组织在 20 世纪后半叶的影响则超出了任何其他族裔群体。

利益集团与政党组织都是美国政治中重要的群体组织，但它们在功能和性质上都有显著的区别。政党以组织竞选和推荐候选人在选举中赢得公职为主要目标；利益集团则是指那些旨在影响政府政策的非政府组织，有时候它们也被称作游说集团或压力集团。[①] 利益集团组织是有共同利益诉求

① George Thomas Kurian, “Interest Groups and Lobbies,”*The Encyclopedia of Political Science*, Edited by George Thomas Kurian & Others (Washington D.C.: CQ Press, 2011), p.799.

的社会成员形成一种集体的力量，并就某一共同关心的政策进行集体投票、政治捐献和游说，以此对政府的公共政策制定进程施加影响，以实现有利于本利益集团的政策目标。由于美国政党的最大目标是要赢得总统大选和国会的多数党地位，以便能够全面控制政策的制定和管理政府事务，因此，政党的核心任务就是集中、融合社会中各种不同的利益集团和政策观点，形成一个政党纲领，以最大限度地吸引选民，赢得大选；而利益集团则主要考虑的是如何将某一利益诉求或政策观点充分地向政府官员表达出来，并通过各种合法方式获得政府的支持，以达到影响某一政府政策的目的。正如爱荷华大学政治学教授皮伍内尔·斯克尔（Peverill Squire）在其《民主的动力》一书中所指出的："一个政党就是一个试图通过竞选和赢得公职来寻求控制政府的联盟"；[①]而"一个利益集团是一个有着共同目标并试图影响公共政策而组织起来的个人联合体"。[②]虽然政党的纲领和利益集团的政党认同在一个较长的时期内是比较稳定的，但由于政党更多注重如何吸引更多的选民，而利益集团更多关注支持本利益集团利益与诉求的政党和政客，因此，一个政党内会容纳众多不同利益的社会群体，而原则上一个利益集团又会根据不同的情况在不同的时期和在不同的政策问题上依附于不同的政党。

（2）利益集团的功能

就利益集团的功能来说，为了达到影响政府政策的目的，利益集团在美国政治体制架构内往往表现出它独特的功能。具体来说，它主要通过以下五个方面的功能来对政府政策施加影响：A. 代表性（Representation），即将本利益集团成员的利益或观点上传给政府，力争在相关公共政策中反映本利益集团成员的诉求，因此，利益集团大都在华盛顿派驻或委托公关代表来推动和影响其政策目标[也就开展所谓的"游说"（Lobby）]；B. 政治参与（Political Participation），即联合并动员具有共同利益诉求的选民，集体参与到政治生

---

① Peverill Squire, James M. Lindsay & Others, *Dynamics of Democracy* (Madison, WI: Brown & Benchmark Publishers, 1997), p.268.

② Ibid, p.296.

活中来，共同追求自身的利益；C. 教育作用（Education），即一方面向政府官员说明本利益集团的政策目标，另一方面还要向本集团内的成员以及公众解释相关政府政策，引导社会舆论，从而影响公共政策；D. 议案建设（Agenda Building），即通过对政府官员、群体成员和公众进行“教育”，利益集团帮助政府官员提出新的政策议案，争取公众对相关议题的政策支持；E. 项目监督（Program Monitoring），即在某项政策或法律得到政府部门的认可并开始实施之后，还要保证这项政策或法律能够得到切实有效的执行，因此，利益集团往往要对政府在某一政策项目的执行过程进行监督，有时甚至与政府部门合作，以确保相关目标政策的最终实现。①

利益集团在美国政治进程中的特殊功能反映了美国选民参与政治、自由表达自己意愿的民主原则。和政党组织一样，它们是美国三权分立的政府架构中选民联系政府的重要方式和途径。由于总统和国会被宪法赋予特殊的执法和立法功能，利益集团因而自然将二者设定为施加影响和追求政策目标的主要对象。尤其是美国国会，因其代表众多，不分等级，是利益集团进行游说、施加政治影响更加理想的对象。特别是 20 世纪 70 年代美国国会内部进行了一系列结构性改革之后，许多权力下放到了立法委员会或其下设的分委员会。这就使国会权力更加分散，从而扩大了利益集团的游说范围，同时又使国会在立法过程中要更多地依赖利益集团所提供的信息、专业知识和政治支持，进一步为利益集团对国会施加影响提供便利。正如谭融在其《美国利益集团政治研究》一书中所指出的，“在美国利益集团政治的发展过程中，利益集团的行为总是与政府政治权力的分割状态联系在一起。这种分权状态下的政策过程模式推动着个人和集团进入并影响决策过程，推动着利益集团政治的发展”。②

（3）利益集团在美国政治中的影响力

随着政党在现代美国政治生活中呈现出衰落的趋势，利益集团的政治影响力却越来越强大。据研究，美国游说组织有约 2 万个，其中 600 个组织在

① Peverill Squire, James M. Lindsay & Others, *Dynamics of Democracy* (Madison, WI: Brown & Benchmark Publishers, 1997), pp.297－298.

② 谭融：《美国利益集团政治研究》，中国社会科学出版社，2002，第 81－82 页。

华盛顿十分活跃；1950—1990年，美国游说组织几乎增加了4倍；仅2014年，游说组织的花费就超过了30亿美元。[①] 这引起了美国公众和政治家们的高度关注，并受到公众越来越多的抱怨，人们纷纷指责它们只追求各自的政策目标，很多情况下损害了国家和广大公众的利益。美国相关民意测验显示，在被调查者中，有79%的人认为院外活动分子过多地影响了政府政策；密歇根大学的一次调查也发现，美国公众中有半数以上的人认为政府在为少数大利益集团的利益服务，而不是为所有公众的利益而运作。[②] 实际上，制宪者们对美国政府部门之间权力相互制衡的设计，特别是宪法对行政部门和国会之间的权力划分上，存在着许多模糊不清和重叠状况。这本身就为利益集团在行政部门和立法机关之间寻找机会施加影响提供了很大的空间。

美国利益集团政治中一个常见的情形是，政府官员、立法者和利益集团的游说者组成一个非正式的但相对稳定的联合，共同谋求有利于某一特殊利益集团的公共政策，构成了美国政治生活中特有的“铁三角”现象。[③] 游说组织对所追求的政策目标提供详细的相关信息，行政部门和国会的立法委员会则努力推动相关政策的通过和实施。这样，三方的关系互惠互利，各自都能从对方获取相应的政治回报：对于利益集团来说，为了其追求的政策目标能够得以实现而为国会的委员会或相关的议员提供竞选支持，这其中包括选民动员和政治捐献；国会则在立法过程中推动通过有利于该利益集团的相关法案；对于政府部门来说，利益集团在国会委员会中对行政部门提供支持，行政部门则在执行相关政策法案中保证利益集团的利益；对于国会委员会来说，它为行政部门提供有关立法和拨款方面的支持，行政部门反过来则可以对国会的选民提供满意的服务。

由于在诸如铁三角”这样的政治活动中往往能够获得立法和行政部门的长期和坚定支持，利益集团因而特别受到公众的指责。人们认为政府和利益

---

① Homas Hogris, “Lobbying: The Political Influence in USA ,” *Le Journal International*, Feb. 5, 2016, https://www.lejournalinternational.fr/Lobbying-the-political-influence-in-USA_a3505.html.

② 谭融：《美国利益集团政治研究》，中国社会科学出版社，2002，第25页。

③ homas E. Patterson, *We the People: A Concise Introduction to American Politics* (New York: The McGraw-Hill, Inc., 1995), p.293.

集团的相互利用妨碍了国家的正常立法，使公共政策偏向于狭隘的特殊群体成员的利益，因而损害了广大公众的利益，是一种非民主的现象。然而，也有人认为“铁三角”现象同样根源于制宪者们的分权思想，他们相信保护社会中“少数群体”的民主权利不受多数人的压制，最好的办法就是制定政治规则，使得少数群体有机会阻止或者推动他们所追求的政策目标的实现，“铁三角”就为它们提供了这样的机会。[①] 因此，利益集团在美国政治进程中的出现本身就是社会发展的必然结果，和美国政治相伴而生。从美国多年来公共利益集团作用的上升来看，美国学界对利益集团政治的评价在总体上愈来愈趋向于肯定，认为一方面通过利益集团的竞争，它可以抑制特权阶层，抵制特殊利益集团势力；另一方面它也体现了美国政治体制的纠偏机制，避免美国政治进程中过于极端的政策取向，实现社会利益的平衡。[②]

族裔群体在美国多元体制中属于特殊利益集团，它们所追求的群体利益和要表达的族裔诉求与其他利益集团有着很大的不同。从美国历史上利益集团的发展来看，多数较有影响的利益集团追求的主要是经济和商业利益（如企业集团、工会集团、农业集团以及职业协会等）；而族裔群体是由于移民及其后裔在美国这样一个新的社会环境中，为了在经济上的相互帮助和反对来自主流社会与其他势力的民族种族歧视而形成的公共利益集团（它们往往关注的是本族裔群体成员的政治、经济以及其他一些民主权利，以便能够顺利地融入到美国社会中）。此外，由于族裔群体有着特殊的双重文化认同特点，它们在涉及祖籍国或祖籍民族的外交政策方面也会“出于民族感情和自己的利益判断对政府的外交政策做出反应”，施加影响。[③]

总的来说，三权分立、平衡制约的政府架构、轮换交替执政的两党制以及不断追求群体利益的利益集团构成美国完整的政治体制。虽然到目前为止，人们对于这种政治体制的许多弊端以及由此引发出的诸多政治与社会问题提出了许多批评，但不可否认的是这种体制基本上体现了制宪者们权力制衡、

① Peverill Squire, James M. Lindsay & Others, *Dynamics of Democracy* (Madison, WI: Brown & Benchmark Publishers, 1997), p.456.

② 谭融：《美国利益集团政治研究》，中国社会科学出版社，2002，第 263 页。

③ 邓鹏、李小兵、刘国力：《剪不断 理还乱》，中国社会科学出版社，2000，第 119 页。

天赋人权以及个人自由的政治理想，很大程度上防止了独裁和专制的出现，最大限度地避免了社会矛盾和冲突的激化，总体上保持了社会的基本稳定，实现了美国社会多元利益的包容与共存。正如一位以色列学者所认为的，制宪者们不仅为美国创造性地设计了一套分权与制衡的宪政体制，而且还构建了一套以大共和为依托的社会利益多元体制。[①]前者保证了政府自身的稳定，后者则保持了美国社会的基本稳定。更为重要的是，这一体制在长期的实践过程中得到了不断改进和修正，民众通过政党和利益集团参与政治的能力不断增强，使美国政治朝着体现社会文化多元特性的多元化方向发展。因此，从一定程度上来说，族裔群体在美国政治进程中的作用和影响本身就是美国民主政治不断发展的产物，是制宪者在设计三权分立政府体制时所预见到的结果，族裔政治逐步成为美国政治文化的重要内容和特色。

但也不可否认的是，美国政治在新的历史变迁中，无论是其分权与平衡的机制，还是政党作用以及利益集团的影响，其变化都已经超出了美国制宪者最初的预期。行政机构的膨胀，政党斗争的极化以及利益集团影响力的持续扩大，都从各个方面对美国立国的宪政原则不断提出挑战，甚至对政治的“正常运作”，社会的稳定和谐等带来了威胁。难怪许多美国政治学者、政府官员以及社会各界有识之士，对过去约半个世纪美国政治进程的变迁表示忧虑和不满，并要求根据新的情况对现有的体制进行改革尤其是对宪法进行修订，以消除美国政治中出现的各种乱象，保证美国民主体制不偏离美国人一直引以为豪的宪政理想和原则，维护美国社会的公平、和谐和稳定。体现在族裔政治上，就是要尊重各族裔群体的文化认同，保障它们参与美国政治进程的权利；同时，又要消除种族歧视和各族裔群体不平等的现象，实现真正意义上的“合众为一”。历史经验表明，两者平衡才是美国和谐社会的保证。

① Paul Eidelbery, *Philosophy of American Constitution: A Reinterpretation of the Intentions of the Founding Fathers* (New York: The Free Press, 1968), p.69, p.250.

第四章

白人少数族裔与非洲裔美国人的政治融入历程

从前面两章对美国社会与政治文化背景的分析，我们可以得出这样的判断，即天赋人权、平等和自由的价值理念使美国政治体制具有开放和包容的特性，并为美国各个少数族裔群体参与美国政治进程提供了可能的条件；而以盎格鲁 - 撒克逊为主的支配群体建立的等级分明的族群分层体系，又注定了几乎每一个少数族裔群体在克服来自主流社会的种族偏见，获得与支配群体平等政治权利的过程具有其特殊的艰巨性。伴随着移民大规模的持续涌入，越来越多元的族裔结构使得族裔政治在不同的时期呈现出不同的特色。总体上它经历了一个欧洲白人移民统治地位的逐步建立和其他少数族裔群体漫长而坎坷的政治融入历程。前者包括了盎格鲁 - 撒克逊民族主导地位的确立、“老移民”和“新移民”艰辛的政治融入之路；后者包括从奴隶到总统的非洲裔美国人、从主人到保留地部落的美国印第安人、从“黄祸”到模范少数族裔群体的亚洲裔美国人以及从非法移民到政治新秀的拉丁裔美国人。本章和第五章将分六个部分对这一历史演进过程进行基本的叙述，内容分别包括几个主要的欧洲白人少数族裔群体、非洲裔美国人、第一位黑人总统奥巴马及其新的族裔政治策略、印第安人、亚洲裔美国人以及西班牙语裔美国人等当今主要少数族裔群体。

一、欧洲裔白人少数族裔群体

虽然说是英国人在北美沿大西洋海岸相继建立起了 13 个殖民地，但来自欧洲其他国家的少数族裔群体也很早就在这里生活，有些甚至早于英国人在这里探险和居住（如荷兰人、法国人、西班牙人等）。因此，在美国建国时，真正的原英国殖民者在美国社会中所占的比例仅占当时人口的约 60%，其他均为来自西欧和西北欧国家的白人少数族裔群体，且这种人口优势也只维持到 18 世纪末就被大量涌入的移民给打破了。这些欧洲白人少数族裔群体在语言、宗教及生活习惯方面与英国新教徒都有较大的差别，因而在建国后较长一段时间里都受到主流的盎格鲁 - 撒克逊白人清教徒的歧视和排斥。为了获得与主流群体平等的地位，这些白人族裔群体很早就试图参与到美国的政治进程中，并利用各种资源和手段表达自己的诉求，争取自身的权利。其中较为突出的有德国裔（以新教徒为主）、爱尔兰裔（以天主教徒为主）和犹太裔（都是犹太教徒）美国人。

1. 德国裔

（1）德国裔美国人的发展历程

德国人在殖民地时期就开始大量移民美洲，至美国独立的 1776 年，来自瑞士和德国的说德语的移民大约有 22.86 万人，占当时美国白人人口的 11.5%。[①] 但面对一个以英国新教徒占主流的文化社会，这些德国人一开始与主流群体保持一定距离。他们说德语，根据宗教和原祖籍地集体迁移和居住，并倾向于在族裔群体或宗教派别内部通婚，因而使得德裔美国人长时期保持独立的德意志文化和认同，在新英格兰一些殖民地，甚至有较为独立的德裔社区。这种移民和居住模式从一开始便受到主流社会的歧视和抱怨。最有名

① Richard T. Schaefer, *Encyclopedia of Race, Ethnicity and Society* (Thousand Oaks, CA: SAGE Publications, Inc., 2008), p.541.

的便是本杰明·富兰克林当时就此发出的质问："宾夕法尼亚是英国人建立的，为什么它要变成一个外来人的殖民地呢？这些外来人很快就会变得如此众多，既不使用我们的语言，也不接纳我们的习俗，大有让我们德意志化之势，而非使他们能够盎格鲁化。"①

作为一个有着一定人口规模的少数族裔群体，德裔在美国建国及其之后的政治进程中最早出现，其影响力为人瞩目。如在美国独立战争期间，一些德裔曾经被英国强迫参加战争，以支持英国军队的行动，但其中许多人转而支持了起义的革命者；在宾夕法尼亚，一位叫亨利·米伦伯格（Henry Muhlenberg）的著名路德教牧师家庭就是美国独立革命的积极支持者，他的儿子彼得·米伦伯格（Peter Muhlenberg）后来成为了美国的一名将军，并当选为弗吉尼亚州的联邦议员。这在一定程度上为德裔在美国社会树立了较好的公共形象，有助于他们克服主流社会对他们的偏见。

发生在19世纪中叶的美国第二次移民潮期间，更多德国人移民美国，其中包括大量在1848年欧洲革命中失败的革命者。这使德裔很快成为欧洲移民中人口最多的族裔群体，也是全美国最大的单一族裔群体（这一地位一直保持至今）。②移民人数的增加也为他们增添了巨大的政治资源与活力。

（2）德国裔美国人的社会影响

在美国联邦政治舞台上，德国裔美国人坚决反对黑人奴隶制，积极支持妇女投票权；而19世纪最为突出的是他们在1860年大选和内战中的表现，尤其是在战争中积极支持联邦政府。据记载，在1860年的选举中，有80%的德裔投票支持林肯当选美国总统。③在内战初期，支持联邦的德裔在阻止密苏里州脱离联邦的过程中也起了重要作用。④另据统计，联邦军队有17.6

① Benjamin Franklin, "Observations Concerning the Increase of Mankind, Peopling of Countries, etc ," http://www.columbia.edu/~lmg21/ash3002y/earlyac99/documents/observations.html.

② 目前德裔人口4500万，约占美国白人总人口的四分之一。参见 "German Americans,"*Conservapedia*, https://www.conservapedia.com/German_Americans.

③ Kristen L. Anderson, "German Americans, African Americans, and the Republican Party in St. Louis, 1865-1872 ," *Journal of American Ethnic History* , Vol.28, No.1, Racial Divides (Fall 2008) , pp.34-51.

④ James Ciment & John Radzilowski, *American Immigration: An Encyclopedia of Political, Social, and Cultural Change*, Second Edition (New York: Routledge, 2014), p.97.

万名士兵具有德裔血统，是联邦军队中最大的少数族裔群体。[①]他们中很多是参加过 1848 年欧洲革命的知识分子和专业人士，因而在战争中为联邦军队的胜利贡献了德国人宝贵的知识和技能。如著名的亚历山大·施梅芬尼（Alexander von Schimmelpfennig）将军就是一位原普鲁士军队中的军官。作为一名来美国政治避难的德裔，他在内战中指挥主要由德裔士兵组成的波托马克第十一兵团立下了赫赫战功，尤其在著名的葛底斯堡战役中表现突出。[②]

在战后的美国政治舞台上，德裔也积极参与到了全国性的政治活动中。其中，最有名的是内战期间就已经表现突出的另一位 1848 年革命者、联邦军队的德裔将军卡尔·舒尔茨（Carl Schurz）。他在战后先后做过记者、共和党政治家及政府公务员，是美国参议院第一位德裔议员并在格兰特和海斯总统的内阁中担任过内阁职务。舒尔茨是美国历史上较早倡导多元价值理念的政治家，积极支持土著印第安人的权利，认为所有生活在美国的人都应该拥有不可剥夺的基本自由；他的妻子玛格丽特·梅伊·舒尔茨（Margarethe Meyer Schurz）也为当时的美国教育改革做出了重要的贡献。19 世纪 50 年代，她在威斯康星建立了美国历史上第一所幼儿园。[③]

19 世纪末，德裔积极参与当时在美国社会兴起的进步主义运动（如反银币的农民运动、城市工会组织、反禁酒令运动等）。1901 年，他们还成立了德裔第一个全国性组织——“德裔美国人全国联盟”（National German-American Alliance）。其成员在短期内增长十分迅速。至 1907 年，该组织成员人数最高达到了 150 万人，其在美国政治中最主要的影响是联合爱尔兰裔美国人并强烈要求美国政府在一战期间保持中立，以避免美国支持英国而卷入与德国的战争。[④]德裔为当时统一后迅速崛起的德国感到自豪，因而在美国经常举行各种集会、游行或发表文章，为德国取得的胜利欢呼。同时，德

---

① Albert Bernhardt Faust, *The German Element in the United States*（Boston: Houghton Mifflin Company, 1909）.

② James Ciment & John Radzilowski, *American Immigration: An Encyclopedia of Political, Social, and Cultural Change* (Second Edition)(New York: Routledge, 2014), p.145.

③ Ibid.

④ Richard T. Schaefer, *Encyclopedia of Race, Ethnicity and Society* (Thousand Oaks, CA: SAGE Publications, Inc., 2008), p.543.

裔还为德国的军事行动募集了成千上万的美元，积极认购德国皇家债券，并对那些亲协约国的报刊施加压力，要求他们对德国进行“公平报道”；德裔群体的领导人甚至与德国情报人员密切配合，与德国的宣传活动遥相呼应。[①]最为重要的是，德裔极力反对美国加入战争反对德国，是当时维护美国孤立主义外交政策传统的主要族裔群体之一。不过，德裔也很快遭受了主流社会“不忠”的指责。当美国参加一战之后，这一组织随之解散。

随着一战的结束，德裔美国人似乎也从美国政治中消失。虽然在美国加入二战之前，他们与爱尔兰裔及其他部分少数族裔群体仍然是反对美国参战、保持美国孤立主义外交政策传统的主要力量，但在随后的二战和战后各场政治运动中，德裔作为一个族裔群体不再有突出表现。许多历史学家认为，这主要是因为德裔作为欧洲裔中最大的族裔群体已经被盎格鲁 - 撒克逊支配群体所吸纳，成为了美国主流文化和政治的一部分。一时间，公共场合不再可能听到德语，许多德语报纸和杂志关闭，教会和教会学校也改用英语，年轻人也开始与其他族裔的青年人交往通婚。[②]到 20 世纪 40 年代，德裔集中居住的德裔村（Germania）除了较偏远的地区外也已大部分消失，德国人似乎已经完全被美国社会所同化。[③]不过，德裔美国人的文化仍然在美国的社会中具有鲜明的族裔特色，具有德国血统的美国人也在美国政治中表现突出。其中，艾森豪威尔因其德国血统在当时的总统竞选中一度激发了德裔热烈的投票热情。实际上，此前具有德国血统的美国人胡佛（母系）已经是美国第 31 任总统。此后除了艾森豪威尔外还有尼克松（母系）、奥巴马（母系）以及特朗普（父系）等，都具有德国血统。

与其他欧洲裔白人少数族裔群体相比，德裔人口中大部分人的宗教信仰属于新教派别，因而与同属日耳曼民族的盎格鲁 - 撒克逊主流群体有着诸多

① Louis L. Gerson, *The Hyphenate in Recent American Politics and Diplomacy* (Lawrence: The University of Kansas Press, 1964), p.50.

② Edward R. Kantowicz, *Corporation Sole: Cardinal Mundelein and Chicago Catholicism* (Notre Dame, IN: University of Notre Dame Press), 1983.

③ Russell A. Kazal, “Revisiting Assimilation: The Rise, Fall, and Reappraisal of a Concept ,” *American Historical Review* 100 (1995): 437–471.

共同的文化认同。同时，德裔当中许多人受过良好教育或拥有某个方面专业技能，在文学艺术界、科学界和政界人才辈出；在社会生活方面，德意志人的汉堡包、管弦乐队以及圣诞树的装饰点缀等均为美国社会增添了丰富的文化养分，为美国社会的多元文化留下了鲜明的德国文化印迹，其社会经济状况因而也很快得到提高。正因为如此，德裔是美国历史上最顺利被盎格鲁-撒克逊主流群体所接纳的主要白人少数族裔群体，其在美国族裔等级体系中的地位在一战后逐渐提升，最终成为美国白人主流群体的一部分。

2. 爱尔兰裔

（1）爱尔兰裔美国人的规模

爱尔兰人和德国人一样也很早就来到了美洲。不过历史上称这些早期爱尔兰移民为“苏格兰-爱尔兰人”（Scots-Irish），尽管其中很多人可能与苏格兰没有任何关系。这些早期来到美国的爱尔兰人多数为新教徒，而19世纪20年代之后开始大规模移民美国的爱尔兰人则主要是天主教徒，因而为了将他们区别开来，美国人便使用了“苏格兰-爱尔兰人”来特指这批早期来到13个殖民地的爱尔兰新教徒。[①] 爱尔兰人真正大规模移民美国的时间发生在19世纪中叶，这与爱尔兰在19世纪40年代发生的“土豆疫”而导致大范围的饥荒有着直接联系。在整个19世纪，总共有400万人移居美国，其中在爱尔兰人集中的纽约市，爱尔兰裔人口甚至都超过了当时都柏林的人口总数。[②] 目前在欧洲裔美国人中，爱尔兰裔美国人是仅次于德国裔的第二大族裔群体。根据美国人口普查局2017年所做的“美国社区调查”结果显示，有爱尔兰血统的美国人占美国总人口的10.1%，达3300万。[③]

（2）爱尔兰裔美国人的社会地位

爱尔兰裔美国人主要分布在北方，特别是在大城市中他们往往是最大的

---

① G.K. Peatling, “The ‘Irish’ the ‘Scots-Irish’ and the United States in the Twentieth Century: Some Patterns of Exchange ,” *Etudes Irlandaises*, 2003, 28(2): 81 – 89.

② 〔美〕托马斯·索威尔：《美国种族简史》，沈宗美译，中信出版社，2011，第28页。

③ U.S. Census Bureau, “B04006—PEOPLE REPORTING SINGLE ANCESTRY 2013 – 2017 American Community Survey 5-Year Estimates,”http://www.census.org/.

单一族群。由于这些在后来的移民潮中来到美国的爱尔兰人大都是天主教徒，与主流新教徒在信仰上格格不入，因而在美国社会中他们一开始生活在社会的底层，并曾遭遇严重的宗教歧视，用“穷困潦倒”来形容他们一点也不为过。但爱尔兰人勤劳勇敢，无论是在西部开荒种地，还是在铁路矿井挖掘搬运，都能看到他们奋斗的身影。在政治上，他们也能充分利用其人口优势，通过党派政治不断参与到美国的政治进程中来。当时，19 世纪中叶的美国政治正在围绕着内战开展大规模的政治重组，民主党和共和党都在竭力吸引选民，以获得政治选举的胜利；初来乍到的爱尔兰新移民除了人数之外没有其他政治资源，他们因而也就成了美国两党在政治选举中所追逐的主要目标。特别是在北方，共和党成了新教徒建制派和盎格鲁 - 撒克逊农村选民的大本营，与新教徒相对的爱尔兰人在城市中自然就加入到了民主党的阵营。① 他们充分利用这一政党渠道，在 19 世纪美国城市政治中留下了其最具影响力的政治遗迹——“城市政治机器”（Urban Political Machine），其中最著名的便是纽约坦慕尼协会（Tammany Hall）。

纽约坦慕尼协会诞生于美国独立战争后，遍及美国各地。该协会的名称来自印第安人的一位首领，最初它只是一个倡导平等和新的美利坚民族精神的慈善组织。纽约坦慕尼协会诞生于 1789 年第一任总统华盛顿就职后的几个星期，主要组织者是一位叫威廉·穆尼（William Mooney）的爱尔兰天主教徒。该协会成立后很快便卷入到了当地的城市政治之中，并成立了纽约的民主党组织。② 实际上在 19 世纪初，坦慕尼协会将爱尔兰裔拒之门外，但由于爱尔兰移民在纽约的人数越来越多，爱尔兰人也就成了纽约最强大的选票力量，是政党组织竞相追逐的目标。例如在 1827 年纽约市的城市选举中（1828 年美国总统大选的前奏），苏格兰 - 爱尔兰裔候选人安德鲁·杰克逊就获得了爱尔兰裔的强势支持，并最终击败时任总统亚当·昆西·亚当斯，使美国

① David Carroll Cochran, “Ethnic Diversity and Democratic Stability: The Case of Irish Americans ,” *Political Science* (*Quarterly*), Vol.110, No.4 (Winter, 1995–1996), pp.587–604.

② Daniel Patrick Moynihan, “The Irish of New York,”*American Ethnic Politics*, Edited by Lawrence H. Fuchs (New York: Harper Torchbooks, 1968), p.82.

完全进入了“杰克逊民主”时代。①

纽约坦慕尼协会长期控制着纽约市的民主党组织，并通过它来控制纽约市政府的权力，号称民主党的“政党机器”，协会领袖被称为“老板”。从19世纪中叶至20世纪20年代，由爱尔兰人把持的民主党政治机器成为美国城市政治的主要特色，这与当时移民潮的历史背景有关。纽约是一个典型的移民城市。19世纪中叶爱尔兰移民的大量涌入使纽约一时间不堪重负，市政无法应付大量移民带来的居住、卫生、犯罪等一系列城市环境恶化现象。而纽约坦慕尼协会很早就意识到爱尔兰移民的政治选票价值，因为其人口增长比其他族裔群体更加迅速。到1890年，爱尔兰裔在纽约市的人口中所占比例已经高达1/3。纽约坦慕尼协会利用其民主党组织的便利，为移民提供了各种各样的社会服务，包括寻找住所、办理各种移民手续，甚至还提供工作机会，以此牢牢控制了爱尔兰裔的选票，为民主党候选人服务。1854—1871年，协会老板费尔南多·伍德参选纽约市长3次，均获得了成功，直接控制市政府6年；另一位协会老板威廉·马西·特威德则在此期间推选了4位市长，间接控制了市政府达11年之久。他们通过对市政权力的控制，使19世纪美国城市政治也一度成为美国腐败政治的代名词，市政权力被滥用，选票欺诈和交易、权钱交易等现象十分严重。②这种由爱尔兰裔控制美国城市政治机器的现象不仅仅局限在纽约市，只要有一定规模的爱尔兰移民和存在着政治机器的城市，爱尔兰裔就是最主要的玩家。到19世纪末20世纪初，他们控制了美国北部和东北部许多大城市的政治机器。

不过，通过城市政治，爱尔兰裔也逐渐从社会的底层开始向社会的上层流动，越来越多的爱尔兰裔进入到了城市的消防系统和警察局工作。到19世纪末，美国主要大城市的警察局和消防部门都被控制在了爱尔兰裔手中。相应地，爱尔兰裔中产阶级也不断扩大，使爱尔兰裔慢慢摆脱了他们“醉鬼”和“好斗殴的爱尔兰人”形象。进入20世纪，随着美国进步主义改革运动

---

① Daniel Patrick Moynihan, “The Irish of New York ,” *American Ethnic Politics*, Edited by Lawrence H. Fuchs (New York: Harper Torchbooks, 1968), p.82.

② 安然：《从坦慕尼协会的兴衰看美国式腐败生成与治理的根源》，《社会科学战线》2011年第10期。

的深入以及来自东欧的新移民的涌入，美国城市政治机器逐步走向衰落，爱尔兰裔美国人也随着其社会地位的提高而逐渐开始融入主流社会。作为一个具有鲜明族裔特色的群体，爱尔兰裔在 20 世纪美国政治上的表现主要出现在两次世界大战之前的孤立主义浪潮中。由于爱尔兰和北爱尔兰问题的缘故，爱尔兰裔具有强烈的反英情绪，极力要求美国在两次世界大战中保持中立，避免加入欧洲战争。和德裔一样，爱尔兰裔是当时美国国内孤立主义外交政策最主要的捍卫者，使一战前的威尔逊和二战前的罗斯福总统极大地受到了这种国内政治的牵制。[①] 作为美国主要的天主教徒群体，爱尔兰裔也被认为在 1960 年的总统大选中起了关键性作用，一直被主流新教派别所歧视的天主教徒在这次大选中将这一不利因素变为了有利因素。趁着二战中和冷战初期美国民众高涨的爱国主义与民族主义热情，爱尔兰裔使约翰·肯尼迪成功当选为美国历史上第一位天主教徒总统。

总的来说，爱尔兰裔和德国裔在 20 世纪新的移民浪潮到来之时在族裔政治中的表现已经日渐消失，并成功跻身美国主流社会。虽偶尔因北爱尔兰问题，爱尔兰裔会出现在人们视线中，但总体上他们已经成为美国白人支配群体的主要组成部分之一。

3. 犹太裔

（1）犹太裔美国人的来源

犹太裔美国人是一个特殊的族裔群体，对他们的界定不像其他族裔群体那样依据的是其祖籍国或祖籍地甚至某个单一的族裔文化。人们无论将他们定义为一个种族、一个民族或一个宗教群体，都会有人提出不同的意见，因为他们实际上来自许多国家，拥有不同的文化特质，在人种特征上也与其他白人族裔群体没有特别差异。不过尽管如此，犹太人的共同特征就是他们都拥有共同的历史记忆和宗教信仰。根据历史记载，犹太人的远祖是古代闪米特人的分支希伯来人，起源于约 4000 年前的美索不达米亚平原。公元前 13 世纪末，犹太人迁居到现在的巴勒斯坦地区，并于公元前 11 世纪建立了以

① 参见朱全红：《美国多元文化外交政策及其演变研究》，华东师范大学博士论文，2004 年。

色列联合王国，但以色列国因外来入侵和占领先后经历了多次灭亡和重建。公元 70 年，罗马帝国的军队占领巴勒斯坦，古犹太人从此被永久逐出了自己家园，开始流落异国他乡，世世代代散居在欧洲各地。最早到达北美殖民地的犹太人是主要来自葡萄牙和西班牙的瑟法底犹太人（Sephardim），搭乘的船只可以追溯到 1492 年哥伦布发现新大陆时的航行。之后，随着北美的开发和欧洲社会各种反犹主义浪潮的加剧，在美国历史上的不同时期相继有来自欧洲各地的犹太人移居北美洲，其中主要包括有来自德国、俄国和东欧等地区的犹太人。他们分别属于不同的群落，至今也没有完全融合为一个整体。但尽管曾经因为寄居在不同的欧洲国家而产生了犹太人文化上的断裂，甚至内部在宗教理念上也有诸多差异和分歧，"犹太人仍然不仅供奉古代以色列的同一始祖，分享宗教信仰和历史传统的共同内核，而且作为少数种族，不管旅居何处，都曾有在不同程度上长期遭到异族敌视的悲惨经历"。[①] 因此，犹太人的认同还是一种民族的认同，特别是在美国这样的社会环境中，他们更多的是享有共同的文化特征，而不仅仅是具有人种或宗教信仰的单一特质。[②]

犹太人因为其在欧洲属于唯一不信奉基督教的民族，因而在欧洲任何地方都被当成外来人和异教徒，世代遭受迫害、劫掠、驱赶甚至屠杀。哥伦布发现新大陆之后，先后有多批来自欧洲不同国家的犹太人到达北美，其中 19 世纪为第一次较大的移民浪潮，主要来源地为德国。据记载，1776 年北美殖民地的犹太人不到 3000 人，到 1880 年犹太裔人口已经超过 50 万人；第二次浪潮与来自东欧其他国家的移民潮一致，发生在 19 世纪末和 20 世纪初。在短短 30 多年时间里，有大约 200 万犹太人潮水般地从东欧各国抵美。[③] 二战结束以后，特别是在以色列建国前后和冷战期间，来自德国、中东、前苏联和东欧一些国家与地区的犹太人以难民身份继续涌入美国，使美国犹太人

① 〔美〕托马斯·索威尔：《美国种族简史》，沈宗美译，中信出版社，2011，第 76 页。

② Richard T. Schaefer, *Encyclopedia of Race, Ethnicity and Society* (Thousand Oaks, CA: SAGE Publications, Inc., 2008), p.786.

③ 〔美〕托马斯·索威尔：《美国种族简史》，沈宗美译，中信出版社，2011，第 84、第 87 页。

规模从1900年的150万增加到20世纪末的550万至600万。[①]根据2013年10月1日皮尤研究中心发布的对美国犹太人的人口调查估计，美国犹太人人口总数大约在670万。[②]

来到北美之后，犹太人虽然在一定时期也曾遭受美国社会中源自欧洲的排犹主义的歧视和排斥，但总体来说他们还是能和其他白人族裔群体一样在美国安家落户，其政治、经济和社会地位都显著提升，令人瞩目。不过，不像许多欧洲移民在美国因不太适应或本身只为了短暂的经济目的而最终返回了祖籍国（如部分德裔和意大利裔美国人等），犹太人在原来的居住地本身长期遭受歧视和迫害，常常颠沛流离而没有真正属于他们自己的家园，因此他们离开其原居住国时一般都变卖家产，义无反顾，不打算再返回这个让他们世世代代遭受痛苦的地方，而新大陆也的确成为了他们理想的安身之地。首批来到英属殖民地的瑟法底犹太人就能够享受英国在此给犹太人提供的超过世界其他多数地方的自由。他们最早在1695年就建立起了北美第一座犹太教堂。由于犹太民族特别能够适应新的环境和具有在逆境中崛起的能力，他们很快通过自己的奋斗逐渐站稳脚跟，不断融入到这块新的大陆，拥有了自己的政治、经济和社会地位。

（2）犹太裔美国人的社会地位

美国历史上有两位著名的总统曾经对犹太人表现出十分亲善的态度，这也在一定程度上为犹太人在美国社会享有较为宽松的环境起到了积极的推动作用。其中之一是美国第一任总统乔治·华盛顿，他曾经在1790年亲自用《圣经》语言对罗德岛新港的犹太人表示说："愿居住于此地的亚伯拉罕的孩子们继续沐浴与享受其他居民的友好情谊，人人都能坐在自己的葡萄架下或无花果树旁，平安快乐，无忧无惧。"[③]另一位就是林肯总统。在美国内战期间，联邦军队指挥官格兰特将军曾经在北方发布命令，要求在他所战领的地区驱

① Stephen H. Norwood & Eunice G. Pollack, *Encyclopedia of American Jewish History* (Santa Barbara: ABC-CLIO, Inc., 2008), p.57.

② Pew Research Center, "A Portrait of Jewish Americans ," http://www.pewforum.org/2013/10/01/chapter-1-population-estimates/.

③ 〔英〕马丁·吉尔伯特：《五千年犹太文明史》，蔡永良等译，上海三联书店，2011，第173－174页。

逐所有经营棉花生意的犹太人。一时间，犹太人为之惊恐万分。不久，此项命令很快被林肯总统亲自取消。[①] 这两位总统对犹太人的亲善态度，无疑让犹太人倍感亲切。这也激励着犹太裔日后为这个国家的独立和繁荣作出了他们应有的贡献。

犹太人在美国社会的表现一直在很多领域独占鳌头。早期的荷兰（瑟法底）犹太人和德国犹太人移民沿袭他们在欧洲的传统，在手工艺、零售和专业技能方面表现突出。加上犹太人重视家庭、注重教育、行为自律，他们在19世纪的美国社会不断崛起。美国南北战争时，仅纽约一地就有50多座犹太教堂；而作为商人和银行家，他们活跃于美国社会各个行业（如到1870年时，具有商业信誉的犹太人公司已经有1714家）；出现了像梅西百货公司和西尔斯-罗巴克百货公司这样的连锁公司以及像《纽约时报》这样庞大的新闻机构。[②] 后来从东欧各国移民至美国的犹太人虽然在文化、信仰及价值观念上与早期的犹太人有较大的差别，甚至遭到早期来美的犹太人的鄙视，但犹太社会还是克服了内部的分歧和歧见，相互适应与融合，使许多犹太人在美国社会的各个方面能够白手起家。他们向社会上层流动的范围和速度是其他族裔群体难以比拟的，而且跨越广泛的经济、思想、社会、教育和政治等众多领域。到20世纪中期，犹太人男性中已经有20%的人是专业人员，高出全美平均水平的1倍；拥有房产的业主人数达到了35%，而一般美国业主比例只占总人口的13%；超过半数的犹太人是白领工人，而那时大部分的美国人还是蓝领工人；1/4以上的犹太裔男子接受过高等教育，而当时全美的水平只有不到10%（他们的收入也比全美男性的水平高出36%）；犹太人家庭收入已经是全美最高，甚至高出美国平均水平的72%；在获得诺贝尔奖的所有美国人中，犹太人的比例超过25%。[③] 总之，犹太人是美国成功故事的典范，被公认为创造了美国社会少数族裔群体向上流动的奇迹。

在政治方面，犹太人地位也从一开始遭受主流社会的歧视和排斥，逐渐

① 〔英〕马丁·吉尔伯特：《五千年犹太文明史》，蔡永良等译，上海三联书店，2011，第176页。

② 〔美〕托马斯·索威尔：《美国种族简史》，沈宗美译，中信出版社，2011，第85页。

③ 同上，第96-97页、第106-107页。

和其他欧洲裔白人一样融入到了美国的主流社会之中。从意识形态来说，美国犹太人的政治倾向偏左，总体上趋向于进步主义和自由主义。这与19世纪末至20世纪初更多来自东欧的新移民在其来源地的政治经历有关。欧洲的社会主义、无政府主义、共产主义以及工团主义等都对他们的意识形态产生过重要影响；来到美国后，许多犹太人甚至成为了美国激进社会运动和工会运动的领袖。[①]从党派政治来看，19世纪他们认为共和党更加开明，就一直在政治竞选中投票支持林肯和后来的共和党；但到1916年，他们中的多数人转向支持民主党的伍德罗·威尔逊（投票支持的犹太人达到了55%）；但在随后的几次总统大选中，他们又在民主党和共和党之间摇摆了一段时期，最终在1932年的总统大选中以82%的支持率投票给了民主党候选人富兰克林·罗斯福，并坚定地支持罗斯福"新政"，从此成为民主党的忠实选民。[②]这一党派认同在以色列建国时因民主党总统杜鲁门的积极支持而得到巩固，并一直延续至今。

作为一个具有较大人口规模的白人族裔群体，犹太人在20世纪30年代罗斯福"新政"之前的政治影响力相对较弱，甚至遭受了主流新教派别的歧视。然而，罗斯福"新政"为犹太人发挥其思想和管理的特长提供了历史机遇，使美国犹太人开始步入美国政治中心。1933年，当罗斯福成为总统准备推行其国内政策以挽救正在经受大萧条煎熬的美国经济时，他受到了当时保守的美国新教建制派精英的反对。于是，罗斯福转向犹太人知识分子和专业人士，请他们帮助设计和推行宏大的国内政策议题，其中一位关键人物便是哈佛大学法学教授、后来成为美国最高法院大法官的费利克斯·弗兰克福特（Felix Frankfurter）。弗兰克福特在制定一系列"新政"项目和为推行"新政"而招募的大批犹太裔专业知识分子方面起了关键性作用。这批犹太人被称作弗兰克福特的"快乐的热狗"，其中就有著名的律师本杰明·V.科恩（Benjamin Victor Cohen）。他负责起草了《1933年证券法》《联邦通讯法》《瓦格纳法》（也

① Hasia Diner, *The Jews of the United States:1654 to 2000* (Oakland, CA: University of California Press, 2004), Chapter 5.

② Jewish Virtual Library, "U.S.Presidential Elections: Jewish Voting Records," https://www.jewishvirtuallibrary.org/jewish-voting-record-in-u-s-presidential-elections.

称《国家劳动关系法》）和《最低工资法》等重要法案（这些法案至今仍然是美国公共政策的基石）。[①]美国第一位犹太裔大法官路易斯·布兰戴斯（Louis Brandeis）也给予罗斯福在如何获得最高法院对法案实施的认可提出了许多宝贵建议，与弗兰克福特一道在当时许多重大问题上相互协调，以帮助罗斯福推行其“新政”项目。[②]此外，这批犹太人还包括了当时的财政部长亨利·摩根索（Henry Morgenthau）和证券交易委员会主席杰罗姆·弗兰克（Jerome Frank）。就连“新政”（New Deal）这一词汇也是由富兰克林的犹太裔助手塞缪尔·罗森曼提出来的。这些犹太人在罗斯福阵营扮演了极其重要的角色，以至于当时的反对派将“新政”称作“犹太人政策”（Jew Deal），甚至诬称罗斯福本人也一定是个犹太人。[③]

正是由于犹太人在罗斯福“新政”时期政策制定过程中所扮演的重要角色，他们逐渐消除了美国社会在此前对犹太人的偏见和反犹主义思潮，使犹太人能够逐步跻身像律师这样的高级行业之中，基本上实现了犹太人在美国社会的全面融入，也使大多数美国犹太人成为罗斯福“新政”联盟的重要力量。他们在 1940 年和 1944 年总统大选中连续两次以高达 90% 的支持率投票支持罗斯福连任总统。直至今日，犹太人始终是民主党最重要的选民基础，并在战后民主党推行的一系列自由主义政策中起了重要的推动作用，参与政府工作和政治选举的犹太人也不断增长。如在“新政”前只有一位犹太人担任过行政机构的内阁部长[即西奥多·罗斯福政府时期的商务部长奥斯卡·斯特劳斯（Oscar Straus）]，而“新政”后，犹太人参与政府决策进程的人数越来越多。除了前述富兰克林·罗斯福政府内的众多犹太人高官、顾问和助手外，后来许多总统内阁中都能看到犹太人的身影。当然，与多数犹太人支持民主党相适应，犹太人大多被民主党总统所任命（如卡特内阁就曾经任命过

---

① Stephen H. Norwood & Eunice G. Pollack, *Encyclopedia of American Jewish History* (Santa Barbara: ABC-CLIO, Inc., 2008), p.277.

② Bruce Allen Murphy, The Brandeis/Frankfurter Connection: *The Secret Activities of Two Supreme Court Justice s*(New York: Oxford University Press, 1982), p.343.

③ Stephen H. Norwood & Eunice G. Pollack, *Encyclopedia of American Jewish History* (Santa Barbara: ABC-CLIO, Inc., 2008), p.277.

4 位犹太人，克林顿内阁任命过 5 位犹太人）。[①] 不过战后最著名的犹太裔外交家则要数共和党的基辛格博士。他担任过共和党总统尼克松和福特时期的国家安全事务助理和国务卿，其最重大的贡献就是和尼克松一道主导和设计了 20 世纪 70 年代美国对华外交的重大转向，在美国外交政策中的影响和作用至今犹在。

（3）犹太裔美国人的社会影响力

在国会政治中，犹太人的影响也随着他们在“新政”这一特殊时期的脱颖而出而逐步扩大。最早进入美国联邦国会的犹太人是来自佛罗里达州的参议员大卫·L. 尤利（David L. Yulee），他在 1845—1851 年和 1855—1861 年两次当选参议员。据统计，“新政”前在美国国会中担任过国会议员的犹太人总共才 6 人，而“新政”之后当选国会议员的犹太人人数超过百位。如在第 115 届国会中担任国会议员的犹太人就有 31 人，其中 9 名参议员和 23 名众议员，且绝大多数为民主党议员（仅有 1 名独立派参议员和 2 名共和党众议员）。[②] 此外，在最高法院，犹太人在法学专业领域的突出地位也得到了特别体现。自布兰戴斯 1916 年作为第一位犹太裔担任大法官开始，到目前为止总共已经有 8 位犹太人担任过或正在担任联邦最高法院大法官（其中在任的就有 3 位）。[③] 与犹太裔人口规模相比，这在美国众多少数族裔群体中是极为特别的现象。

由于过去的历史经历和宗教信仰，美国犹太人在 20 世纪以来的美国政治中支持自由主义的政策取向明显，先后在结束民族种族歧视、加强宗教自由及政教分离的原则、扩大社会救济与福利项目以及保持美国对以色列的支持等一系列问题上发挥了强大的政治影响力。1944 年，几大犹太组织联合成立了“全美犹太人社区关系咨询委员会”（National Jewish Community

---

① Stephen H. Norwood & Eunice G. Pollack, *Encyclopedia of American Jewish History* (Santa Barbara: ABC-CLIO, Inc., 2008), p.279.

② Jewish Virtual Library, “Jewish Members of U.S.Congress: 115th Congres,” https://www.jewishvirtuallibrary.org/jewish-members-of-the-114th-congress-2.

③ Jewish Virtual Library, “Jewish Biographies: U.S.Supreme Court Justices,” https://www.jewishv irtuallibrary.org/jewish-u-s-supreme-court-justices.

Relations Advisory Council，简称 CRC）。这个组织成功游说一些州议会制定法律，禁止在住房和就业方面针对犹太人的歧视，并于 1965 年游说约翰逊总统发布了一项行政命令，禁止那些与联邦签有合同的企业在就业方面有任何宗教或种族歧视现象，后来约翰逊将此行政令扩大到了那些拥有联邦资金的银行和保险公司；在有关公立学校是否开展由政府支持的祈祷仪式和在公共场所展示宗教标识的争议中，犹太组织支持发起了一场法律诉讼运动并在这两个问题上都表现出了坚定的反对态度。[①] 在制定和推行许多诸如住房、就业、养老金及医疗等自由主义的社会福利政策方面，犹太裔从罗斯福“新政”开始就是强有力的支持者，最初是因为他们当时自身还属于一个处于美国社会经济下层的贫困群体，后来则是为了维持民主党的政治联盟，犹太人在其中起的作用令人瞩目。[②]

在反对种族歧视方面，犹太人表现尤为突出的是 20 世纪 60 年代对黑人民权运动的有力支持，因为他们认为这不仅是出于一种道德原则，而且是为了维护一种自身群体的利益（即消除对黑人的歧视也是消除美国社会对包括犹太人在内的其他少数族裔群体的歧视）。参与支持民权运动的有个人也有犹太组织。例如，黑人民权运动领袖马丁·路德·金的犹太律师——斯坦利·理维森（Stanley Levison）——就是马丁·路德·金的一位主要顾问；退休犹太商人柯威·卡普兰（Kivie Kaplan）则是马丁·路德·金的一位主要资助人；在法庭上赢得许多诉讼案件的“美国有色人种协进会”法律辩护基金机构主要由犹太人领导；在民权运动期间的许多静坐和抗议游行示威中，参与的白人中多数都是犹太人，特别是在南方，犹太人表现尤其突出，也因而受到种族主义暴徒的袭击。[③] 至今，犹太人仍然是黑人民权事业的支持者，笔者在美国新奥尔良工作和研究期间就曾两次亲眼目睹了这样的场景。比如，在纪念“马丁·路德·金日”的游行队伍中，和众多黑人组织一道公开参与游行的唯一白人群体只有“大新奥尔良地区犹太人联合会”（Jewish Federation of

① Stephen H. Norwood & Eunice G. Pollack, *Encyclopedia of American Jewish History* (Santa Barbara: ABC-CLIO, Inc., 2008), p.280.

② Ibid, p.27.

③ Ibid.

Greater New Orleans）和几个犹太教会的犹太裔美国人。也正是由于犹太裔长期以来对少数族裔权益的支持，2016 年特朗普当选总统后出现的白人至上主义者中，“反犹太人”仍然是其一大口号也就不足为怪了。

在支持以色列方面，美国犹太人的作用和影响力尤其引人瞩目。1948 年，由于考虑到美国犹太人对民主党的强大影响力，杜鲁门总统不顾其外交助手和英国盟友的反对，在以色列宣布建国后 11 分钟即发表声明承认以色列的独立。从此之后，美国犹太人与以色列的命运紧密联系在一起，特别是以色列在中东面临极大安全威胁时，美国犹太人不遗余力予以强大的支持。在三次中东战争期间，大批美国犹太人自愿奔赴以色列参加保卫以色列的战斗；战争结束以后，以色列的安全成为美国犹太人影响美国外交政策的核心议题，并为此于 1963 年专门成立了一个专注于以色列和中东事务的美国犹太人游说组织——“美以公共事务委员会”（American Israel Public Affairs Committee，简称 AIPAC）。该委员会利用犹太人对以色列的热情和在集体投票与政治捐献方面的巨大资源，在保障美国对以色列的安全承诺、长期保持对以色列的经济和军事支持及巨额援助、消除中东各国针对以色列的任何潜在威胁方面发挥了巨大的影响力，是美国最有影响力的游说组织之一，并成为其他少数族裔群体争相效仿的对象。① 不过，这在美国学界和许多精英人士中引起了巨大争议，这也就是为什么我们时常会在美国的媒体和学术刊物上看到对这一游说组织的相关指责和争议的原因。

进入 20 世纪下半叶以来，作为美国社会主流的支配群体，白人被认为已经由原来的各欧洲裔群体融合为一个整体，都拥有欧洲文明的基本内核，各种宗教信仰和派别已经本土化。特别是犹太教—天主教—新教的“泛基督教运动”（ecumenical movement）已经消除了各白人族裔群体相互融合的主要文化障碍。美国政治中，过去那些为族裔群体利益而表现突出的德国裔、爱尔兰裔、意大利裔等少数族裔群体被认为已经成功同化，族裔表现已经基本消失。或者说这些群体在美国社会中已经不再遭受过去那些来自盎格鲁-

① 参见朱全红：《资源与影响力：美国族裔群体影响美国外交政策的政治资源分析》，《外交评论》2006 年第 4 期。

撒克逊新教支配群体的偏见和歧视。美国族裔分层等级已经基本上实现了重新排列。这自然与美国社会在20世纪后期逐渐形成的较为进步的自由主义意识形态优势相关联；同时，它也与另一个不可忽视的移民因素有着密切的联系，这就是美国《1965年移民法》。这一法案废弃了过去移民配额限制，使美国在20世纪下半叶开始经历了一场史无前例的新移民浪潮。当时，移民的祖籍地从原来的欧洲移民为主变为以来自拉丁美洲和亚洲的移民为主，其文化和信仰特质与原来的欧洲移民有着显著的差异。特别是进入21世纪之后，猖獗的非法移民活动使新来的移民群体特别是拉丁裔美国人成为了美国社会关注的中心议题之一，这也无疑在一定程度上加速了欧洲移民的同化与融合进程。

然而，美国犹太人可能是白人群体中的一个例外。一方面，犹太人在美国已经取得了令其他族裔群体羡慕的社会经济地位，被认为已经和其他欧洲裔群体一样融入美国主流群体之中，并且在政治、经济各方面都拥有巨大的政治影响力；另一方面，犹太民族过去痛苦的经历和以色列安全问题使这一群体的内部凝聚力和群体认同感始终非常浓烈，如何应对美国社会中的反犹主义一直是他们挥之不去的心理压力和顾虑。例如，美国社会中时而出现的对以色列游说集团的各种批评和指责，犹太裔组织对此高度敏感，并利用其各种资源予以反击。许多人相信，美国前国会议员保罗·芬德利的《美国亲以色列势力内幕》并非空穴来风；① 芝加哥大学政治学教授约翰·米尔斯·海默和哈佛大学教授斯蒂芬·M. 沃尔特的《以色列游说集团与美国外交政策》也不会是凭空捏造。② 当然，仁者见仁，智者见智。有关以色列游说集团的影响力在美国仍有很大的争议。无论如何，相较于德裔与爱尔兰裔美国人来说，美国犹太人的文化和社会融入过程显然要经历得长一些，也可能更艰难一些。2017年8月，特朗普上台后出现的极右翼白人至上主义者在夏洛茨维尔市的示威中高喊反犹太人的口号，似乎印证了犹太人的担忧也并非毫无根据。

① 参见保罗·芬德利：《美国亲以色列势力内幕》，中国对外翻译出版公司，1990。

② 参加约翰·米尔斯·海默和斯蒂芬·M. 沃尔特：《以色列游说集团与美国外交政策》，王传兴译，上海人民出版社，2009。

二、非洲裔美国人

非洲裔美国人（African American）主要是指祖籍地或祖籍国在非洲撒哈拉沙漠以南的美国人。当然，正如我们在第二章所分析的，归为这一类人群的情形很复杂。如来自拉丁美洲的波多黎各和加勒比海地区的黑人（他们也归类于拉丁裔的范畴）在许多语境中也属于这一范畴，但其中的主体还是以非洲为其祖籍地，特别是那些被贩卖至美国的黑人奴隶后裔。美国民权运动后，为了强调其共同的文化认同，他们主动提出并使用了“非洲裔美国人”这一称谓。不过目前他们也同时用“黑人”（black）来称谓自己，所以在美国这两个词经常被替换着使用。[①] 在本研究中，我们也将会根据不同上下文交替使用这两个称谓。非洲裔美国人在历史上长期都是最大的非白人族群，但美国人口普查局 2010 年对全美人口调查结果显示：非洲裔美国人的人口总数为 3892.93 万人，占美国人口总数的比例为 12.6%[②]（第一次被拉丁裔美国人所超越），在当今美国社会中屈居第二大少数族裔群体且人口数量基本保持稳定。非洲裔美国人具有与其他少数族裔群体完全不同的移民经历，政治上经历了从奴隶到总统几百年抗争。因此，他们在美国政治地位的变迁比其他任何族裔群体都要艰难和曲折，并为此在美国历史上引发过导致几十万人伤亡的内战和改变美国社会发展进程的黑人民权运动。从一定程度上来说，美国历史上黑白关系的变化也是美国社会族裔关系改善或恶化的政治风向标。

1. 民权运动之前黑人的无助

美洲的黑人奴隶制与哥伦布 1492 年发现新大陆几乎同时到来，因为此前在西班牙已经存在有从撒哈拉以南地区捕捉来的大量黑人奴隶。随着西班牙人在西半球的殖民扩张，大批黑人奴隶也被他们作为苦力从非洲运送到这里。后来英国人、法国人和葡萄牙人接踵而至，或探险或开辟殖民地。他们也开始从非洲大批购买或劫掠黑人到美洲。几个世纪里，有近 1000 万的非

---

① Richard T. Schaefer, *Encyclopedia of Race, Ethnicity and Society* (Thousand Oaks, CA: SAGE Publications, Inc., 2008), pp.20 – 21.

② “Overview of Race and Hispanic Origin: 2010 ,” http://www.census.gov/.

洲奴隶通过大西洋“三角贸易”被贩运到西半球，其中约有 40 万人被运到了位于今天美国境内的各个英属殖民地；到 1825 年，美国拥有的奴隶数目居西半球各国之首，占整个西半球奴隶总数的 1/3。[①]可以说，非洲裔美国人是美国历史上最早的移民之一，差别在于他们是唯一带着锁链非自愿来到这里的族裔群体，至今仍然未能完全被美国主流社会所接纳，黑白不平等始终是美国种族问题的核心议题。

内战之前的非洲裔美国人基本上无政治权利，虽然北方有许多自由的黑人，但他们和南方的黑人奴隶一样也遭受着各种种族歧视，不可能参与到美国的政治进程中。因此，黑人出现在美国政治舞台上是在美国内战结束后的南方重建时期，第 13、第 14、第 15 条宪法修正案的通过和由激进的共和党人控制的国会，让美国黑人一时间享有了和白人平等的选举权和被选举权。至 1870 年，刚刚获得解放不久的黑人积极参与了州和地方政府选举，其中有 600 多名黑人被选入各州议会，另有好几百名黑人进入地方政府机构工作；而在联邦级，有 10 多位黑人被选入国会，其中 2 位还进入了参议院。[②]令人难忘的景象就是在南方种族主义气氛浓厚的南卡罗来纳州，它的 63 位州议会议员中竟然出现了 50 位黑人或黑白混血议员，只有 13 名议员是白人。[③]可见美国南方重建时期曾经有过一段蓬勃兴起的黑人政治风光，杜波伊斯称其为“美国历史上为实现真正民主而做出的最美好的努力”，南方重建政府也是“跨种族民主在世界历史上的第一次实验”。[④]

然而，这种美好时光是短暂的。在“1877 年妥协（Comprise）”[⑤]之后当选总统的（北方）共和党人海斯曾与民主党达成的交易条件是：共和党允

① 〔美〕托马斯·索威尔：《美国种族简史》，沈宗美译，中信出版社，2011，第 194－195 页。

② Robert C. Smith, *Encyclopedia of African-American Politics* (New York: Facts On File, Inc., 2003), p.294.

③ Ibid, p.295.

④ Ibid, p.294.

⑤ 1877 年总统大选结果在南方 3 州和西部 1 州出现争议，涉及 20 张选举人票。已经获得 165 张选举人票的共和党候选人海斯若得到这 20 张选票，将获得 185 张过半的门槛票数当选总统，击败已经获得 184 张选举人票的民主党候选人蒂尔登。当时，由共和党、民主党联合组成的特别选举委员会协商解决了该纠纷，其结果被人们认为明显是场内幕交易，即所谓“1877 年妥协”：民主党对海斯当选总统保持沉默，作为回报，共和党人将承诺撤出占领南方的联邦军队。参见〔美〕迈克尔·J. 克拉曼：《平等之路：美国走向种族平等的曲折历程》“第 4 章：从重建时期的状况倒退”，石雨晴译，中信出版社，2019。

诺在海斯当选总统后将允许 1 名南方民主党人进入其内阁，终止对南方各州实施的军管，联邦军队撤出南方。历史已经给我们显现了这次妥协给美国黑人尤其是南方黑人所带来的严重政治后果——“吉姆·克劳（Jim Crow）法”的通过与种族隔离制度的实施。海斯将联邦军队从南方撤出，实际上结束了强制施行第 14 条宪法修正案、保证赋予包括前奴隶在内的每位公民民主权利的努力。南方白人奴隶主从此“复辟”，重新获得南方的政治主导地位，对自己过去的奴隶行使刚刚获得的民主权利进行严格的限制，南方各州和地方民主党政府陆续制定了一系列包括“人头税”（Poll Tax）和“识字测试”（Literacy Test）等地方性法律法规，阻止黑人投票和参与政治选举并在包括公立学校、公共交通、餐馆、厕所在内的公共场所实行黑白种族隔离。与此同时，南方白人至上主义恐怖组织“三 K 党（Ku Klux Klan）”也肆无忌惮地对黑人进行恐怖威胁，致使私刑蔓延。1896 年最高法院在《普莱西诉弗格森案》（Plessy v. Ferguson）判决中对南方的种族隔离制度予以确认，建立了所谓“隔离但平等”的原则。在这种形势下，到 19 世纪 80 年代末黑人就已经被迫退出了美国的政治进程，其民主权利实际上已经被再一次剥夺，政治地位也再一次陷入黑暗，时间达半个多世纪，直至 20 世纪 60 年代黑人民权运动之后才得到再一次解放。

不过，20 世纪 60 年代民权运动的发生和成功与黑人在“吉姆·克劳法”的黑暗制度下不懈的抗争是分不开的。与其说民权运动的开端是 50 年代罗莎·帕克斯（Rosa Parks）在蒙哥马利市发起抵制公交车上的种族隔离制度，更确切地说它应该是在 1905 年杜波伊斯（W. E. B. Du Bois）发起和推动“尼亚加拉运动”的时刻就已经开始了。[①] 这一由当时黑人领导精英组成的黑人组织发布了黑人争取民主权利、消除种族隔离制度的“尼亚加拉宣言”（Niagara Manifesto），并于 1909 年与一批白人自由主义者（主要是犹太人）一道组

① 1905 年由杜波伊斯发起，在尼亚加拉瀑布附近成立，参加者主要是黑人知识精英。其中包括著名的教育家、牧师、企业家和记者等。该组织发布的《尼亚加拉宣言》被认为是后来黑人民权运动的开篇宣言。其要求废除种族隔离制度、实现彻底的自由与平等。该组织虽然于 1909 年解散，但它的成立标志着黑人政治抗争的开始。随后成立的“全国有色人种协进会”基本上继承了《尼亚加拉宣言》的理念，成为后继黑人政治运动的核心组织。参见 Robert C. Smith，*Encyclopedia of African-American Politics* (New York: Facts On File, Inc., 2003), p.25。

建了美国黑人的核心组织“全国有色人种协进会”。这一组织后来在半个多世纪里，发动和领导黑人的不懈抗争，特别是利用法律诉讼手段向种族隔离制度发起了一次次挑战，为争取黑人的选举权作出了大量的贡献，使美国种族问题始终成为美国社会关注的热点。如1944年的《史密斯诉奥莱特》（Smith v. Allwright）一案，最高法院在此案的判决中废除了南方多州民主党人实施的“白人初选”（White Primary）制度（即民主党党员资格仅限定为白人，因而只有白人才能参加民主党的党内选举）。另一更具历史意义和对60年代民权运动兴起起到直接影响的案件便是1954年《布朗诉托皮卡教育委员会案》（Brown v. Board of Education of Topeka）。最高法院通过该案的判决，废除了美国公立学校实施的种族隔离制度，实际上推翻了最高法院在1896年《普莱西诉弗格森案》中确立的“隔离但平等”的原则，为民权运动的兴起争取到了更加强大的法律基础。

2. 民权运动中黑人的斗争

20世纪50—60年代的黑人民权运动正是在此前由杜波伊斯这一代黑人领袖领导的政治抗争基础上发展起来的，是美国历史上一次改变美国社会民族种族形态的划时代运动。在马丁·路德·金等新一代黑人领袖的领导下，美国黑人为了自身的自由与平等，开展了一系列和平抗争。这其中著名的活动包括：1955年在亚拉巴马州蒙哥马利市由罗莎·帕克斯（Rosa Parks）发起的抗议公交车上的种族隔离运动（Bus Boycott）；1960年在南部各州展开的抗议公共场所种族隔离的静坐示威运动；1961—1962年为抗议长途公共汽车上种族隔离制度的“自由乘车运动”（Freedom Rides）；1963年4月亚拉巴马州伯明翰市的黑人抗议示威活动（Birmingham Campaign）；1963年8月在华盛顿市为争取就业和自由而举行的有25万人参加的最大规模“向华盛顿进军”（March on Washington）游行示威活动等。也正是在华盛顿的林肯纪念堂前的台阶上，马丁·路德·金发表了他《我有一个梦》的著名演讲，使黑人民权运动达到高潮。

所有这些活动都是马丁·路德·金领导的和平非暴力抗争（形式包括和

平抵制、静坐、游行示威、自愿被捕等）并取得了巨大成功。过去对黑人运动一直持消极态度的肯尼迪总统终于在1963年6月发表了全国电视讲话，宣称黑人的民权问题是当时最具紧迫性的“道德问题”，美国是时候采取行动将这一问题从街头提到国会来解决了，因为在伯明翰等地出现的混乱与针对黑人的暴力活动正威胁着美国体制的稳定。为此，他向国会提出了《民权法案》草案（即后来由约翰逊总统1964年签署的《民权法案》）。[①] 而美国国会在这些抗议活动的强大压力下，于1964年通过了《民权法案》和1965年的《选举权法案》，并由林登·约翰逊总统签署生效。这些法案和后来1968年通过的《公平住房法案》（Fair Housing Act），标志着美国“吉姆·克劳法”下种族隔离制度的寿终正寝，黑人民主权利重新得到了法律保障，黑人民权运动取得了胜利。

然而，法律的通过和实施并不能立即改变黑人在美国社会遭受歧视和不平等的状况，因为这几项法案遭到了美国南方白人社会的强大抵制。由此也使黑人民权运动内部出现了重大分歧。一些如马尔克姆·X（Malcom X）这样的激进黑人领袖对于马丁·路德·金的非暴力斗争手段感到失望和不满，并主张采用激进手段来争取黑人权利。于是，“黑人权力”（Black Power）运动在60年代中后期应运而生。当时，黑人学生民权组织“学生非暴力协调委员会”（Student Nonviolent Coordinating Committee，简称SNCC）领导人斯托克利·卡迈克尔（Stokeley Carmichael）认为，黑人问题的根源在于美国的权力体制；这一体制维护的是白人的权力；白人运用这些权力长期使黑人处于被压迫、被奴役、被歧视的状态。他因此在1966年公开发表演讲，倡导“黑人权力”的政治主张。当时，“黑人权力”的确切含义并不清晰。有些黑人认为白人控制着社会的所有资源、所有的权力形式，特别是政治权力都掌握在白人手中，因此，黑人必须掌控自己的事务，要求重新分配政治和经济权力；另一些黑人则强调建立黑人自己独立的社会体制，反对与白人进行任何种族融合。[②] 斯托克利·卡迈克尔所鼓吹的是后一种主张，并将“黑

① Robert C. Smith, *Encyclopedia of African-American Politics* (New York: Facts On File, Inc., 2003), p.72.

② The History Learning Site, “Black Power ,” https://www.historylearningsite.co.uk/the-civil-rights-movement-in-america-1945-to-1968/black-power/.

人权力”视为重新激发黑人自豪感和复兴非洲裔美国人文化的有效途径，“我们必须做这个国家所有的群体都做过的事情——我们要接管那些黑人占多数的社区，这样我们才会有体面的工作”。①

在“黑人权力”理念的影响下，一些激进的黑人于1966年在加利福利亚还成立了“黑豹党”（Black Panther Party）。他们要求教育平等、住房、就业和民主权利，强调马丁·路德·金的非暴力方式已经失败；主张通过暴力甚至黑人革命来争取黑人的权利。显然，这与传统的黑人政治主张发生分离，因而立即遭到“有色人种协进会”及马丁·路德·金等民权领袖的批判，并被斥为是煽动城市骚乱的“反向种族主义”（Reverse Racism）。特别是由于其在越南战争期间宣称要进行革命战争，这引起了美国联邦调查局的注意。最终联邦调查局采取各种手段将这一场“黑豹党运动”摧毁。不过，也有学者认为，“黑人权力”重视黑人的群体权利，颠覆白人文化对黑人的偏见论述，重塑黑人形象，强调黑人文化和传统的价值，应该肯定其对美国社会的重要性和与白人文化的平等要求，它对美国从种族主义社会转变为多元文化主义社会作出了重要的贡献。②

无论如何，黑人民权运动是黑人采用非传统政治模式集体参与美国政治进程的一次政治运动。正如此前我们看到的，欧洲裔少数族裔群体采用的都是体制内的传统政治手段（如投票、参与竞选、游说等）来争取自己与支配群体同等的权力和地位。而黑人的特殊历史遭遇与政治、社会处境不同，他们长期被排除在白人权力体制之外，没有参与传统政治的基本权利和手段。这就决定了他们获得权力的方式也绝非是传统的。静坐示威、游行抗议、自愿被捕等这些参与政治的新模式是一种迫不得已的选择，但给美国社会带来了巨大影响，成为推动美国体制变革的巨大动因。20世纪60年代我们看到的学生运动、反文化运动、妇女解放运动、其他少数族裔各自的抗议运动以及后来的同性恋婚姻运动等，无不受到黑人民权运动的激励。民权运动自身

① The History Learning Site, “Black Power ,” https://www.historylearningsite.co.uk/the-civil-rights-movement-in-america-1945-to-1968/black-power/.

② 谢国荣：《1960年代中后期的美国“黑人权力”运动及其影响》，《世界历史》2010年第1期。

因而也极大地扩大了其内涵而不再只是指黑人的民权运动，而是包括上述所有少数或弱势群体的大规模政治参与。20 世纪末多元文化主义思潮的兴起便是所有这些社会运动的直接结果，从而对美国政治、经济、文化和意识形态等各个方面都带来了巨大变革和影响。康涅狄克大学教授艾德加·里特（Edgar Litt）早在 20 世纪 70 年代初就指出："现代民权运动尽管经历了许多困难和失败，但它为民粹主义这一主题提供了新的证明，即在决定一个政治体制将在多大程度上保障其公民利益问题上，政治参与是尤为重要的。……为自由和正义而进行的'黑人革命'就和以前的工会运动一样，让民众重新大规模地回归到政治舞台，这一点被证明是这场运动唯一最具建设性的成就。"①

3. 后民权时代黑人地位的改变

民权运动的成功对于黑人社会地位的提升是显著的，黑人中产阶级不断扩大，政治地位也显著提升。2008 年总统大选诞生了美国历史上第一位黑人总统。这是美国黑人政治具有标志性的历史事件，表明美国黑人政治地位有了全面的实质性改变。

从社会和经济方面来说，公开的种族歧视现象在美国社会基本消除，种族隔离和种族歧视被视为人人喊打的社会公敌，自由和种族平等已经成为美国"政治正确"的核心话语；黑人受教育的比率不断上升，黑人贫困现象也有显著的改变。根据皮尤研究中心 2015 年 2 月发布的调查显示，从 1976 年到 2013 年间，18—24 岁的黑人青少年高中辍学率从 24% 下降到了 8%，而同一时期 25 岁以上年龄的黑人中，拥有学士学位者从 7% 上升到了 22%；在贫困率方面，虽然黑人在所有种族中的贫困率仍然最高，但从 1976 年到 2014 年间，黑人贫困率从 31.3% 下降到了 27.2%，而同一时期美国社会的贫困率却在上升，即从 12.3% 上升到了 14.9%。② 不过，总体上来说，黑人在经济上的状况还与美国主流白人群体存在巨大差异，黑白不平等的状况依然是

---

① Edgar Litt, *Beyond Pluralism: Ethnic Politics in America* (Chicago: Scott, Foresman and Company, 1970), pp.153–154.

② Pew Research Centre, "6 Facts about Black Americans for Black History Monty ," http://www.pewresearch.org/fact-tank/2015/02/23/6-facts-...%E7%AC%AC2%E9%A1%B5.

美国种族问题的核心议题，特别是黑人与主流社会在这些问题上的认知存在较大争议。对此，我们将在后面相关章节中再予以关注。

经济地位的改善也推动了美国黑人在美国政治进程中的参与度。同样，根据皮尤研究中心 2015 年发布的调查结果，从 20 世纪末至今，黑人在美国大选中的投票率整体呈上升趋势，从 1996 年的 50.6% 上升到 2012 年的 67%，超过了白人 64% 的投票率。① 在政治代表性方面，后民权时代担任美国政府各层级职位的黑人人数也在不断增加。据研究，《1965 年选举法》通过实施之前，大约只有 500 名黑人当选为美国各级机构官员。到 2011 年，这个数字增加到了 1.05 万人②。在美国联邦各级官僚机构中任职的黑人也已经占据较大的比例（如 2011 年 9 月这一人数比例达到了 17.8%，③ 超出了黑人在美国总人口中的比例）。在美国国会，自 1870 年开始有来自密西西比州的海勒姆·瑞维斯（Hiram Revels）和南卡罗莱纳州的约瑟夫·瑞尼（Joseph Rainey）2 位黑人成为参议员和众议员以来，至今已经有 162 位黑人被选入该联邦立法机构，其中有 10 人为参议员；在第 116 届国会中，非洲裔国会议员有 56 名，其中 3 名参议员，53 名众议员。④1971 年成立的“国会黑人核心小组”（Congressional Black Caucus）也一直是维护黑人政治权益、推动种族平等的中坚力量。

在最高法院，由于后民权时代多元文化主义思潮的影响，族裔构成逐渐也成为了一个政治问题。每次总统提名最高法院大法官时，被提名的候选人在涉及民族种族问题事务上的态度甚至大法官本人的族裔身份，都会成为提名与任命过程中保守派和自由派相互进行激烈博弈的重要元素。到目前为止，总共已有 2 位黑人担任了最高法院大法官的职务，其中第 1 位黑人大法官是瑟古德·马歇尔（Thurgood Marshall），由民主党总统林登·约翰逊于 1967

① Pew Research Centre, “6 Facts about Black Americans for Black History Monty,”http://www.pewresearch.org/fact-tank/2015/02/23/6-facts-...%E7%AC%AC2%E9%A1%B5.

② Paula D. McClain and Joseph Stewart Jr., *Can We All Get Along ?— Racial and Ethnic Minorities in American Politics*, 6th Edition (Boulder, Colo.: Westview Press, 2014), p.146.

③ Ibid, p.16.

④ United States House of Representatives, “Black Americans in Congress,”https://history.house.gov/exhibitions-and-publications/baic/black-americans-in-congress/.

年任命，属于首席大法官沃伦领导的自由主义派成员。他在推动少数族裔参与美国政治进程的许多判决中发挥了重要作用。然而，有意思的是，在他退休之后，共和党总统乔治·W. 布什（通称：小布什）任命了另1位黑人接替了他的大法官职务——克拉伦斯·汤姆斯（Clarence Thomas）。这位意识形态与马歇尔相对立的黑人大法官属于保守派，其在一些涉及较为敏感的种族问题的立场（如同等保护、隐私权、平等就业以及受教育权利等），被许多人认为与黑人的利益背道而驰。①

最能体现黑人政治地位的职位莫过于行政机构的总统职位了，因为该政治职位是美国宪法框架内唯一由美国全体选民选举产生的，拥有比任何其他职位都大得多的"人民授权"（Mandate）。某位曾遭受歧视而被边缘化的少数群体成员被选为总统，意味着这个社会对这一群体的认可和接纳。如肯尼迪当选总统就在一定程度上表明天主教在美国社会不再成为天主教徒身份的一个政治障碍。同样，一个少数族裔群体成员的当选，反映的是美国社会在种族问题上观念的变化和意识形态的走向。美国历史上首次在主要政党标签下冲击总统职位的黑人是一位黑人女性——谢莉·奇泽姆（Shirley Chisholm）。她在1972年"十分认真地"参与了民主党党内选举提名的角逐。尽管在民主党全国代表大会开始之前就已经获得了43万张选票，不过作为历史上也是到目前为止唯一一位参与过主要政党提名角逐的黑人女性，她注定无法获得大会的提名。②许多人选择不支持她是因为他们相信她在当时的美国社会背景下不可能获得成功，但她表示她参选的目的并非真正要赢得选举，而是要表明：黑人妇女在总统竞选中是可以争取到一个好的排名的。③

黑人正式参与主要政党的总统候选人提名的角逐是在20世纪80年代。当时，著名的美国黑人民权运动领袖杰西·杰克逊（Jesse Jackson）于1984年和1988年两次冲击民主党候选人提名，并取得了引人瞩目的成就。可以说他是奥巴马之前最接近获得主要政党提名的美国黑人政治家。当时，黑人

① Paula D. McClain and Joseph Stewart Jr., *Can We All Get Along? — Racial and Ethnic Minorities in American Politics*, 6th Edition (Boulder, Colo.: Westview Press, 2014), p.165.

② Ibid, p.153－155.

③ Ibid.

已经成为民主党内最大的选民群体，黑人选民人数约占其政治联盟中 20% 的份额，“国会黑人核心小组”“大城市黑人市长协会”“全国城市联盟”以及“美国有色人种协进会”等黑人组织和政治领导人在民主党内扮演了越来越重要的作用。① 杰克逊在竞选中也提出了自由主义色彩浓厚的竞选纲领。《纽约时报》据此将他描述成为“带着‘新政’和‘伟大社会’传统的古典的自由主义者”，试图争取以黑人选民为核心的弱势群体 [即所谓的“彩虹联盟”（Rainbow Coalition）] 的支持。② 在此背景下，杰克逊在民主党党内选举中取得了不错的成绩：在 1984 年赢得了 328.24 万选民支持，即总票数的 18.2%，在民主党内位列第 3 名，③1988 年则获得了更多选民的支持，有将近 700 万或 29% 的民主党选民将选票投给了他，在民主党 8 位候选人中排名第 2。④ 杰克逊虽然最终也未能获得民主党的总统候选人提名，但他的这两次竞选具有重要的历史意义，因为他激发了黑人选民的投票热情，显示了黑人在美国总统政治中的公共角色已经发生变化，为后来新生代黑人政治家进一步投身到美国政治进程之中积累了经验。可以说，如果没有他的这 2 次实践，相信 20 年后的黑人政治就不可能迎来其历史的高潮。

三、首任黑人总统奥巴马与其“去种族化”政治策略 ⑤

2008 年对于黑人政治来说具有划时代意义，因为这年的美国大选终于诞生了美国历史上第 1 位黑人总统。来自伊利诺伊州的年轻非洲裔参议员巴拉克·奥巴马在成功挑战政坛老将希拉里·克林顿而获得民主党总统候选人提名后，又成功击败共和党总统候选人、共和党资深参议员约翰·麦凯恩，当

① Joyce Purnick and Michael Oreskes, “Jesse Jackson Aims for the Mainstream ,” *New York Times*, November 29, 1987.

② Ibid.

③ Ibid.

④ Frank Clemente, *Keep Hope Alive: Jesse Jackson's* 1988 *Presidential Campaign* (Boston: South End Press, 1999), pp.234–235.

⑤ 本节已经作为项目中期成果发表在 2017 年《历史教学问题》第 1 期。

选为美国第 44 任（第 56 届）总统，并且在 2012 年总统大选中再次击败共和党候选人威拉德·M. 罗姆尼，成功连任总统。从某种意义上来说，奥巴马并不具有传统意义上的美国黑人文化认同，因为他父亲是位来自肯尼亚的黑人留学生，在奥巴马两岁的时候就与他的白人母亲分手，奥巴马因此主要跟着母亲和外祖父母在印尼和夏威夷生活长大。在美国这个白人中产阶级的家庭里，奥巴马接受到了良好的教育，先后毕业于哥伦比亚大学和哈佛大学并获得法学博士学位，成绩优异。因此，奥巴马生长在白人家庭，具有典型的白人中产阶级文化认同。

然而，在美国这个传统上由“一滴血”决定其种族身份的社会里，奥巴马的黑皮肤却不能使他想当然地融入美国主流社会。他的政治生涯可以说是部励志奋斗的历史。加上他过人的聪慧与能力，他最终冲破了其黑皮肤的种族障碍，成功走过了普通非洲裔美国人难以想象的政治生涯，登上了美国的最高政治职位。虽然奥巴马的两届总统任期随着 2016 年总统选举的落幕而结束，但无论是在美国国内还是世界其他关注美国种族问题的地方，不少人仍然还对 2008 年美国那历史性时刻感到兴奋。因为黑人总统给美国社会所带来的意义可以让人们穷尽无限的遐想，无论是象征性的还是实质性的，它本身即意味着美国种族关系某种里程碑式的调整。

具有讽刺意味的是，这种具有高度种族性（Racial）的事件却是通过那种高度“去种族化”（Deracialized）的方式实现的。这不能不让人们在观察和解读这位特殊的总统人物和任期时对美国的种族关系做进一步深入的思考。其中一个不容忽视的事实就是他的成功与其采取的灵活的新的黑人政治策略密不可分。即作为新生代黑人政治人物，他一方面依赖传统的黑人政治，激发黑人种族认同，从而获得广大黑人及少数族裔群体的支持；另一方面，他汲取传统黑人政治的经验教训，大力采取“去种族化”的新的黑人政治策略，努力争取白人选民的支持。本节将主要对奥巴马 2008 年参与美国总统竞选和他在 8 年任期内所采取的“去种族化”策略进行分析，并透过这一特别现象思考当前美国种族政治的现实。

1. “去种族化”概念及其起源

美国种族问题在美国历史上主要指黑人问题。因此，“去种族化”这一概念一开始也是指黑人作为政治候选人如何获得选举胜利的策略，最早由著名黑人政治学家查尔斯·V. 汉密尔顿于 1973 年在一次由黑人民权组织“全国城市联盟”举办的会议上提出。他认为，一个“去种族化”的选举策略可以帮助黑人候选人动员起那些白人和持温和立场的选民来夺得州一级的政治职位，从而增强黑人在一个白人占多数的政治环境下的代表性；传统的与之相反的策略则是黑人候选人直接关注黑人的诉求，强调其所代表的黑人利益（如 1984 年和 1988 年黑人总统候选人杰西·杰克逊），但这有可能疏远那些潜在的白人选民，而只有“去种族化”的竞选策略才有可能形成一个强大的多种族的选民群体。①显然，汉密尔顿在这里只是把“去种族化”作为一种选举策略提出来，而且没有给出一个正式的定义。直到 1993 年，另外两位美国政治学家才对它进行了比较正式的界定：“用参与一场政治竞选活动，即通过刻意避免明确触及具体的种族问题来淡化种族对立，强调那些被认为是超越种族问题的竞选议题，从而动员起一个广泛的选民群体，以达到夺取政治职位或保留其现有职位的目的。”②

这个定义提出后在学术界得到广泛引用。很多时候人们谈到“去种族化”时，往往就是指这种被少数族裔候选人用来参与政治竞选的策略。随着越来越多的少数族裔官员在选举中采取这种策略，并在一些黑人人口并不占优势的选区获得选举的胜利，特别是许多黑人成功当选为州和市一级的行政官员，这一概念很快显现出了它的局限性，因为它仅仅局限在选举的策略上。一些当选的少数族裔官员在进行施政时也会刻意制定一系列的“去种族化”的政策或采取一种“去种族化”的施政风格，以争取白人选民对其施政和连任的支持。这就促使一些政治学家开始思考以一种理论对“去种族化”问题进行较深入的研

---

① Angela K. Lewis, Perl K. Ford Dowe & Sekou M. Franklin, “African Americans and Obama’s Domestic Policy Agenda: A Closer Look at Deracialization, the Federal Stimulus Bill, and the Affordable Care Act,”*Polity*, Vol.45, No.1, 2013, Northeastern Political Science Association, January 2013, p.130 – 131.

② Joseph McCormick & Charles Jones, “The Conceptualization of Deracialization,” *Dilemmas of Black Politics*, Edited by Georgia Persons (New York: Harper Collins, 1993), p.76.

究。第一个对此进行理论化尝试的是美国南方大学政治学教授休伊·佩里。在1996年编撰出版的《种族、政治与美国的治理》一书中，佩里教授对“去种族化”概念中所包含的主题进行了详尽的分析，特别是对“去种族化”选举是否导致“去种族化”的施政及其给黑人政治所带来的影响进行了系统的研究和分析。[①] 目前，虽然学者们对“去种族化”概念仍然存在着不同的意见，但大致都包括这两个方面的意义，即选举策略和当选后所实施的“去种族化”政策，其目标都是为了获取人口比例上占多数的白人选民的支持，以夺得选举胜利并在上任后所实施的政策也获得白人的支持。最新引人瞩目的研究成果要数美国南伊利诺伊大学政治系副教授克里斯托弗·斯托特于2015年出版的专著《再探种族问题：政客、去种族化与奥巴马时代的选举行为研究》。[②]

“去种族化”无论是美国黑人政治中一种新的选举策略还是一场运动，其根源自然也有其产生的社会背景，它与“后民权运动时代”（Post-Civil Rights Era）美国保守主义思潮在美国政治中的崛起有着直接的关联，体现在政治选举上就是民权运动后黑人政治代表性扩大趋势的不断受阻。20世纪60年代末和70年代初，为了保证黑人不仅拥有基本的选举权，而且还要能够有效地行使这种权利，美国联邦最高法院通过一系列判决对《选举权法案》的具体条款进行了宪法解释。其中最为重要的是1977年《犹太人联合组织诉凯里案》（United Jewish Organizations v. Carey）。该案判决在划分选区上支持纽约州议会保障黑人在选区内保持65%—90%人口多数的做法，即所谓的“少数族裔占多数的选区”（Majority-minority District），以利黑人能够选择自己的政治候选人或黑人候选人，从而使黑人能够保持一定的政治代表性。这一判决的效果至今引人瞩目。1990年人口普查之后，美国国会新增加了来自南方的12名黑人议员，其中北卡罗来那、南卡罗来那、亚拉巴马、佛罗里达以及弗吉尼亚等还是历史上第一次向国会输送黑人议员。[③]

---

① Huey L. Perry, *Race, Politics and Governance in the United States* (Gainesville: University Press of Florida, 1996), pp.6－7.

② Christopher Stout, *Bringing Race Back In: Black Politicians, Deracialization, and Voting Behavior in the Age of Obama* (Charlottesville: University of Virginia Press, 2015).

③ Hanes Walton, Jr. & Robert C. Smith, *American Politics and the African American Quest for Universal Freedom*, *Reading* (Mass.: Addison-Wesley Longman, Inc., 2000), pp.225－226.

然而，20 世纪 80 年代初美国保守主义的得势让黑人代表性扩大的趋势遇到极大阻碍。以里根为代表的新保守主义派对黑人参与美国政治进程并不断扩大其政治代表性保持戒心。这时，许多白人对政府实施的一些针对黑人及少数族裔的优惠政策不满，试图阻挠和推翻民权运动所争取到的这些保护黑人权益的政策。反映在司法判决上，最典型的就是 1993 年的《萧诉里诺案》（Shaw v. Reno）。该案判决实际上推翻了原来在《犹太人联合组织诉凯里案》中的判决，认为刻意划分出以黑人占多数的选区的确违反了同等保护白人权利的原则。这一判决导致南方一些初级法院直接撤销了一些以黑人为多数的选区，其中包括 1992 年新建立的 12 个国会选区中的 5 个。①

当然，1965 年《选举权法案》通过以来，黑人政治候选人成功当选的人数与之前相比的确有了显著增加。至 20 世纪 90 年代末，有超过 7000 名黑人在各类选举中获得了政治职位，其中包括 38 位国会议员。但这些成就都是在黑人人口占据相当大比例的国会选区或城市中取得的，且在美国超过 50 万个这样的职位中黑人仅占了 1.5% 的比率。② 这一比率又因《萧诉里诺案》的影响以及黑人人口增长的乏力，黑人的代表性始终受到了限制，特别是在州一级和全国性的政府机构中，能够获得选举胜利的黑人候选人寥寥无几。在此背景下，为了保障和推动黑人的利益诉求，20 世纪 70 和 80 年代，一些新一代的黑人政治候选人便开始采用"去种族化"的政治策略，在政治竞选活动中淡化黑人的政治诉求，强调白人所能接受的普遍价值观甚至保守主义的政策诉求，以争取在白人选民占多数的选区内获得选举的胜利。20 世纪 90 年代以来，在一些地方和州一级政治选举中，黑人候选人似乎也频频取得了成功，最为突出的是道格拉斯·维尔德于 1989 年赢得弗吉尼亚州的州长选举，成为该州第 66 任州长。这被认为具有划时代的历史意义，因为他不仅是美国历史上第一位民选黑人州长，也是"去种族化"策略运用取得显著效果而具有象征意义的新一代黑人政治家。③ 奥巴马在 2008 年总统大选中的

① Hanes Walton, Jr. & Robert C. Smith, *American Politics and the African American Quest for Universal Freedom*, *Reading* (Mass.: Addison-Wesley Longman, Inc., 2000), p.22.

② Ibid, p.22.

③ Huey L. Perry, *Race, Politics and Governance in the United States* (Gainesville: University Press of Florida, 1996), p.15.

胜利，即是他延续采用新一代黑人政治家竞选策略的结果。这使其总统选举的胜利成为美国种族政治历史上最具历史性意义的辉煌事件。从很大程度上说，“去种族化”现象的出现实际上是黑人政治家及民主党精英们对保守主义政治思潮兴起的一种反应和结果。

2. “去种族化”策略在总统竞选中的成功运用

奥巴马2008年当选为美国历史上首位黑人总统，被认为是“去种族化”竞选策略运用最成功的实例，许多学者因此提出美国已经进入到了“后种族时代”（Post-racial Era），[①]而奥巴马近8年的执政经历也似乎表明，“去种族化”策略已不再停留在竞选阶段，实质上已渗透到其整个施政过程之中。

作为一位非洲黑人与美国白人女性的后裔和新一代的黑人政治家，奥巴马参与2008年总统竞选时受到了黑白选民两方的质疑。对于美国白人选民来说，奥巴马的肤色注定他代表了非洲裔美国人这一群体。他们的疑问是：奥巴马能否超越那一代参加过20世纪60年代民权运动的黑人政治家的思想理念，成为一位美国人的总统，而非黑人的总统，即他是否“太黑”（Too Black）。而对于黑人来说，奥巴马不是美国黑奴的后代，而是生长在一个白人家庭的黑白混血儿，不具有黑人传统意义上的种族认同，因此黑人的疑问是奥巴马能否真正代表黑人的利益，即他是否“足够黑”（Black Enough）。

面对这种局面，奥巴马和他的竞选团队尽力将他打造成一个超越种族的政治候选人形象，而非一个“黑人候选人”，因为他们知道，与参与弗吉尼亚州州长选举的维尔德一样，奥巴马面对的是一个白人占绝大多数的全国性的选民群体，要想赢得总统选举的胜利，仅仅依靠黑人的选票，注定会重蹈黑人民权运动领袖杰西·杰克逊在1984年和1988年竞选总统时的覆辙并遭遇失败。因此，从一开始，奥巴马团队就特别突出他“超越种族”的政治立场，并于2004年7月27日在波士顿召开的民主党全国代表大会上将奥巴马的主旨演讲内容大肆宣传，且在一些种族敏感问题上明确阐明奥巴马的“中立”

---

① Matt Bai, “Is Obama the End of Black Politics?”, *The New York Times*, August 6, 2008.

态度。如强调奥巴马父亲的移民身份、他本人的个人奋斗经历、反对政府是解决所有社会问题的错误理念、倡导做社会的好公民和好父母等。其中经常被引用的是奥巴马在演讲中表示所期望看到的是一个真正的“美利坚合众国”，而不是一个“红色的美国”“蓝色的美国”，或者一个自由主义的美国、保守主义的美国，或者一个黑人的美国、白种人的美国、拉丁裔的美国、亚洲人的美国。[①]

奥巴马团队还特别制定了一套“（种族中立）选战策略”[（Race-neutral）Tactical Playbook）]。根据哥伦比亚大学政治学教授弗雷德里克·哈里斯的研究总结，这个“选战策略”所涉种族问题内容包括：[②]

- 不直接攻击任何白人对手，以避免给人一个“愤怒的黑人”印象；
- 强调候选人自我奋斗的人生经历，少谈政策立场；
- 突出候选人的个人品德与成就，避免过于与黑人的认同联系起来；
- 暗示候选人的浅黑色皮肤；
- 将黑人问题解读为全民问题，寻找第三方权威理念，以获取白人精英对候选人的认可和支持。

虽然在竞选过程中奥巴马的团队不可避免地被问到他有关黑人的政策，但他们的回答总是“与对所有美国人民的政策是一样的”。[③]最体现奥巴马“去种族化”策略的是他2008年3月18日在费城所做的著名演讲——《一个更加完美的联邦》。这是他针对有关他的“心灵导师”、黑人牧师耶利米亚·赖特（Jeremiah Wright）的所谓“反美国”“反白人”的种族言论所做的回应。事件的起因是奥巴马参加的黑人教会牧师赖特的一些布道录像被媒体公布于众。录像中莱特激烈地抨击了美国政府，声称“9·11”事件是美国的错误外交政策所招致的报应，并抨击美国是一个种族主义国家。他在布道中表示说，非洲裔美国人应该谴责美国政府，“政府给他们毒品、建更大监狱……

① Barack Obama, “Keynote Address at 2004 Democratic National Convention ,” http://www.gwu.edu/~action/2004/demconv04/obama072704sp.html.

② Frederick C. Harris, *The Price of the Ticket: Barack Obama and the Rise and Decline of Black Politics* (New York: Oxford University Press, 2012), pp.145–155.

③ Terry Smith, Barack Obama, *Post-Racialism, and the New Politics of Triangulation* (New York: Palgrave Macmillan, 2012), p.18.

它还想让我们唱‘上帝保佑美国’。不，上帝诅咒美国，那是杀无辜者的报应。上帝为美国不把我们当人而诅咒它。”[①]一些保守的白人由此指责莱特“反美”，并“煽动种族仇恨”。由于奥巴马与这位牧师有着20多年的友谊，被媒体爆出的布道视频内容也引起了白人选民对奥巴马在种族问题上态度的质疑，并对他的“超越种族”形象产生了极其负面的影响。打消这些质疑对于奥巴马的选战乃至政治前途生死攸关。他在演讲中首先批判了牧师的言论，认为它“极大地歪曲了这个国家的现实，把一些白人的种族歧视视为一种白人中普遍的现象”，进而用一种类比的方式巧妙地模糊了黑白种族之间的差异，呼应白人所认同的个人奋斗价值观：

> “多数白人工人和中产阶层认为他们并没有享受到种族的优越地位，对于他们而言，他们的经历就是移民的经历，没有人给予他们任何东西，他们都是白手起家。……所以，当他们被要求送他们的孩子去城市另一边的学校去上学的时候；当他们听到一位非洲裔美国人因为他们从来没有过的不公正行为而获得一个好的工作或进入一所好的大学时；当他们对自己社区的犯罪的担忧被理解为是某种歧视时，他们的愤怒自然就积聚起来了。”[②]

奥巴马拒绝与赖特断交，种族问题也最终没有成为奥巴马进军白宫的障碍，他以53%的普选票和365张选举人票击败共和党候选人麦凯恩。虽然他的选票主要来自黑人（95%）和拉丁裔美国人（66%），而且多数白人选票都投向了麦凯恩（55%），但43%的白人选票足以将奥巴马送入白宫。[③]2012年的选举，奥巴马继续采取了相同的竞选策略，使他成功连任，虽然投票给他的白人和黑人选民都有所减少，但他还是获得了93%的黑人选票和39%的

---

① 温俊华：《拒绝与“心灵导师”赖特断交，奥巴马豪赌种族问题》，中国网，http://www.china.com.cn/international/txt/2008-03/20/content_13117351.htm。

② *New York Times*, “Barak Obama’s Speech on Race,”http://www.nytimes.com/2008/03/18/us/politics/18text-obama.html.

③ Paula D. McClain & Joseph Stewart Jr., *Can We All Get Along? — Racial and Ethnic Minorities in American Politics*, 6th Edition (Boulder, Colo.: Westview Press, 2014), p.121.

白人选票而击败共和党候选人罗姆尼。[①]

3. 奥巴马“去种族化”策略的困境

作为美国总统，奥巴马的政策取向依然保持一种“种族中立”的姿态，尽量回避种族敏感性问题，尤其是在其第一任期内。在2009年4月30日为纪念其执政100日举行的记者招待会上，针对黑人和拉丁裔美国人居高不下的失业率（黑人两位数的全国失业率和纽约市黑人男性高达50%的失业率），一位黑人娱乐电视频道记者向奥巴马提问：“面对这种特别而严峻的形势，您有什么具体针对这些群体的政策？有什么可以让我们看到实际效果的时间表？”奥巴马的回答与其竞选期间谈论涉及种族问题时的方式一样：“请记住，我们正在采取的每一个措施就是要帮助所有的人。”他认为，他签署的有关经济复苏法案能够解决包括黑人和拉丁裔在内的失业问题；只有使美国经济得到复苏，才能“水涨船高”。[②]然而，他执政的这几年的数据表明，黑人自始至终属于高失业率人群，到2014年仍然高达11.5%，而白人仅为5.4%。[③]根据美国劳工部2016年10月的数据，美国的平均失业率已经下降至4.9%，但黑人失业率仍然高达8.6%，而白人仅为4.3%。[④]

代表其主要国内政绩的医改法案，在一定程度上也反映了主流社会所崇尚的新自由主义理念。最突出的是他在竞选时向美国“全国有色人种协进会”许诺要签署的一项“全民医保法案”（A Universal Health Bill）并没有真正实现，其在2010年3月23日签署的《患者保护与平价医疗法案》没有包括一项强制扩大“医疗救助”范围的条款，不允许政府在药品的批发价格上讨价还价，也没有废除大型制药企业和保险公司所享有的不受反托拉斯法限制的优待政策等。这些都表明他成为总统后在这个问题上的观念已经逐渐往右

① Paula D. McClain & Joseph Stewart Jr., *Can We All Get Along? — Racial and Ethnic Minorities in American Politics*, 6th Edition (Boulder, Colo.: Westview Press, 2014), p.129.

② Frederick C. Harris, *The Price of the Ticket: Barack Obama and the Rise and Decline of Black Politics* (New York: Oxford University Press, 2012), pp.170 – 171.

③ Rebecca J. Rosen, “Why Is Black Unemployment Rate So High?”, The Atlantic, Jun 12, 2014, http://www.theatlantic.com/business/archive/2014/06/why-is-the-black-unemployment-rate-so-high/372667/.

④ U.S. Bureau of Labor Statistics, “United States Unempolyment Rates: 1948–2018,” *Trading Economics*, Aug. 3, 2018, http://www.tradingeconomics.com/united-states/unemployment-rate.

转向保守。[①] 由于共和党对这一法案的强烈抵制（特别是在由共和党人担任州长职位的那些州），有近 40% 的黑人人口无法享受其中的自愿扩大“医疗救助”范围的条款。[②] 显然，黑人从这一法案中受益有限。

在其他一些不断发生的种族敏感问题上，奥巴马无法回避，但他往往采取低调的态度，并尽力以所谓的普世价值来解读和回应。如 2009 年 7 月 16 日，美国著名黑人学者、哈佛大学教授亨利·盖兹因忘带钥匙而强行进入自家的房屋，被误认为偷盗而遭警方拘捕。针对这一事件，奥巴马一方面表示警察的行为“愚蠢”，承认这反映了黑人和拉丁裔长期遭受不相称的法律对待，另一方面则强调“它不会妨碍社会已出现的进展，我现在站在这里就是最好的证明”，并在遭受强大的白人舆论压力下，他通过新闻发布会专门对他针对警察的“不当”言论表达了歉意，而且在 7 月 30 日还邀请涉事警察和黑人教授一起到白宫共饮啤酒，以平息事态。[③]

2010 年 7 月 19 日，雪莉·谢罗德（Shirley Sherrod）遭解雇事件在很大程度上体现了奥巴马“去种族化”策略的尴尬。谢罗德是农业部主管乔治亚州农村发展的黑人女总监，她在一段经过一名保守的网络博客手剪辑的录像中承认对一名白人农民有种族偏见。这事立即引起了轩然大波，包括“全国有色人种协进会”在内的那些关注种族问题的组织纷纷把矛头指向谢罗德，要求政府将谢罗德撤职。为“顺应民情”，农业部很快就迫使谢罗德辞职，白宫也发表声明予以谴责。然而，让人大跌眼镜的是，后来播出的有关她完整的讲话内容显示，谢罗德根本是在倡导种族和谐，片中她只是在援引 20 多年前曾遇到一名白人农民的经验，以此说明需要克服种族偏见。政府在没有查看这部完整录像的情况下反应过敏，未弄清事件真相就匆匆迫使谢罗德辞职，尤其是奥巴马身为黑人总统时出现这种让人啼笑皆非的种族问题风波，

① Hermon George, Jr., “Neoliberalism in Blackface: Barack Obama and Deracialization, 2007–2012 ,” *The Journal of Pan African Studies*, December 2013, Vol.6, No.6.

② Hermon George, Jr., “Neoliberalism in Blackface: Barack Obama and Deracialization, 2007–2012 ,” *The Journal of Pan African Studies*, December 2013, Vol.6, No.6.

③ ABC News, “Obama, Biden Sit Down for Beers with Gates, Crowley ,” http://abcnews.go.com/Politics/story?id=8208602&page=1.

突显了奥巴马在种族问题上的尴尬处境。有民主党官员就评论说："他们对别人可能认为他们持反白人的立场十分敏感，所以反应过度，匆忙采取行动，生怕被人指责说他们是亲黑人的。"①

2012年获得连任后，奥巴马没有了继续连任的后顾之忧，但对于种族问题仍以"泛种族化"（Pan-racial）的语言来予以应对。如2015年4月，针对在巴尔的摩因发生白人警察枪杀无辜黑人青年事件而爆发的黑人抗议和骚乱，奥巴马在白宫举行的记者招待会上一方面对于巴尔的摩发生的骚乱进行了严厉的谴责，声称这些行为是"不可饶恕"的，另一方面也对引发人们抗议的原因（如经济地位不平等和警察的行为等问题）做了详尽的阐述：

> "在这些被剥夺了任何机会的贫困社区里，孩子们一生下来就赤贫如洗。……这里没有父亲引导年轻人，没有投资，没有制造产业提供就业，毒品泛滥，且对于很多人来说毒品业是其唯一的生计来源。在这样的环境下，如果我们认为我们仅仅派警察以强制手段处理这些社区出现的问题而不考虑作为一个国家和社会应该如何采取措施对这些社区进行改造，帮助它们提升经济状况，给那里的孩子们提供机会，那我们将不可能解决这些问题。我们会看到警察和社区的矛盾反复出现，不时还会出现骚乱，人人假装表现出关心的样子，等到事情平息之后，一切照旧。"②

显然，奥巴马仍然用通用的"中性"语言谈了他对贫困社区所面临问题的看法。他将根源首先归咎于遭白人特别诟病的黑人单亲家庭文化，并简单地把这一问题归类于警察与社区之间的矛盾（似乎与种族问题无关），根本没有提到黑人。不过与他在第一任期时的表现相比，他已经敢于直面这一种族敏感问题，呼吁社会采取措施帮助这些以黑人为主的贫困社区解决所面临的问题。

通过具有历史性的和象征意义的选举胜利，奥巴马所采取的"去种族化"

① Terry Smith, Barack Obama, *Post-Racialism, and the New Politics of Triangulation* (New York: Palgrave Macmillan, 2012), p.116.

② A. J. Vicens, "Obama on the Baltimore Riots: It's about Decades of Inequality ," *Mother Jones*, April 28, 2015, http://www.motherjones.com/politics/2015/04/watch-president-obama-talk-about-whats-happening-baltimore.

策略是成功的。在以白人保守主义占据主流意识形态的"后民权运动时代"，他与传统的黑人政治拉开距离，尽力迎合主流白人的诉求，用"泛种族"或"种族中立"的语言呼应美国传统的价值理念，再加上自身超出常人的经历、勇气和能力，他赢得了令人难以置信的选举胜利，开创了美国政治史上的先例。也许人们不会记得他执政时的业绩，但作为历史上的首位黑人总统，他的名字将载入史册。这种"去种族化"是以获得黑人和少数族裔选民的全力支持为前提条件的，所以，他的胜利本身一方面意味着民权运动之后美国社会的进步，白人至上和种族歧视终究受到"人人生而平等"思想的抑制，更多白人倾向于接受更加开放的自由主义思想；另一方面也反映了美国黑人在令人沮丧的生存状况面前，渴望美国政治中出现更能代表和关注他们切身利益的政治家，改变黑人问题被边缘化、黑人与白人种族之间持续不平等状况受到严重忽视的现状，因此，他们对奥巴马的支持是坚定的和毫无保留的。

然而，就美国种族问题来说，奥巴马执政 8 年的"去种族化"策略并没有给黑人带来实实在在的变化。在他第 2 任期内出现的因黑人青年无辜被白人警察枪杀而引起的诸多黑人抗议浪潮表明，黑人对于一位黑人总统治下的种族关系并不满意，"去种族化"掩盖不了美国社会仍然存在的许多种族矛盾。同时，这也说明了越来越多黑人政治家在政治进程中的无奈，即他们的成功是以他们政治立场的让步为代价的，损害的是黑人整体的利益，最终也可能会影响黑人选民对黑人政治候选人的支持。由此可见，"去种族化"政治策略的有效性未来可能趋于不确定。[①] 根据美国皮尤民意调查中心于 2016 年 6 月发布的民意调查结果显示，约有 34% 的黑人认为奥巴马在其总统任期内没有能够改善种族关系，有 5% 的黑人甚至认为他使种族关系变得更糟，另有 9% 的黑人认为他根本没有解决任何黑人所关心的问题。[②]

正是由于奥巴马已经创造了历史，有人认为未来种族问题在美国政治中将更加被边缘化，黑人的诉求将会在美国政治中更加被忽视，因为他的当选

① 参见 Christopher Stout, *Bringing Race Back In: Black Politicians, Deracialization, and Voting Behaivior in the Age of Obama* (Charlottesville: University of Virginia Press, 2015).

② "On Views of Race and Inequality, Blacks and Whites Are Worlds Apart ," http://www.pewsocialtrends.org/2016/06/27/on-views-of-race-and-inequality-blacks-and-whites-are-worlds-apart/.

会被主流白人社会当作美国种族问题终结的有力证据，从而更加确认了他们这样的信念：美国社会已经是一个“色盲”（Color-blind）的社会，种族平等已经实现，美国已经进入一个无种族差异的“后种族主义时代”。因此，正如弗雷德里克·哈里斯所指出的，“奥巴马总统任期内黑人政治的兴起，更多的只是第一位黑人总统所代表的象征意义，它并没有解决美国黑人所面临的现实问题。”[①]

2016年总统大选已经落幕，得到奥巴马积极支持的民主党候选人希拉里·克林顿意外败选，而得到白人选民坚定支持的共和党候选人唐纳德·特朗普出人意料地赢得了第45任总统的任期。特朗普在竞选中因一些针对墨西哥裔和穆斯林的极端言论而被一些选民冠以“种族主义者”的头衔，在有关奥巴马的出身地及受教育经历问题上也表现出对有关“肯定性行动计划”政策的质疑。这些都让人们对他上任后处理种族问题的政策和改善种族关系的前景感到并不乐观。[②]作为以白人为基础选民并以其在竞选中蔑视“政治正确”的言论著称的共和党人当选总统，人们有理由认为他在处理美国种族关系上不太可能会比黑人总统更加关注黑人和其他少数族裔群体的利益与诉求。有关特朗普执政期间的相关政策和表现，我们在后面章节中将专门进行讨论。

① Frederick C. Harris, *The Price of the Ticket: Barack Obama and the Rise and Decline of Black Politics* (New York: Oxford University Press, 2012), p.173.

② 大选之后，皮尤研究中心在2016年11月10－14日进行了一次电话回访调查。结果显示：46%的选民认为特朗普当选总统后美国的种族关系将会恶化，其中有74%的黑人选民持有这样的看法。这与2008年奥巴马当选总统后的调查结果正好相反，当时有75%的黑人认为美国的种族关系会得到改善。参见 Shiva Maniam, “Many Voters, Especially, Expect Race Relations to Worsen Following Trump’s Election,”http://www.pewresearch.org/fact-tank/2016/11/21/race-relations-following-trumps-election/.

第五章

印第安人、亚裔与西班牙语裔的政治参与之路

除了白人少数族裔群体和黑人这两大美国族裔政治史上最主要的族群外，同样遭受歧视而被长期边缘化的少数族裔群体还有美国土著印第安人、西班牙语裔及亚洲裔美国人。他们在美国政治中的表现只是在 20 世纪 60 年代中期后，在新的移民浪潮推动下和现代自由主义政治所倡导的多元文化主义形势下才逐渐被人所重视，特别是西班牙语裔和亚裔因其人口的快速增长，使得他们越来越受到美国两大主要政党的关注，从而使美国族裔政治在 20 世纪末、21 世纪初逐步从黑白关系这一主轴转变为以西班牙语裔、黑人和亚裔为主要角色的多元族裔政治态势。

一、美国印第安人

1. 被征服的土著民族

在前面章节中我们已经简要叙述了印第安人在美洲的历史。虽然我们强调美国所有族裔群体都是外来移民，但对于印第安人来说，他们在西方人到来之前已经在新大陆生活了上万年，因此他们毫无疑问属于这块土地上的原住民。在美国历史或社会学研究中，他们有好几个称谓

[如“美国印第安人”（American Indians）、“印第安人”（Indians）、“土著美国人”（Native Americans）、“美国原住民”（Indigenous Americans）等]。本研究中，我们依据美国人口普查局网站的归类，使用“美国印第安人”来称呼这一群体，但其中不包括阿拉斯加和太平洋岛屿的土著人。有关这一群体的人口变化，历史学家的分歧巨大。在1492年哥伦布发现新大陆时，人们估计在美墨边境的格兰德河以北居住着50万到1800万不等的土著人；到19世纪人们对其所做的调查数据显示，即19世纪末印第安人人口大约50万；①2010年美国人口普查局的调查显示，印第安人人口为290万，印第安人与其他族裔的混血人种有230万，两类印第安人共有520万，约占美国总人口的1.7%。② 美国印第安人不是单一的或统一的族群，从一开始就存在有不同语言、不同信仰和不同生活习惯的部落，各自经济模式也不一样。目前美国政府承认的印第安人部落超过500个，其中一半居住在西部的印第安人保留地。③

欧洲人到达北美后，印第安人与他们经历了交往、被征服和适应的过程。其中欧洲人的种族中心主义和印第安人落后的经济和技术文明是印第安人在竞争中落败的主要因素，进而使其最终处于美国种族分层的底端。实际上，在最初交往过程中(即从15世纪初欧洲人跨过大西洋开始)，无论是葡萄牙人、西班牙人、法国人，还是英国人，在西半球进行殖民探险时都曾得到过印第安人的友好帮助，并得以在恶劣和荒野的环境中站稳脚跟、开垦土地和攫取矿藏。美国一年一度的“感恩节”便是这种最初友好交往的见证。然而，与其在非洲的殖民经历一样，欧洲人在与印第安人的接触中感受到印第安人在身体和文化上与欧洲人的明显差异以及在经济和技术上与欧洲文明的巨大差距。这无疑使白人产生了强烈的种族优越感。此外，欧洲人的基督教信仰使印第安人在欧洲人眼里完全就是异教徒。因此，印第安人遭遇文化歧视就是

① Russell Thornton, *American Indian Holocaust and Survival: A Population History since 1492* (Norman: University of Oklahoma Press, 1987), pp.15－17.

② Jennie Wood, “American Indian and Alaska Native Population in the 2010 U.S. Census ,” https://www.infoplease.com/us/race-population/american-indian-and-alaska-native-population-2010-us-census.

③ "Notices ," *Federal Register*, Vol.81, No.19, Friday, January 29, 2016 , https://www.gpo.gov/fdsys/pkg/FR-2016-01-29/pdf/2016-01769.pdf.

注定的结局了。

当然，这其中还有一个激烈的竞争过程，即印第安人在遭遇欧洲人殖民扩张时试图保留自己的家园和生活方式，而欧洲人则希望充分利用土地、攫取新大陆丰富的自然资源（如西班牙人对矿藏的开发、法国人和英国人从事皮毛贸易以及英国人对土地的占用等）。在这一竞争过程中，两大族群产生了严重的敌意和对立，对于欧洲人对资源的争夺，印第安人更多的是顽强抵抗。但欧洲人认为，大自然的资源应该得到充分的开发和利用，这是先进文明的表现和特征。19 世纪美国人在西部开发中提出的“天定命运论”便包含有这一思想。因此，最终的结局是欧洲人凭借其强大的军事和技术优势，通过掠夺、驱逐、战争和屠杀，最终彻底地征服了土著印第安人，并很快在竞争中处于支配地位，权力的差距就此确立。显然，交往、种族中心主义、竞争和权力差异这四种因素作为种族分层产生的四个主要条件，“始终贯穿在印第安人和白人关系的全部过程中”。[①] 而这个结局实际上早在美国独立之前就已经形成了。

美国独立之后，联邦政府对印第安人的政策在不同时期几经变化（这与所针对的不同印第安人部落、美国政府的频繁变更以及政策制定者个人的偏好等多重因素密切相关)，至今可归纳为8个不同时期。[②] 总体上是对应一个“主权国家—迁移—保留地—同化—自治—完全同化—自决—自治 + 自决”的变化过程。印第安人的身份也从拥有主权的独立政治实体到完全被剥夺任何特别权利或“同化”的美国公民。从一开始，美国政府对印第安人的政策就有双重目的：A. 废除原住民特权（对土地的拥有），以促进白人开发原住民的土地和资源；B. 推动原住民的生活方式向备受推崇的白人模式转化。[③] 为此，联邦政府采取了两种相互协调的手段：一是通过对印第安人的同化使他们与土地分离——就是鼓励他们放弃土地公有制的形式而迁入城市，接受和适应

---

① 〔美〕马丁 · N. 麦格：《族群社会学》，祖力亚提 · 司马义译，华夏出版社，2007，第 154 页。

② 详见：David E. Wilkins & Heidi Kiiwetinepinesiik Stark, *American Indian Politics and American Political System*, 3rd Edition (Lanham, Md.: Rowman & Littlefield Publishers, Inc., 2011), pp.123–124.

③ Robert Berkhofer, Jr., *The White Man's Indian*, New York: Vintage, 1979, p.135 [转引自马丁 · N. 麦格：《族群社会学》，祖力亚提 · 司马义译，华夏出版社，2007，第 155 页]。

白人的生活方式，变成和白人一样的“文明人”，从而使土地变为私有财产；另一种方法就是让印第安人迁居，通过谈判进行土地买卖，或者通过征服使印第安人迁居到新的地区——那些被白人视为完全不适宜耕种和放牧的保留地。[①]

在这一过程中，印第安人完全处于被动境地，基本上是“被侵犯—抵抗—被征服—被同化”的被动反应。印第安人各部落分散应对，很长时间没有形成共同的群体认同和联合抵抗力量，更谈不上形成一种群体力量通过政治途径争取自身的权利。美国政府在很多时候只是不断要求他们融入白人生活，而更多的时候认为印第安人是不可被同化的群体。这使印第安人作为一个族群，在美国社会往往被孤立，处于乏人问津状态。印第安人的身份从“外国人”逐步按照美国政府的标准被接纳为“美国公民”，听从美国政府安排进入保留地或城市生活的人可以成为美国公民，也有人通过在军队服役或放弃部落生活而融入美国主流社会来获得公民身份。直到 1924 年《印第安人公民身份法案》（*Indian Citizenship Act*）的颁布实施，美国出身的所有印第安人才全部获得美国公民身份的地位。[②] 作为美国公民和拥有选举权的群体，印第安人在美国政治中的被动应对局面一直延续到 20 世纪 60 年代才有所改变。其中具有历史意义的事件便是在美国黑人民权运动的影响下开展的“红权运动”（Red Power Movement）。

2. “红权运动”与群体意识的形成

“红权运动”与美国政府 20 世纪 50 年代颁布的一系列针对印第安人的政策有直接关联（如《1956 年重新安置法案》鼓励并支持那些在保留地生活贫困的印第安人在城市寻找工作）。表面上看，这一法案的初衷是要改善印第安人的生活，解决他们的贫困问题。然而，这一法案涉及 75 万印第安人的大迁移。如此庞大的人口导致政府的政策不能有效实施，很多印第安人得不到政府允诺的协助，结果是：印第安人不仅被剥离了他们原有的文化领地，

---

① 〔美〕马丁 · N. 麦格：《族群社会学》，祖力亚提 · 司马义译，华夏出版社，2007，第 155 页。

② Stephen Cornell, *The Return of the Native American Indian Political Resurgence* (New York: Oxford University Press, 1988), p.167.

而且经济状况反而更加恶化。[①] 由此，该法案遭遇了印第安人的集体抵制。1944 年，印第安人组织召开了“美国印第安人全国会议”（National Congress of American Indians）。作为一个代表全美国各部落的印第安人会议，它对于印第安人群体意识的形成以及维护自身群体利益都起到了积极的核心领导作用。

“红权运动”中最活跃的印第安人组织是“美国印第安人运动”和“印第安人全国青年委员会”（National Indian Youth Council）。它们从 20 世纪 60 年代末到 80 年代初组织了一系列抗争活动，一度声势浩大，引起全美的关注。一些行动后来受到黑人和拉丁裔的仿效。他们采取的手段主要是和平抗争（包括游行、抗议、静坐、示威和占领等），较为突出的有 1969 年占领阿尔卡扎兹岛（Alcatdes Island）、1972 年占领印第安事务局总部和 1973 年在南达科他州的温德尼与联邦调查局的对峙事件。其中对阿尔卡扎兹的占领时间长达 19 个月，影响最为广泛。

占领行动于 1969 年 11 月 20 日开始，80 名印第安青年以“所有部落的印第安人”名义乘船到达阿尔卡扎兹岛并在一夜之间占领了该岛。此岛原先是一个联邦监狱所在地，1962 被废弃且一直处于闲置状态。印第安青年占领该岛的法律依据是 1868 年联邦政府与印第安人部落苏族签署的《苏族协议》（Sioux Treaty）。该协议中规定联邦政府“废弃”（Out of Use）的任何土地都可以由印第安人占有。印第安青年通过对这一岛屿的占领，试图表示联邦政府与印第安人签署的协议仍然有效，应该得到遵守。[②] 占领行动持续到 1971 年 6 月 11 日，引起了全美国对印第安人诉求的集中关注。虽然占领行动最后被警察瓦解，没有能够达到预期目标，但它凝聚了各印第安人部落，使印第安人的群体意识得到了极大增强。正如一位参与者所表示的：“我们找回了我们的价值，我们的自豪感，我们的尊严和我们的血性。”[③]

在这次占领行动的激励下，印第安人随后又举行了多次抗议活动，其

① Melissa L. Walls & Les B. Whitbeck, “The Intergenerational Effects of Relocation Policies on Indigenous Families ,” *Journal of Family Issues*, Vol.33 ,Issue 9, June 14, 2012, pp.1272－1293.

② Paul Chaat Smith & Robert Allen Warrior, *Like a Hurricane: The Indian Movement from Alcatraz to Wounded Knee* (New York: The New Press, 1996).

③ Joane Nagel, “American Indian Ethnic Renewal: Politics and the Resurgence of Identity ,” *American Sociological Review*, Vol.60 , No.6 , Dec. 1995, pp.947－965.

中最为突出的是 1973 年发生在南达科他州温德尼镇（Wounded Knee）的印第安人与联邦调查局对峙事件。参与者多达 200 人，主要组织者之一是“美国印第安运动”。事件的起因是抗议者对于未能弹劾腐败无能的沃格拉拉族（Oglala Lakota）首领理查德·威尔逊（Richard Wilson）感到愤怒，同时指责联邦政府不履行与土著印第安人所签署协议，要求重新开启协议谈判。抗议活动者选择温德尼镇具有重要的象征意义，因为 1890 年美国联邦军队的一支骑兵部队正是在这里制造了温德尼大屠杀惨案（估计有约 300 名印第安人被枪杀），其中包括印第安妇女和儿童。[①] 温德尼对峙事件持续了两个多月之久，双方都使用了武器。整个温德尼镇受到美国司法部、联邦调查局及其他执法部门的包围（其间还出现了暴力事件），导致一名司法部执法人员和两名印第安人被枪杀身亡，多人受伤。虽然对峙事件最终以两名印第安人组织者遭到起诉而结束，但其受到全美国社会的关注，激发了印第安人群体的抗争热情，特别是“让公众对联邦和州政府违背契约权利的行为，以及由此导致土著美国人贫困现象的关注”。[②]

温德尼事件之后，印第安人积极的抗争活动虽然逐渐平息，但不久仍通过法律和正常的政治途径来维护自身利益。经过多次反复，目前联邦政府对待印第安人的政策是部落自治和自决。特别是在部落内部，印第安人在很多方面享有高度自治权力，属于独立的政治实体。与此同时，“泛印第安主义”运动还使美国印第安人族群有了较强的内聚力，从而使他们能够团结起来参与到美国的政治进程并以美国公民的身份维护自身的民主权利。可以说，“红权运动”激发了印第安人在美国社会群体意识的形成，使他们在其部落制复兴的同时，能够以一个族裔群体的整体力量崛起于美国族裔政治之中。

3. 印第安人部落制的复兴与族裔群体力量的崛起

印第安人具有高度自治的部落成员和美国公民两种身份，这使得印第安人在美国政治中的参与情形比较复杂。就像建国初期联邦政府给他们的矛盾

---

① David J. Wishart (editor), “Wounded Knee Massacre,” *Encyclopedia of the Great Plains*, http://plainshumanities.unl.edu/encyclopedia/doc/egp.war.056.

② Carl Waldman, *Encyclopedia of Native American Tribes*, 3rd Edition (New York: Checkmark Books, 2006), p.67.

定位一样，他们属于“生活在新国家的疆域之内，但是又游离在这个国家政治生活进程之外的一群人”。①

实际上，在欧洲人到达北美之前，许多印第安人部落已经形成了发达的政治组织形式，组建了稳定的部落联盟。一般而言，土著部落即是一个政治实体，拥有相对固定的狩猎和活动区域。部落大会是部落的领导机构，有的还设置了诸如军事首领、祭司等官员职位，以处理内外部事务。②欧洲人在最初与印第安人的交往中，将土著部落视为拥有主权的“国家”（英国就是以外交方式处理与印第安人部落的关系）。美国建国以后的一段时间里，在处理印第安事务方面沿袭了这种方式。但由于白人对土地的贪婪渴求，美国政府不久就对印第安人采取了强迫迁移的政策并通过最高法院的案例判决对土著部落的法律地位进行了重新的界定（即印第安土著部落不再是独立于美国主权之外的政治实体，而是“国内依附群体”）。③

19世纪30年代，为了使印第安人不妨碍白人对西部土地的占有和开发，美国开始对印第安人实施“保留地”制度并建立军事要塞以阻止印第安人随意出入保留地。1871年，美国制定法律宣布终止与印第安部落缔结任何新的协议。这意味着美国政府一方面承认美国政府与印第安部落已经签署的协议依然有效，另一方面则宣布了部落作为独立政治实体的消亡。联邦政府由此成为了印第安人的“监护者”或“委托管理”者。这对部落的权力是一次极大的削弱。后来美国国会又通过《七种重罪法》和《印第安人土地总分配法》，进一步剥夺了部落内部的司法权和土地公有制，从而实际上瓦解了土著部落制。④然而，失去土地和自治的印第安人因无法适应白人的生活方式，生存状况日益恶化。于是，美国国会于1934年通过了《印第安人重组法》，以期停止土地分配、鼓励印第安人重建保留地和部落制，借以纠正过去的错误、改善印第安人的贫困状况。但这种改变只持续到了二战之后。1953年，美国

---

① Edward H. Spicer, *The American Indians* (Cambridge, Mass.: Harvard University Press, 1982), p.179.

② 李剑鸣：《美国土著部落地位的演变与印第安人的公民权问题》，《美国研究》1994年第2期。

③ Francis Paul Prucha, *Documents of Unties States Indian Policy* (Lincoln: University of Nebraska Press, 1990), pp.57－61.

④ Ibid, p.166, p170.

国会颁布的《108 号两院共同决议》要求联邦政府解散部落，终止联邦政府与印第安人的“委托管理”关系，以便“让生活在美国的印第安人能够和其他美国公民一样服从共同的法律，享有并承担相同的义务”。[①] 这一法案的出台影响了成千上万的印第安人，一百多个部落被解散，许多人被迫离开保留地而进入城市生活，部落制遭到毁灭性的打击。正是在这一法案的影响下，目前居住在保留地的印第安人人数越来越少，而且多数都已迁居到城市安居下来。

20 世纪 60 年代末，伴随着美国民权运动的蓬勃发展和印第安人自身的维权抗争，美国政府从约翰逊总统任内开始决定重新审视其强行要求印第安人同化的政策，试图代之以部落自决与合作自助的新型关系。此后在 20 世纪 70 年代，经过尼克松政府时期大刀阔斧的改革（其中包括《印第安人教育法》《全面就业与职业培训法》和《印第安人财政法》等一系列法案），印第安人部落制得以复兴，民族自决在保留地的经济发展和资源开发、部落管理和学校教育等方面都得到了落实，部落政府的特殊地位得到重新肯定，许多印第安部落的部落地位得到恢复。尤为引人注目的是，土著部落的一些土地也成功收回，如 1970 年尼克松政府将蓝湖归还给陶斯普埃布洛部落以及 1971 年有 4400 万亩土地所有权归还给阿拉斯加原住民等。[②]

伴随着印第安部落制的复兴，印第安人群体维权的意识也得到了增强，特别是年轻一代印第安人民族认同感的增强，使印第安人作为一个族裔群体逐步融入到美国的政治进程中。他们利用自己的选票、财力和不懈的游说，积极参与到政治选举和游说活动中，并努力扩大自己的影响力，以实现自己的诉求和维护印第安人的群体利益。自 20 世纪 70 年代的“红权运动”后，印第安人逐步开始改变以往选民登记率低、参与投票意愿不高的状态，其政治诉求逐渐通过传统的政治模式进入到美国政治议程，引起美国社会的关注。例如，1978 年印第安人的选票和游说努力被认为是华盛顿州联邦议员杰克·坎宁安（Jack Cunningham）落选的主要因素，因为这位议员是废除印第安部落

① Francis Paul Prucha, *Documents of Unties States Indian Policy* (Lincoln: University of Nebraska Press, 1990), p.234.

② 以上部分内容综合参见傅晓玲：《20 世纪 70 年代美国印第安土著部落制的复兴及其缘由》，余志森主编《美国多元文化研究：主流与非主流文化关系探索》，华东师范大学出版社，2012。

与联邦政府所签署所有协议的法案提案者；1982年，“印第安人全国青年委员会”（National Indian Youth Council）通过调查发现，在新墨西哥州西北部的纳瓦霍和普韦布洛两个部落有60%的成人已经登记为选民，并参加了部落外的各种选举，[①] 其选票力量足以对选举结果产生重要影响。

到21世纪初，这种选票力量在美国政治进程中越来越显现，在一些选举中还被认为起到了关键性作用。例如，2000年的联邦参议员选举中，华盛顿州民主党候选人玛丽亚·坎特沃（Maria Cantwell）击败了时任共和党参议员斯莱德·戈登（Slade Gorton）。在该次选举中，印第安人的选票被认为起了关键性作用，因为这位资深而有权势的共和党人长时间以来一直反对印第安人部落的主权和协议权利。又如，2002年，南达科他州民主党联邦参议员蒂姆·约翰逊（Tim Johnson）在印第安人选票的支持下，仅以524票的差距击败了共和党人的挑战（人口占该州总人口8.3%的印第安人显然在这次选举中起到了举足轻重的作用）。此外，在2006年国会选举中，蒙大拿州民主党人乔恩·特斯特（Jon Tester）击败了时任共和党议员康纳德·伯恩斯（Conrad Burns）。当时，印第安人选票的极力支持也被认为是这次势均力敌选举的关键，因为在印第安人黑脚部落的几个区域内，总共有2461人参加了投票，其中83%将选票投给了特斯特。[②] 正如当时蒙大拿一位印第安人参议员所说的，“这显示了蒙大拿印第安人选票的力量，以及我们可以对联邦的一些事务做出改变的实力”。[③]

除了积极参与投票外，一些印第安人部落利用其特殊的博彩业收入开展政治捐献。美国“响应政治中心”（Centre for Responsive Politics）是一家专门负责研究金钱和游说对美国选举与公共政策有何影响的非盈利机构。它在追踪印第安人部落的政治捐献后发现，2000年印第安人部落的捐献仅有1000多万美元，而2003年就已经达到了创纪录的2100万美元。其中大

① Stephen Cornell, *The Return of the Native American Indian Political Resurgence* (New York: Oxford University Press, 1988), p.16.

② David E. Wilkins & Heidi Kiiwetinepinesiik Stark, *American Indian Politics and American Political System*, 3rd Edition (Lanham, Md.: Rowman & Littlefield Publishers, Inc., 2011) , p.166.

③ Ibid.

多数捐款来自那些开设有博彩业的部落，包括捐献最多的加利福尼亚州和密歇根州的2个印第安人部落（它们分别捐献了超过200万美元）。[①] 印第安人的这些政治捐献与其选票一道主要流向了参与总统、国会和州长竞选的民主党候选人[如2004年民主党总统候选人克里、南达科他州民主党参议员汤姆·达施勒（Tom Daschle）以及加利福尼亚州民主党州长候选人科鲁兹·布塔曼（Cruz Bustamante）等]。[②] 虽然这年他们所资助的重要候选人最终都未能获得胜利，但印第安人的政治影响力无疑比过去有了重大提升。

在政治代表性方面，至2013年在美国国会担任过国会议员的印第安人总共有13位，其中4位参议员、9位众议员。[③] 在2018年中期选举中产生的第116届国会，有4位印第安人担任国会众议员，其中2位共和党人、2位民主党人（这比第115届国会多出了2位，在美国历史上也是前所未有的）。在州一级议会，2008年的"土著美国人州议会议员全国联盟"（National Caucus of Native American State Legislators）的一个数字显示，全美共有近20个州的72名印第安人担任各州议会的议员[④]（其中包括夏威夷州议会中的土著人）。[⑤] 在法院系统，克林顿总统首个任期内任命了首位印第安人担任联邦法官[即来自俄克拉荷马的比利·M.布尔累奇（Billy Michael Burrage）]。此后共有3位印第安人得到联邦政府的任命。2014年5月，奥巴马总统又任命了首位女性印第安人——戴安娜·胡弥塔瓦（Diane Humetewa）担任亚利桑那州地区法院的联邦法官。[⑥]

不过，相较于非洲裔、亚裔和西班牙语裔美国人来说，印第安人在美国的政治影响力仍然十分有限。这首先在于其人口规模不大，且分布并不集中。

---

① David E. Wilkins & Heidi Kiiwetinepinesiik Stark, *American Indian Politics and American Political System*, 3rd Edition (Lanham, Md.: Rowman & Littlefield Publishers, Inc., 2011), p.166.

② Ibid, pp.166 – 168.

③ Paula D. McClain & Joseph Stewart Jr., *Can We All Get Along? — Racial and Ethnic Minorities in American Politics*, 6th Edition (Boulder, Colo.: Westview Press, 2014), p.164.

④ Henry A. Muhlenberg, *The Life of Major-General Peter Muhlenberg: Of the Revolutionary Army* (Philadelphia: Carey and Hart, 1849), https://archive.org/details/lifemajorgenera02muhlgoog/page/n16/mode/2up.

⑤ Ibid, p.146.

⑥ Jennifer Bendery, "Senate Confirms First-Ever Native American Woman as Federal Judge, " *Politics*, May 15, 2014.

到 1980 年，印第安人人口达到或超过所在州人口总数 5% 的州只有 5 个 [即阿拉斯加（16%）、新墨西哥（8.1%）、南达科他（6.5%）、亚利桑那（5.6%）和俄克拉荷马（5.6%）]。[①] 最近几十年，印第安人的人口规模已经有所增加，但仍然不到 300 万人，加上与其他种族的混血人口也才 520 万（占比 1.7%）。[②] 在经济方面，虽然印第安人的博彩业得到联邦政府的支持，且在美国全国拥有较大的影响和实力，但只有 1% 的印第安人从事这项事业，其他印第安人并没有真正从中受益。因此，印第安人的社会经济地位仍然很低，其收入、教育、职业、就业等各项指标数值均低于美国全国平均水平。如美国人口普查局社区调查数据显示，2015 年美国印第安人中等家庭的收入为 3.97 万美元，只有全国中等家庭收入平均水平（5.76 万美元）的 69%；而 2016 年数据显示的贫困率则高达 26.6%，是全美国贫困率的近 2 倍（14.7%）。[③] 教育方面，拥有大学学位的印第安人占其人口比率为 17%，而全国平均水平为 28%。[④]

印第安人内部的凝聚力虽然随着最近几十年群体意识的增强已经有所提高，但超过 500 多部落的情况千差万别，诉求不同，参与政治进程的途径和党派认同也不同，其群体影响力自然受到严重影响。因此，美国印第安人要在美国社会改变其落后的社会经济地位，维护自己的政治权益，显然还需要更大的努力，“泛印第安主义”运动可能是带给他们成功的可靠希望。

二、亚洲裔美国人

1. 来自亚洲的“黄祸”

亚洲人在现今美国这块土地上的最早记录是 1635 年弗吉尼亚詹姆斯敦所记载的一位“东方印第安人”。[⑤] 后来有菲律宾人因逃避西班牙船只上的

① Stephen Cornell, *The Return of the Native American Indian Political Resurgence* (New York: Oxford University Press, 1988), p.167.

② Ennie Wood, “American Indian and Alaska Native Population in the 2010 U.S. Census,”https://www.infoplease.com/us/race-population/american-indian-and-alaska-native-population-2010-us-census.

③ 美国人口普查局网站，https://www.census.gov/acs/www/。

④ Helen Oliff, “Graduation Rates & American Indian Education,” *Partnership with Native Americans*, May 16, 2017, http://blog.nativepartnership.org/graduation-rates-american-indian-education/.

⑤ Francis C. Assisi, “Indian Slaves in Colonial America,”*India Currents*, May 16, 2007.

虐待而在路易斯安那的海湾地区定居了下来。最早的记录是1763年所记载的被称为“路易斯安那的马尼拉人”（Louisiana Manila Men）。[①]而华人船员最早来到夏威夷的记录是1789年。不过最早真正大规模来到美国的亚洲人还是华人，时间是20世纪40年代末（即旧金山发现了金矿后的“淘金热”时期）。那时，大批华人被美国人在短时期内从广东招募来到了加利福尼亚开发金矿。1851年，加州就已经有2.5万名华人；19世纪60年代横穿美国大陆的铁路工程又使更多华人劳工被招募到了美国。到1870年，美国已经有6.3万名华人。[②]由于短时期内华人劳工的大量涌入，加州本地的白人工人逐渐对华人产生敌对的排斥心理，并出现了严重暴力侵害华人的事件，最终使加州政府和美国国会出台了排斥华人的政策。1882年颁布的《排华法案》使这种打压和排斥华人的歇斯底里达到高潮。与此同时，日本人也在19世纪下半叶开始大规模迁居夏威夷，主要在当地从事甘蔗种植业；到19世纪90年代，移居美国本土从事农业种植的日本人也已经达到相当规模，在20世纪头10年就已经达到了10万人的高峰。[③]和华人一样，日本人的大量涌入也引起了当地白人的强烈反对，导致美国政府与日本在1907年签署了限制日本移民的所谓“君子协定”。

所以，华人和日本人是移民美国的第一批也是规模最大的亚裔群体。直到1965年新的移民法案开始实施，美国才出现新的亚洲移民潮。也就是说，亚洲人移民美国的历史分为两个阶段。第一阶段为19世纪中期到20世纪20年代，移民以华人和日本人为主，后来也有少量的韩国人和菲律宾人。由于《排华法案》、“君子协定”和1924年限制移民的配额制的实施，此后较长一段时间里从亚洲到美国的移民人数极少。第二阶段是1965年新移民法案的开始实施。直至现在，亚裔移民来自几乎亚洲所有国家和地区。亚裔也就成为了美国人数增长最快的族裔群体。在两个不同的移民阶段，美国人给亚裔贴上了两个完全不同的族裔形象标签。

---

① “1763—Filipinos in Louisiana,”PBS, https://www.pbs.org/ancestorsintheamericas/time_06.html.

② 〔美〕托马斯·索威尔：《美国种族简史》，沈宗美译，中信出版社，2011，第147页。

③ 同上，第170－171页。

第一个标签沿袭了西方对东亚极其负面的比喻用词——“黄祸”（Yellow Peril 或 Yellow Terror）。最早使用这一词语的记录可追溯到 13 世纪。当时蒙古人横扫欧洲，占领大片区域，令欧洲人十分惊恐。欧洲人根据蒙古人的肤色而将他们称作“黄祸”。[①]1873 年，俄国无政府主义创始人巴古宁（Bakunin）在其出版的《国家制度和无政府状态》中开始鼓吹“黄祸论”，认为西方世界应该注意“来自东方的威胁”。在美国，一个联合特别委员会于 1877 年向美国国会提交了一份有关调查中国移民的报告。其中特别指出中国人属于劣等种族，白人和华人的通婚将会使白人种族退化（这显然带有欧洲人传统的种族优越思想）。[②]1905—1945 年，由于日本在“日俄战争”中的胜利，有关“黄祸”的议论在美国政界、军事理论和评论界变得十分热烈，因而对日本人向美国大规模的迁移感到不安。于是，“黄祸论”自然成了他们的本能反应。由此，我们可以得出“黄祸”的核心思想：“黄祸论”是一种种族偏见，它既包含有西方白人的种族优越意识，也包含有对东亚人口爆炸和大规模移民带来的不安以及对东亚经济发展和军事现代化的恐惧心理。

19 世纪末，随着白人工人与华人劳工的敌对情绪日益加深，“黄祸论”在美国曾经鼓噪一时，并受到美国大众媒体的大肆渲染。华人劳工或“苦力”被描述成“胆小的”“不诚实的”“不文明的”“劣等的”“病态的”和“残忍的”异教徒，虽然偶尔也被描绘成“勤劳的”“节俭的”和“温顺的”工人，但这些美德又被认为是“对付专横而又贪婪的老板的一种防卫机制”。[③]这种媒体的渲染逐渐使在美华人劳工的形象受到极大损害，“黄祸”也就成为了亚洲第一代移民在美国的公众形象标签。最早到来的华人劳工尤其受到这种歇斯底里心态的伤害，一度频繁成为白人暴徒攻击的目标。1871 年，洛杉矶发生了袭击华人劳工的恶性事件。在该事件中有 19 名华工被枪杀或吊死（这是有记载的对亚洲人实施暴力攻击的第一次事件）。[④]此后类似事件时有发生。

---

① 吕振羽著：《简明中国通史》，人民出版社，1949，第 635 页。

② *U.S. Senate Joint Special Committee*, 1877, pp.864–869.

③ Tsai Shih_Shan Henry, *The Chinese Experience in America* (Bloomington and Indianapolis: Indiana University Press, 1986), p.xi.

④ Richard T. Schaefer, *Encyclopedia of Race, Ethnicity and Society* (Thousand Oaks, CA: SAGE Publications, Inc., 2008), p.92.

如1885年，在怀俄明的石泉城（Rock Springs），150名白人工人对华工发动攻击，烧毁79间华工宿舍，造成几十名华工死亡，史称“石泉城大屠杀”（Rock Springs Massacre）。[①]这种针对华人恶行，美国历史学家约翰·W.海厄姆（John W. Higham）都曾感叹到，“19世纪70—80年代针对华人的这种极端暴力行为，其程度是在任何针对某一欧洲移民的排外行为中所看不到的。”[②]

《排华法案》（1882）、“君子协定”（1907）以及《移民法》（1924）对亚洲移民的排斥，正是“黄祸”心态的体现。许多亚裔因此不得不回到自己的祖籍国或祖籍地，留下来的则完全被边缘化，无法融入美国社会，因而产生了像“中国城”这样孤立于美国主流社会的贫民窟（在美国族裔分层中处于社会的底层）。从20世纪20年代至60年代中期，亚洲各国移居美国的人数极其有限，只有一度作为美国殖民地的菲律宾这个国家的人。这些人因被认为也是“美国国民”（U.S. Nationals），在华人和日本人被禁止移民美国后，曾经被当作替代劳工而大量引入，因而没有像其他亚裔一样受到美国移民配额限制。为此，美国移民的人数在1920—1930年猛增。然而，与之前的华人和日本人一样，菲律宾移民很快也遭遇到了同样的歧视。他们常常作为“陌生人”（Strangers）被排斥在美国主流社会之外。他们虽然被认为是“美国国民”，但并不是公民，没有投票权，不能拥有土地，也不能获得美国公民的身份。由于要与本地白人竞争工作岗位，他们也时常成为被攻击的目标群体。例如，在“大萧条”前夜，150名白人武装分子将60名菲律宾人逐出华盛顿州的亚基玛山谷（Yakima valley）；1930年，在加利福尼亚的沃顿维尔（Watonsville），好几百名白人向菲律宾男性工人发起攻击，理由是白人女性受到了这些移民的威胁，结果一名叫费尔明·托维拉（Fermin Tovera）的菲律宾工人遭到杀害。其尸体被运回菲律宾的当日，菲律宾宣布那天为“国耻日”（National Humiliation Day）。[③]由于频繁受到白人的无端

---

① Richard T. Schaefer, *Encyclopedia of Race, Ethnicity and Society* (Thousand Oaks, CA: SAGE Publications, Inc., 2008).

② John Higham, *Strangers in the Land* (New Brunswick, NJ: Rutgers University Press, 1992), p.25.

③ Monique Avakian, *Atlas of Asian-American History* (Dallas: Media Projects Inc., 2002), p.122 – 124.

暴力攻击，进入美国大陆部分各州的菲律宾人在 1932 年骤然下降到了 3200 人，而 1929 年的数额是 1.14 万人。①

在特殊的二战时期，“黄祸论”还一度让亚裔中唯一已经成为第二代移民的日本裔美国人成为牺牲品。就在珍珠港遭到日本攻击的当天，1700 名日本裔的社区领袖遭到逮捕，其中包括牧师、教师、社区组织的官员以及报纸编辑等。此外，1942 年 2 月 19 日，富兰克林·罗斯福总统签署了行政令，以战时安全为由，将西海岸约 12 万日本裔美国人强行遣送至美国中部的多处集中营囚禁起来。美国政府不仅剥夺了他们的财产，还让他们失去了自由和尊严，直至战争结束。② 当时，与美国同样处于交战状态的德国和意大利的移民却没有能够“享受”到这样的待遇。由此可见，“黄祸论”心态在当时的美国是何等严重。

2. “模范少数族裔”的神话

1965 年，在美国民权运动的高潮时期，《移民法》（1924）所规定的移民配额制度被认为是美国民主制度的耻辱。为此，由国会众议员伊纽曼尔·萨尔（Emanuel Celler）和参议员菲利普·哈特（Philip Hart）共同提出的新的《美国移民与国籍法》获得国会的通过后，由时任总统林登·约翰逊签署生效。该法也称作《哈特-萨尔法案》（Hart-Celler Act）。其废除了过去的移民配额制，规定每年移民人数总额从过去约 17 万人提升到 29 万人，同时也废除了对西方国家在移民数额上的优待政策。③

对于亚洲移民来说，1965 年的《移民法案》具有重大的历史意义，因为不仅老一代移民的祖籍国或祖籍地的移民可以来到美国安家落户，而且其他亚洲国家的移民也开始涌入美国（来源地几乎包括所有亚洲国家和地区）。至目前为止，这一移民浪潮仍在持续，其中亚裔移民是所有移民美国人口中增长最快的少数族裔群体。据美国人口普查局统计，1970—1980 年，亚裔

① Monique Avakian, *Atlas of Asian-American History* (Dallas: Media Projects Inc., 2002), p.122–124..

② Richard T. Schaefer, *Encyclopedia of Race, Ethnicity and Society* (Thousand Oaks, CA: SAGE Publications, Inc., 2008), p.94.

③ Ellis Cashmore, *Encyclopedia of Race and Ethnic Studies* (London: Routledge, 2004), p.248.

人口增长了128%；1980—1990年，亚裔人口增长了108%。[①]皮尤研究中心调查显示，2000—2015年，亚裔人口从1190万增加到了2040万，增长了72%，仍然保持着最快增长速度，其中人数最多的族裔群体是：华人490万，占比24%；印度裔400万，占比20%；菲律宾裔390万，占比19%。自1965年以来进入美国的移民人口中，亚裔占到其中的1/4。预计到2055年，这一比例会提升到38%。[②]亚裔在美国的分布情况较具特色，主要集中在夏威夷、加利福尼亚、纽约、伊利诺伊和华盛顿5州，其中超过1/3的亚裔人口居住在加利福尼亚；新来的移民更多居住在大都市地区，近一半的亚裔人口集中在洛杉矶、纽约、旧金山和火奴鲁鲁4座城市。[③]

除了人口的数量和结构发生变化外，亚洲移民的身份也发生了很大的变化。在上一个移民阶段，来美的移民基本上都是由于国内发生危机而希望在美国寻找新的生存机遇。因此，经济目的为移民来美的主要推动因素。这些移民在美国主要从事矿藏开发、建筑和农业种植。除了日本人外，亚裔移民均以男性居多，且基本上都是没有受过多少教育的劳工。第二次移民阶段的情况显然发生了很大的变化，其中很多人都受过良好的教育和职业培训。除了经济因素，政治因素、宗教因素、个人自我发展等均是推动亚洲移民来美的重要因素。例如，大多数越南裔是在越南战争结束之后以避难者身份涌入美国的；而华人更多的是来自经济较为发达的中国台湾和香港地区，来自中国大陆的移民则更多是在中国改革开放后来到美国的留学生。他们后来为了寻求个人发展而留美定居下来。这使亚裔在美国的职业分布情况越来越多元化，而且一般都有较高的社会经济地位和稳定的收入来源。

华人的职业结构变化在一定程度上可以代表这种状况的改变。过去老一代移民的职业生计主要靠传统的“三把刀”——菜刀、剪刀、剃刀（厨师、裁缝、理发师），而现在已经主要转变为“三师”——工程师、医师、会计

---

① 〔美〕马丁·N. 麦格：《族群社会学》，祖力亚提·司马义译，华夏出版社，2007，第319－320页。

② Gustavo Lopez, Neil G. Ruiz & Eileen Patten, “Key Facts about Asian Americans：A Diverse and Growing Population,”Pew Research Centre, Sept. 8, 2017, https://www.pewresearch.org/fact-tank/2017/09/08/key-facts-about-asian-americans/.

③ 〔美〕马丁·N. 麦格：《族群社会学》，祖力亚提·司马义译，华夏出版社，2007，第320－321页。

师。[①] 日裔美国人的情形更加突出，这主要是因为美国和日本当年签订的“君子协定”允许已经在美国定居的日本男性的妻子和家庭迁入美国，因而日裔中男女比例比较平衡。到20世纪40年代时，几乎2/3的日本人都出生在美国，因此他们的同化程度高于亚裔其他族裔群体。[②] 目前，约有88%的日裔是在美国出生的第二、三代公民。他们教育水平高，职业分布又多在收入较高的科学界和应用技术领域。因此，其家庭平均收入远远高出全美水平，超过平均水平的32%。[③] 就整个亚裔情况来说，皮尤研究中心2012年的一份报告显示，亚裔在教育和收入方面都领先于其他族裔群体：获得学士及以上学位的人占49%，而全美的比例为28%，白人为31%；家庭中等收入水平达6.6万美元，而全美水平为4.98万美元，白人为5.4万美元。[④]

正是新一代亚洲移民或后裔在美国社会的突出表现，美国社会将亚洲裔美国人集体贴上了“模范少数族裔”（Model Minority）的标签，也即亚裔在新的移民浪潮中其公共形象标签已经从“黄祸”转变成了“模范少数族裔”（这从一定程度上反映了美国社会种族主义在后民权时代已经退潮）；这也反映了亚裔在美国社会经济地位的显著提高。“模范少数族裔”一词最早出现在1966年的《纽约时报》和《美国新闻与世界报道》上。其中一篇对日本裔成功融入美国社会表示高度赞赏；另一篇则对华人在美国社会经济方面的突出表现以及唐人街的和平与繁荣表示推崇。两篇文章的依据是华人和日裔在美国能够忍辱负重，节俭勤劳，而教育、就业、收入和犯罪率方面的数据也表明了这两个族裔群体在高度融入美国社会方面已经获得了巨大成功。“东方人”的形象已经彻底被“美国化”的成功人士形象所代替，令人羡慕。[⑤]

毋庸置疑，亚洲裔有其传统美德，注重家庭，尊重教育，勤奋节俭。这些都是其在一个陌生的异族文化环境中有所突出表现的主要原因。然而，许

① 曾少聪：《美国华人新移民与华人社会》，《世界民族》2005年第6期。

② 〔美〕马丁·N. 麦格：《族群社会学》，祖力亚提·司马义译，华夏出版社，2007，第314页。

③ 〔美〕托马斯·索威尔：《美国种族简史》，沈宗美译，中信出版社，2011，第186－187页。

④ “The Rise of Asian Americans,” Pew Research Centre, http://www.pewsocialtrends.org/2012/06/19/the-rise-of-asian-americans/.

⑤ 转引自黄际英：《“模范少数族裔”理论：神话与现实》，《东北师范大学》（哲社版）2002年第6期。

多学者认为，“模范少数族裔”这一标签在一定程度上也是美国白人有意塑造的一个神话。

（1）该概念掩盖了亚裔内部的贫困及在美国所遭受的隐性种族歧视

美国人口普查局 2016 年调查报告显示，亚裔虽然在各少数族裔中家庭收入水平最高，但仍有 10% 左右生活在贫困线以下。[①] 皮尤研究中心的调查报告显示，1970—2016 年亚裔内部收入差异已超过非洲裔，成为美国收入最不平等的族裔群体：收入最高的 10% 亚裔人口收入是收入最低的 10% 的亚裔人口收入的 10.7 倍；其中最贫困的包括来自缅甸（35%）、不丹（33%）、老挝（28%）和马来西亚（28%）的亚洲国家移民群体。皮尤研究中心在 2012 年对亚裔所做调查也显示，有 1/5 的亚裔表示在过去一年因为其亚裔身份而受到了不公正待遇；有 1/10 的亚裔表示他们受到过冒犯，其中年轻人比老年人有更多这样的不愉快经历。[②]

（2）该概念是主流白人社会用以平息美国动荡的种族关系的双刃剑

“模范少数族裔”概念一方面可以通过对亚裔的赞扬来树立一个其他少数族裔学习的榜样；另一方面则是借此批评和教育（作为种族矛盾焦点的）非洲裔美国人，以减缓其他少数族裔群体对美国政府的不满，振奋人们对主流白人社会的信心。[③] 言外之意就是“亚裔做到了，你们也能做到”。在后民权时代美国社会对“肯定性行动计划”的争议越来越激烈、“政治正确”（Political Correctness）的压力越来越大的背景下，“模范少数族裔”可以成为美国白人维护其传统价值体系的有力工具。然而，在现实中，神话和现实有着明显的悖论。“模范少数族裔”这一称号在很多方面具有误导作用。[④] 尤其在政治上，亚裔和其他少数族裔一样依旧被边缘化，在政治代表性和公民权利的保障方面仍然是弱势群体。目前，“模范少数族裔”的称号在美国

① 《2015—2016 贫困人口特点》，美国人口普查局网站（www.census.org/acs）。

② Pew Research Center, “Income Inequality in the U.S. Is Rising Most Rapidly among Asians,” http://www.pewsocialtrends.org/2018/07/12/income-inequality-in-the-u-s-is-rising-most-rapidly-among-asians/.

③ 黄际英：《“模范少数族裔”理论：神话与现实》，《东北师范大学学报》（哲社版）2002 年第 6 期。

④ 同上。

名不副实。这里除了历史原因外，还有群体的自我认同、内部的凝聚力、政治参与的模式、党派认同等因素的相互作用。

3. 族裔政治中的弱势群体

（1）亚裔群体意识的兴起

由于亚裔内部各族裔群体文化的多元性和新旧移民的差异性十分显著，亚裔的群体意识和认同感直至今日仍然十分脆弱。这其中的一个重要原因是在美国之外出生的亚裔比例是美国所有族裔群体中最高的（达到了 78%），且都来自语言和文化完全与美国不同的国家（涵盖亚洲所有国家）。相比其他少数族裔群体来说，新移民群体的群体认同感最低（这从他们对自己身份的描述中可见一斑）。皮尤研究中心 2012 年发布的调查报告显示，亚裔中只有 19% 的人常用“亚裔美国人”或“亚洲人”来描述自己；而多数人（62%）都用自己的祖籍国或祖籍地来描绘自己（如“华人”或“华裔”，“越南人”或“越南裔”等）；另外 14% 的人通常只是简单地称自己为“美国人”。[a]

群体认同的缺失妨碍了亚裔在美国政治中的表现。在民权运动之前，老一代的亚裔各族裔群体人数少，相互之间没有任何协作，华人、日本人、菲律宾人都曾经做过白人种族主义的牺牲品，不能获得美国公民身份，也就不能参与到美国政治进程中。只是到 20 世纪 60 年代民权运动高潮时期，新的移民法和选举权法使亚裔人口不断增加并获得与其他族裔平等的公民权利后，新一代亚裔才在美国政治中开始有所表现。作为一个整体，亚裔第一次登上美国政治舞台是发生在 20 世纪 60 年代末至 70 年代中期的“亚裔美国人运动”（Asian American Movement）中。

20 世纪 60 年代民权运动期间，许多亚裔青年作为个人参与了当时的“新左派”运动。他们与其他种族的青年一道反对种族主义，支持大学校园的言论自由，反对越战。到 20 世纪 60 年代末期，受到“黑人权力”运动和反越战浪潮的激励，一批亚裔青年开始强调“泛亚裔”意识，并于 1968 年夏在加州大学召开了有百余名亚裔学生召开的“你是黄种人吗？”的大会。他们讨论黄种人的权利、认同和反越战主题，并在会后成立了第一批泛亚组

① “The Rise of Asian Americans,” http://www.pewsocialtrends.org/2012/06/19/the-rise-of-asian-americans/.

织。其中最为突出的是“亚裔美国人政治联盟”（Asian American Political Alliance，简称 AAPA）。他们拒绝历史上白人对亚裔的“东方人”和“黄种人”称谓，而代之以他们新创造的“亚裔美国人”（Asian American）一词。[①] 从此，这一名称成为了亚裔的一个整体标识，并起到了增进群体意识、团结凝聚内部人心的作用。“亚裔美国人政治联盟”还与非洲裔、墨西哥裔以及土著印第安人的学生组织一道，在加州伯克利分校组成了伯克利版的“第三世界解放阵线”（Third World Liberation Front）。他们与校方进行了长达几个月的谈判，要求学校进行改革，使学校对社区更加关注和开放。当其要求没有获得满意回应之时，他们在 1969 年 1 月 22 日举行了罢课，并提出了要成立一个建有亚洲研究、黑人研究、墨西哥裔研究等机构的“第三世界学院”（Third World College）等要求；3 月 19 日，在伯克利分校校长答应成立一个研究相关少数族裔群体历史经历的机构后，罢课才成功结束。[②] 从此，亚裔和其他美国少数族裔问题的研究开始成为美国高校和许多学术机构的重要学科，为后民权时代的多元文化主义发展打下了基础。

“亚裔美国人运动”的最大历史意义是亚裔 100 多年来首次打破沉默，登上美国的政治舞台，创造了“泛亚裔”的新认同和新文化，并为亚裔反对美国社会的种族歧视和偏见以及维护共同的群体利益和种族平等开启了新的篇章。正如《美国种族构成理论》的作者、美国社会学家迈克尔·欧米（Michael Omi）和霍华德·怀南特（Howard Winant）所指出的，少数族裔群体意识到了他们对公共政策和选举的政治影响力 [③] 完全取决于他们能否围绕其“种族议题”，动员起他们整个利益集团的成员作为一个群体去争取其在国内政策、外交以及族群间平等分配各种资源方面的影响力。随着新移民浪潮的出现和后民权时代多元文化主义的兴起，亚裔群体意识也在不断增强，其在美国政治中的表现也与其他少数族裔群体一样，从民权运动时期的抗议运动转向选举政治且成果令人瞩目。

① 董娣：《亚裔美国人运动的缘起与影响》，《南京大学学报》（哲社版）2002 年第 2 期。

② Daryl Joji Maeda, “The Asian American Movement ,” *Oxford Research Encyclopedia of American History*, June 2.

③ Michael Omi & Howard Winant, *Racial Formation in the United States* (New York: Routledge, 1994), pp.55 – 56.

（2）亚裔议员及政府官员的日益增多

20 世纪 60 年代在亚裔高度集中的夏威夷诞生了第一批亚裔联邦议员。他们是：1962 年当选联邦参议员的史帕克·松永（Spark Matsunaga）和丹尼尔·井上（Daniel Inouye），以及 1964 年当选的联邦众议员帕齐·T. 明克（Patsy T Mink）。此后，在美国大陆各州，亚裔联邦官员也大都来自亚裔人口较多的加利福尼亚州，如 1976—1982 年担任参议员的早川（S. I. Hayakawa）、1974—1996 年担任众议员的诺曼·峰田（Norman Mineta）以及 1978 年当选并连续 17 次获得连任的罗伯特·松井（Robert Matsui）。2009 年，总共有 4 名亚裔当选为美国联邦众议院议员，即迈克·本田（Mike Honda）、多丽丝·井田（Doris Matsui）、赵美心（Judy Chu）以及吴振伟（David Wu）。前 3 位来自加利福尼亚，最后 1 位来自俄勒冈，其中赵美心是大陆州第一位华人女性，获得高达 62% 的选民支持。[①]20 世纪 90 年代，州一级行政部门的官员中亚裔也开始有不俗的表现（如加州的华裔财务长邝杰灵和华盛顿州华裔州长骆家辉等）。

进入 21 世纪后，由于新的亚裔人口急剧增加，除了传统上人口占优势的夏威夷和加利福尼亚之外，其他州的亚裔也开始参与到美国政治进程中（特别是在亚裔移民较为集中的大城市和郊区）。据统计，2008 年在美国通过竞选当选联邦、州及地方各级官员的亚裔总数为 258 人，涵盖除夏威夷和加利福尼亚州之外的其他 19 个州，官员级别从联邦参议员到城市议会议员不等。[②]到 2014 年，担任各级政府部门官员（含任命官员）的亚裔人数达到了 4000 名，[③]其中也包括在美国国会历史上职位最高的亚裔参议员丹尼尔井上（他当选夏威夷联邦参议员后，2010 年起担任参议院临时议长。不幸的是，2012 年他在工作中因病突然去世）。

这些年，被联邦政府任命为内阁部长级的官员中也有了亚裔身影。第一位被任命为内阁部长的亚裔是小布什时期的日裔、原联邦众议员诺曼·峰田

① James S. Lai, *Asian American Political Action: Suburban Transformations* (Boulder: Lynne Rienner Publishers, Inc., 2011), pp.47–48.

② Ibid, p.48.

③ Don T. Nakanishi & James Lai, *National Asian Pacific American Political Almanac*, Fifteenth Edition (2014–2015) from UCLA Asian American Studies Center (2014), http://www.aasc.ucla.edu/aascpress/books/pa15th.aspx.

（他被小布什总统任命为商务部长，后来转任交通部长）；小布什政府时期的劳工部长赵小兰则是第一位被任命为内阁部长的华裔。此后，在奥巴马政府时期，亚裔内阁部长一下子就增加了好几位，其中有：华裔商务部长骆家辉、华裔能源部长朱棣文、日裔退伍军人事务部长埃里克·K. 新关（Eric K. Shinseki），另外还有奥巴马第一任期内担任白宫总管的卢沛宁也是华裔。在州一级担任州长的亚裔除了前述美国第一位亚裔州长（夏威夷）和大陆州第一位亚裔州长（华盛顿州）外，21 世纪初也出现了好几位亚裔州长，其中有：印第安纳州印度裔州长鲍比·金达尔（Bobby Jindal）、南卡罗来纳州印度裔女州长尼基·黑莉（Nikki Haley）以及夏威夷州日裔州长大卫·伊盖（David Ige）等。在 2018 年中期选举中产生的第 116 届国会中，担任国会议员的亚裔和太平洋岛屿裔共有 20 人，其中 17 名众议员和 3 名参议员；特朗普政府内阁则有前述华裔交通部长赵小兰和印度裔驻联合国大使黑莉。这些议员和官员中涵盖亚裔中众多族裔群体（包括华裔、日裔、印度裔、菲律宾裔、越南裔和泰国裔等）。

亚裔参政的新局面除了亚裔人口急剧增加这一主要因素之外，还与亚裔选民越来越积极参与投票有关。1990—2000 年，亚裔选民登记率从 28.4% 增加到 30.7%；投票率从 20.3% 增加到 25.4%。[①] 到 2012 年，亚裔登记选民达到了 56.3%，投票率上升到了 47.3%。[②] 虽然与其他少数族裔相比（白人 64.1%、黑人 66.2%、拉丁裔 48%），亚裔的投票率最低，但与历史上的情形相比，他们的投票热情和参政意识已经有了显著的增强。2020 年美国大选前，皮尤研究中心所做调查显示，达到投票年龄的亚裔选民人数是几大主要族裔群体中增长最快的群体，即超过 1100 万亚裔选民有资格参与大选投票，占美国所有选民的 5%；2000—2020 年，这一数字翻了一倍多，增长了 139%，其中多数为国外出生而新近归化为美国公民的选民。[③] 这一变化势必将使亚

① 陈奕平：《当代美国亚裔参政问题分析》，《世界历史》2005 年第 4 期。

② Paula D. McClain & Joseph Stewart Jr., *Can We All Get Along? — Racial and Ethnic Minorities in American Politics*, 6th Edition (Boulder, Colo.: Westview Press, 2014) , p.103/.

③ Abby Hudiman, "Asian Americans Are the Fastest-growing Racial or Ethnic Group in the U.S. Electorate,"https://www.pewresearch.org/fact-tank/2020/05/07/asian-americans-are-the-fastest-growing-racial-or-ethnic-group-in-the-u-s-electorate/.

裔选民具备更大的选票资源来扩大其政治影响力。

（3）亚裔党派属性

在党派认同上，亚裔在20世纪90年代更多倾向于支持共和党，但进入21世纪后，亚裔整体上更倾向于民主党。根据皮尤研究中心2012年的调查，亚裔更多地支持一个主动积极的政府，因而有一半亚裔倾向于认同民主党，另有28%的亚裔支持共和党；但其内部群体间的差异较大，如65%的印度裔支持民主党，只有18%支持共和党；49%的华人支持民主党，26%支持共和党；43%菲律宾裔支持民主党、40%支持共和党；36%越南裔支持民主党、35%支持共和党。[①]这种相对比较均衡的党派认同结构，无疑影响着他们在政治选举中的集体投票优势，因而也影响政治候选人对这一群体政治诉求的重视。不过，在政治捐献方面，亚裔的能力在少数族裔群体中比较突出（这与其受教育程度和家庭收入较高有很大关联）。从20世纪90年代至2012年大选，亚裔在联邦选举中的政治捐献数额已经从120万美元增加到了3220万美元。[②]美国政治候选人近些年越来越重视亚裔的诉求，亚裔的经济和政治捐献实力是一个重要的因素。正如一位评论家所指出的，“政治家争取美国亚裔通常是为亚裔的钱，而非他们的选票。亚裔政治捐款的比例仅次于犹太人，高过其他族裔”。[③]

总的来说，亚裔在美国的政治影响力虽然呈明显上升趋势，但与非洲裔和拉丁裔相比还有很大差距。无论是参与投票的亚裔选民还是积极投身于政治竞选的亚裔候选人的数额，在各族裔群体中都属于底端。这主要是因为亚裔人口的急速增长也使这一群体内部的情形变得更加复杂，阶级、民族、宗教、本土化、语言、移民时间及地域等差异严重影响着亚裔群体在美国政治中统一行动的能力。能否克服这些差异，同样还需要看多方面的因素，特别是这一群体在美国社会的共同经历和感受能否成为增强其群体意识和认同的黏合

① Pew Research Centre, “The Rise of Asian Americans,”http://www.pewsocialtrends.org/2012/06/19/the-rise-of-asian-americans/.

② Sono Shah, “Growth in Asian American Contributions to Federal Elections,”DATA BITS for AAPI DATA, March 14, 2016), http://aapidata.com/blog/asian-am-political-contributions/.

③ 陈奕平：《当代美国亚裔参政问题分析》，《世界历史》2005年第4期。

剂，以及新的群体成员对美国社会的适应能力等。泛亚裔组织和领袖的动员力、政策诉求的号召力和吸引力、与其他族裔群体的联合等都是亚裔能否进一步融入美国政治进程的重要因素。美国的政治文化鼓励社会群体组成并保持一个具有选举意义的政治共同体，未来亚裔的政治影响力无疑将取决于此。这要求选民不仅要有一定的数量，而且要有集体的力量，以形成合力，因为群体的利益诉求才会被政策制定者所重视。

4. 华裔与中美关系

美国多民族、多种族的特性无不反映在美国的对外关系中。这些移民群体及其后裔一方面需要在美国社会克服重重困难，并在往往是一个不太受欢迎的社会环境中不断改善自己的政治和经济地位，努力融入美国的主流社会；另一方面，他们仍然保持着本民族的文化习俗，关注着祖籍国或祖籍地的发展。特别是在现代发达的交通和通信网络时代，他们的这种跨国界、跨文化的联系纽带越来越发挥着独特的文化优势。这些文化优势是美国族裔群体参与到美国对外关系中的主要动因，使各族裔群体在美国的对外事务上都发挥了各自不同的影响力。例如早期的爱尔兰裔，由于其母国长时期遭受英国的殖民统治，因而在美国对欧洲和英国的外交事务中，曾施加过重要的影响，特别是两次世界大战前扮演了美国传统孤立主义外交政策的坚定维护者角色，以阻止美国政府卷入支持英国一方的战争中；20 世纪后半叶的犹太人、古巴裔、亚美尼亚裔、希腊裔以及非洲裔美国人等也都分别在美国与各自祖籍国或祖籍地的外交政策制定和执行中发挥了特别作用。作为拥有超过 500 万人口的华裔，他们在中美关系中的作用自然也不例外。从 20 世纪后半叶至今，他们对中美关系的发展都产生了重要的影响。

当代美国社会中的华裔是美国人口增长最快的少数族裔群体之一，特别是在过去 40 多年时间里，其人口增长尤为突出。美国皮尤研究中心 2017 年公布的一项调查显示，2015 年美国华裔人口已达 494.8 万人，与 2000 年人口普查公布的结果 286.5 万相比，这个数字在 15 年内增加了 58%，其中约有 63% 是在美国之外出生的。他们中超过一半的人（58%）是在 20 世纪 90 年代中期之后来到美国的，其中 47% 的人是在 2000 年之后才来到美国的。①在 2041.7 万亚裔中，华裔是最大的单一群体，占整个亚裔人口的 24%。②华裔主要居住在大城市，其人口最多的前 10 个城市依次是纽约、洛杉矶、旧金山、圣荷西、波士顿、华盛顿特区、芝加哥、西雅图、火奴鲁鲁和休斯顿。在这些城市的华裔占华裔总人口的近 58%。③

正如我们前面已经提到过的，与较早移民美国的华裔不同，当代华裔在美所从事的职业也发生了显著变化。19 世纪移民美国的华人主要来自广东，在美国大都从事体力劳动，没有受过教育；而现在的第二、三代和新来美的华裔受教育程度高，其中许多新移民是来美接受教育并在毕业后再留居美国发展自己事业的；另一些人则是掌握有特殊技能的工人或专业人士。他们根据美国《移民法》将他们的家庭成员也带来了美国，成为了新一代华人。据统计，华裔接受过大学及以上教育的人口比例为 69%，要远高于美国人 59% 的平均水平；与此相适应，华裔中等家庭年收入为 7 万美元，远高于美国 5.36 万美元的平均水平；生活在贫困线以下的人口为 14.4%，也低于美国 15.1% 的平均水平。④由此可见，他们较之第一代华裔移民，其社会经济地位有明显提高。这些新的移民不仅给美国带来了他们的劳动技能和资金，也给美国社会带来了他们的各种社会网络和文化习俗等。随着中国经济的不断发展和中美关系在美国对外事务中越来越重要的地位，这些新一代华裔在中美关系中也不断在增强他们的影响力并在非政府层面和政府层面分别扮演了不同的角色。

（1）跨太平洋中美非政府交流网络

华裔在中美关系非政府层面所扮演的角色最为重要，且最突出地表现在经济和文化两个方面。在经济领域，随着中国在 20 世纪 80 年代的改革开放及其经济的快速腾飞，新一代华裔将先进的科学研究成果和技术引入中国并

① Pew Research Center, “Chinese in the U.S. Fact Sheet ,” http://www.pewsocialtrends.org/fact-sheet/asian-americans-chinese-in-the-u-s/.

② Gustavo Lopez, Neil G. Ruiz & Eileen Patten, “Key Facts about Asian Americans：A Diverse and Growing Population ,” http://www.pewresearch.org/fact-tank/2017/09/08/key-facts-about-asian-americans/.

③ Pew Research Center, “Chinese in the U.S. Fact Sheet ,” http://www.pewsocialtrends.org/fact-sheet/asian-americans-chinese-in-the-u-s/.

④ Ibid

在推动中美经济与贸易合作方面起了至关重要的作用。他们受教育程度高，英语流利，熟悉中美两国的法律和政治体制，与中国国内又有着密切的联系。因此，美国许多大型公司和企业都委任他们作为其在中国分公司的管理人员并负责这些公司和企业在中国市场上的业务开拓和发展。据估计，在美国公司派往中国市场的代表中一度有约 70% 是原来赴美国学习的大陆学生。[①] 随着经验和资本的不断积累，越来越多的华裔也亲身来到中国开展自己的业务。

我国有学者对近些年美国华人网络对中美贸易的影响进行过调查研究，得出的结论也充分显示了美国华人网络在中美贸易关系中的重要作用。[②] 研究指出，分布在美国各州的华人网络首先对其所在地对中国的进口和出口都有正面影响，华人网络的存在也显著地促进了美国 32 个州与中国的进出口贸易。这其中一个主要原因是，华人网络有助于克服贸易机会信息不充分的壁垒（这是基于华人对母国的了解，并在贸易中能够面对更少的障碍，特别是在信息交流方面）。此外，中美在文化、法律制度、经济政策等方面差异较大，但以在美华人为纽带的团体及商会就成了贸易双方的一种社会资源。他们懂中文，了解中国的法律制度和风俗习惯，因而能够提供重要的可以创造价值的资源与信息，促进中美贸易的顺利拓展。此外，美国华人网络对于美国对华出口的影响要大于美国自中国进口的影响，因而对中美长期贸易逆差状况起到了一定的平衡作用。这主要是因为移居到美国的华人占据着语言的沟通优势和对中国文化和法律的了解，因而更容易把握与中国的贸易机会，特别是通过华人网络更能迅速地找到消费者，从而有利于促进美国产品对中国的出口。

华裔在美国的经济发展中也发挥了重要的作用，尤其是高新技术方面，他们早已是“全球华人创新网络”的一个重要部分。早在 20 世纪 80 年代中期，在美国著名大学的系主任中有约 1/3 是华人；美国机械工程学会中担任分会主席的华人占了 50% 以上；阿波罗登月工程中 1/3 的高级工程师是华人；

① Chen Changfu, “Chinese Americans and American Society,”*Chinese Studies in History*, Vol.41, No.3, Spring 2008, pp.3－22.

② 参见陈红蕾、陶佳琳：《美国华人网络对中美贸易影响的实证研究》，《国际经贸探索》2016 年第 5 期。

1990—1998年，美国硅谷一共创建了7826家高科技企业，其中有1536家（约占20%）由华人创办。另外，从20世纪60年代起华人科技工作者还以各种方式成立了许多协会，形成了大大小小的科技交流与创新网络。这些协会的活动自90年代以来已经扩大到美中两国间的交流与合作，甚至有些协会就是以促进美中两国间的科技交流与合作为主旨的，因而可以说“硅谷是‘中华经济圈’获得先进技术的门户”。[①] 由此，我们可以看出，华裔在促进美国高新技术的创新，进而推动两国经济发展和双边经贸合作方面所作的贡献是十分显著的，中美两国均从中受益。

在文化与学术领域，华裔也一直在努力扮演重要的桥梁作用。他们在美国建立华语学校，教授中国文化，同时为了帮助美国人了解中国和中国文化，他们经常在美国资助中国的戏剧表演和中国艺术与书法展，将中国文化的魅力更加生动地展现在美国人面前，以此加深和巩固中国和美国人之间的友谊。[②] 在学术交流方面，有着突出成就的华裔定期访问中国，在中国不同的教育和科研机构从事教学，进行学术讲座，参加学术会议并与中国的同行们开展联合科研项目。这些活动在中国媒体上几乎天天都能读到，尤其在大学校园和科研机构里极其普遍。

正如美国西方学院著名的华裔学者尹晓煌教授所说的，与过去几代华裔不同，新华裔与其母国之间的密切关系远远超出人们的想像。他们已经建立起了一个巨大的跨太平洋网络，并正在悄悄地改变着两国的经济和文化面貌。[③] 其最大贡献是加强了两国之间在各个方面的紧密联系，促进了两个不同文化和社会制度之间的相互了解，从而在中美关系的发展进程中在一定程度上起到了积极的稳定作用。而随着这种网络的进一步加深和扩大，尹晓煌教授甚至认为在新的世纪里，华裔所推动建立起来的这种非正式的民间合作伙伴关系最终会克服两国之间所存在的各种冲突。[④]

---

① 康荣平：《全球华人创新网络的发展及作用》，《侨务工作研究》2004年第3期。

② 同上。

③ Peter H. Koehn & Xiao-huang Yin, Introduction to *The Expanding Roles of Chinese Americans in U.S.-China Relations: Transnational Networks and Trans-Pacific Interactions* (Armonk: M.E. Sharpe, 2002), p.xv.

④ Ibid.

（2）政府层面的政治影响力

在政府层面，华裔也在发挥着越来越重要的作用。这里的政府层面是指华裔作为美国的一个少数族裔群体在涉及中美关系的政策制定过程中所能发挥的影响力。在美国整个历史进程中，许多族裔群体在不同时期曾在涉及其祖籍国或民族事务上表现过程度不一的影响力，尤其是在20世纪后半叶美国在国际政治中成为世界超级大国之后，这种趋势越来越显著。其中包括最近一些年来越来越活跃的、同样来自亚洲的印度裔美国人。

对于华裔来说，这是一个艰难的历程。从19世纪后期到20世纪中叶，华裔受到了美国社会不公正的歧视并被剥夺了成为美国公民的权利，因而长期被排除在美国政治进程之外。只是在美国《移民法》经过1965年修订并实施之后，他们才真正开始享有与其他族裔群体同样的公民权利。然而，由于各种原因，他们在政治上仍然一直处于边缘化状态，因而也就更谈不上他们在美国对中国的政策上发挥重要影响力了。

尽管如此，这种情形在过去20—30年中似乎发生了一定改观。随着来自中国香港、台湾以及大陆的移民人口的增加，华裔开始积极地用自己的选票和政治捐献参与到美国政治进程中，并与其他亚裔一道建立起了有效的族裔组织，如1998年在洛杉矶成立的“80—20促进会”。该组织的宗旨就是要“以集体的投票来为所有亚裔美国人争取平等的机会与公正，在美国大选中力争将80%的选票和政治捐献投给一位能够更好代表所有亚裔利益的总统候选人”。①

“百人会”

在中美关系事务中，“百人会”是最具影响力的华人组织，其宗旨是促进中美关系的健康发展。该组织由华裔建筑设计大师贝聿铭先生和大提琴演奏家马友友等著名华人精英发起，于1990年在纽约成立。“百人会”以“求同存异”作为其指导方针，通过一年一度的年会形式，聚政界、商界和学界的领袖人物或精英人士于一堂，共同研讨涉及中美关系和美国华裔的重大或热点话题。多年来，“百人会”与中国大陆及台湾等地都建立起了密切的关

① “80—20促进会”，http://www.80-20initiative.net/。

系，经常派代表团前往“大中华圈”内的各地进行访问和考察，在美国国内也已成为美国政策制定者所关注的一个重要族裔组织。如 1996 年 4 月 29 日，“百人会”就美国对华政策问题向克林顿总统和国会提出意见书，要求美国坚持“一个中国”政策；1998 年，克林顿总统访华前夕，美国国家安全顾问伯杰曾专门邀请“百人会”6 名领袖前往白宫，听取他们的相关意见（这是克林顿访华前咨询的唯一华人组织，被美国华裔视为一次具有里程碑意义的事件）。[①] 自此，“百人会”也逐渐被美国政府官员所重视。1996 年，当“百人会”宣布支持给予中国无条件最惠国待遇时，一直试图以中国人权问题向中国施压的美国参议员贝讷特·约翰斯顿立即匆匆举行了一个联合记者招待会，声明支持“百人会”的决定。[②] 2008 年总统大选期间，该委员会于 10 月 28 日与其他一些组织在华盛顿联合举行了一次辩论会，由民主、共和两党候选人的代表就华裔所关注的问题，特别是中美关系，阐述了各自的政策立场，并进行了政策辩论（这在华裔历史上尚属首次）；2012 年 6 月 18 日，在“百人会”的不懈努力下，在参议员黛安·范恩斯坦、斯哥特·布朗以及众议员赵美心的支持下，美国众议院一致通过了第 683 号决议案，就 130 年前国会通过的《排华法案》正式道歉。[③] 这些活动表明，作为华裔的代表性游说组织，“百人会”在凝聚华裔、推动中美关系健康发展方面已经取得了引人瞩目的成就。

随着强有力的族裔组织的成立以及华裔参政热情的不断提高，越来越多的华裔纷纷出来开始寻求联邦或地方公职。他们或通过选举，或经过任命，在近些年里已经取得了引人瞩目的成就，使华裔在美国政治中的代表性有了前所未有的改善。在美国第 116 届国会中有 3 位华裔众议员——赵美心（Judy Chu）、孟昭文（Grace Meng）和刘云平（Ted Lieu），其中 2 名为女性。在行政机构，奥巴马任期内相继任命了 5 位华裔高官，即商务部长骆家辉、能源部长朱棣文、白宫内阁秘书卢沛宁、白宫公共联络主任陈远美以及国土安

① 余惠芬：《“百人会”对中美关系发展的历史贡献及新时期的独特作用》，《东南亚研究》2014 年第 6 期。

② Zhiqun Zhu, “Two Diasporas: Overseas Chinese and Non-resident Indians in Their Homelands’ Political Economy ,” *Journal of Chinese Political Science*, Vol.12, No.3, Fall 2007.

③ 余惠芬：《“百人会”对中美关系发展的历史贡献及新时期的独特作用》，《东南亚研究》2014 年第 6 期。

全部法律总顾问方富宇。这些官员对于中美关系的健康发展具有十分积极的意义，因为这些具有两种文化背景的华裔官员是中美两国在交往中相互理解、减少偏见的新的纽带。这也是奥巴马在 2009 年 7 月中旬派遣骆家辉和朱棣文 2 位华裔部长同时来到中国，为其 11 月访华做前期准备的重要原因之一。此后，奥巴马又任命骆家辉为美国驻中国大使。作为华裔内阁部长和大使，骆家辉任内为中美关系的发展作出了特殊贡献。这一方面说明中美关系的重要性，另一方面表明美国政府越来越希望华裔在中美关系中扮演更加积极的角色。此外，在以白人男性为特征的特朗普内阁中，交通部长赵小兰备受人们关注。她在小布什政府时期就曾担任过劳工部长，是美国历史上首位进入内阁的华裔，也是内阁中首位亚裔妇女。

在 2020 年美国总统大选中，民主党内初选对于美国华人来说最为瞩目的是来自中国台湾的第二代华人后裔、纽约企业家杨安泽（Andrew Yang）的参选。他是继华裔邝友良在 1964 年和 1968 年参选共和党总统候选人提名之后的第二位参加总统竞选的华裔。在 2018 年 2 月宣布参加角逐民主党总统候选人提名后，杨安泽一直受到美国华人和亚裔群体的高度关注和热情支持，且表现不俗，在参与竞选的 10 名候选人中，支持率一度达到前 3 名的水平。杨安泽在筹款方面也表现突出。2020 年 1 月 2 日，杨安泽团队就宣布：在 2019 年最后一个季度里筹得了 1650 万美元的政治捐款。这使得他成为捐款增幅最大的竞选人，并跻身于获得最多捐款的前 5 位民主党候选人之列。[①] 不过，杨安泽的支持率始终在个位数徘徊。面对前副总统拜登和 2016 年民主党总统参选人桑德斯、拜伦等，杨安泽胜出的机遇率并不大，因此也就不被美国主流媒体看好。最终他于 2 月 12 日宣布退出总统候选人的角逐。但作为新一代的华裔和亚裔，他的参选进一步激发了美国华裔和亚裔参政热情，增进了他们的群体凝聚力，因而在华裔和亚裔政治历史上也是具有划时代意义的事件。

总体来说，华裔作为一个少数族裔群体，其在美国政治进程中的影响力

① 刘栋：《美华裔总统竞选人杨安泽筹款创新高，但民调尚在个位数徘徊》，《澎湃》2020 年 1 月 3 日，参见 https://www.thepaper.cn/newsDetail_forward_5418240。

仍然有限。研究美国族裔群体与外交政策的学者发现，族裔群体在美国政治与外交中的影响力取决于许多因素，如族裔群体的社会经济地位、人口规模与分布、有效的游说组织、族裔内部的凝聚力、祖籍国的状况以及其他社会、政治和国际因素等。其中有些是族裔内部的政治资源，有些则是族裔群体难以控制的外部条件。[①] 对于华裔来说，中美政治制度、意识形态和文化的差异巨大。这些外部因素在很大程度上影响着中美关系的正常发展，同时也影响华裔在中美关系中所能扮演的积极作用。

就华裔内部的政治资源来说，有些条件已经具备，特别是在受教育水平与家庭收入方面都超过了美国社会的平均水平。但华裔内部的凝聚力缺乏，这可能是制约华裔发挥起影响力的重要因素。如前所述，美国华裔主要还是一个以新的移民为主体的族裔群体，分别来自中国的台湾、香港及大陆，并且主要居住在美国的东西海岸。据统计，1989—2003 年有近 100 万出生在中国的合法移民（其中 70% 来自大陆、18% 来自台湾、12% 来自香港）；在 2003 年成为永久居民的华裔中，加利福尼亚最多（其中 51% 出生于中国台湾、43% 出生于中国香港和 28% 出生于中国大陆），纽约州次之（21% 出生于中国大陆，18% 出生于中国香港和仅有 7% 出生于中国台湾）。[②]

这些主要来自中国大陆、香港和台湾的新一代华裔有着明显不同的移民经历。其在美国华裔人口中因移居地、职业及占比等不同对他们在美国的政治认同有着重要的影响。根据 2003 年南加州对华裔的一次调查，有 1/3 的受访者倾向于“中间道路”的政治意识形态，更多一点的受访者倾向于保守主义的政治理念；调查还显示，出生在中国台湾或美国的华裔比出生在其他地区的华裔更倾向于认同保守主义的政治理念。[③] 有华裔学者研究指出，虽然华人参与政治的热情越来越高，但正是由于内部的不同背景、不同政治认同和不同价值理念，华裔内部不同群体之间分歧严重，导致华裔在过去许多选

① 参见朱全红：《资源与影响力：美国族裔群体影响美国外交政策的政治资源分析》，《外交评论》2006 年第 4 期。

② Pei-te Lien, “Homeland Origins and Political Identities among Chinese Americans ,” *Chinese America: History and Perspectives*, January 1, 2007.

③ Ibid.

举中，其选票基本上是一半对一半（即 50% 支持共和党，50% 支持民主党，两党平分秋色）。这样，华人在选举中的政治态势就等于是 50%－50%＝0。[①]不过，近些年的一些民调显示，华裔党派认同更趋向独立，也即对两大主要政党的认同都不高。如一个在 2016 年总统大选后对亚裔的调查报告显示，认同民主党的华裔选民占 13%，认同共和党的华裔选民占 2%，独立或无党派认同的华裔选民比例则高达 85%，在所有亚裔中独立选民的比例最高。[②]

但在实际投票中，华裔传统上更倾向于将选票投向民主党的候选人。如在 2008 年总统选举中，包括华裔在内的亚裔将大部分选票都投给了民主党候选人奥巴马（奥巴马获得 62%，麦凯恩获得 35%）。[③] 2016 年大选中，华裔选民也更多支持民主党候选人希拉里·克林顿，达到 61%；支持特朗普的选民为 34%。[④]这主要是因为民主党注重少数族裔的权益，实行较宽松的移民政策，且关注低收入和弱势群体的福利开支。不过，奥巴马执政期间实施的医改和试图减少亚裔在高校中的录取比例，导致不少华裔的不满，因而在 2016 年大选中不少华人选民纷纷表示支持特朗普。特别突出的是一个叫“华裔北美特朗普助选团”的组织，一改以往华裔社团只捐钱不参选的习惯，通过媒体和社交网络积极帮助特朗普在全美各州竞选，吸引了不少华裔选民参加，其成员也从一开始的 100 多人猛增到了 7000 人。[⑤]

在中美关系问题上，华裔的观点分歧更加严重，特别是在那些来自中国台湾和其他地区的华裔之间不能形成共识。这些来自不同地区的华裔群体有着不同的甚至是相互对立的外交政策目标，因而难以在族裔群体内部形成团结一致的政治力量，其中影响最大的是“台湾游说集团”。

---

① 李小兵、孙漪、李晓晓著：《美国华人：从历史到现实》，四川人民出版社，2003，第 219 – 220 页。

② Karthick Ramakrishnan & Others, “Presidential Vote Choice by Ethnicity for Asian Americans, 2016 ,” 2016 Post-Election National Asian American Survey, May 16, 2017, http://naasurvey.com/wp-content/uploads/2017/05/NAAS16-post-election-report.pdf.

③ “2008 Presidential Election Exit Polls ,” *CNN*, http://edition.cnn.com/ELECTION/2008/results/polls/#USP00p1.

④ Karthick Ramakrishnan & Others, “Presidential Vote Choice by Ethnicity for Asian Americans, 2016,” 2016 Post-Election National Asian American Survey, May 16, 2017，http://naasurvey.com/wp-content/uploads/2017/05/NAAS16-post-election-report.pdf.

⑤ 徐海东：《美国大选 140 万华裔选民“代沟明显”》，《新民晚报》2016 年 11 月 7 日。

（3）“台湾游说集团”

早在冷战时期，来自中国台湾的华裔就充分利用美国社会中保守的反华势力，推动建立起了旨在阻止中国加入联合国的“中国院外游说集团”（China Lobby），其组织名称为“百万人委员会”（The Committee of One Million）。冷战结束后，这个游说集团又演变成了支持台独势力的台湾院外游说集团。引人注目的是，冷战时期的“中国院外游说集团”中主要包括一些美国两大政党中的右翼分子、宗教人士、反共议员、退役将军等各类人士，而新的“台湾院外游说集团”则清一色由来自台湾的华裔组成。①

来自台湾的华裔有许多自己的族裔组织，它们大都得到了台湾各政党的支持。在李登辉和陈水扁当政时期，其中的一些组织在美国政治进程中尤其活跃（如最为突出的有仿效犹太人“美国以色列公共事务委员会”而于1982年成立的游说组织——“台湾人公共事务协会”），并受到那些支持台湾独立的华裔的支持。从20世纪80—90年代开始，该组织在美国国会的影响尤其强大。

该组织曾成功地劝说美国国会让国民党政府结束了在台湾地区实施达40年之久的军事管制；接着又不顾美国行政机构和中国政府的反对，成功游说国会通过了一系列针对中国大陆的决议案，其中有1996年国会批评中国进行导弹实验和军事演习的决议案、支持台湾试图加入联合国的决议案等；1997年美国国会指示国防部长建立将台湾纳入其中的导弹防御体系；1998年支持台湾加入世界卫生组织的决议案等。② 2009年，该组织还一度积极活动，游说美国国会的一些议员提出相关决议案，敦促美国政府与台湾建立“外交”关系，呼吁结束“一个中国”的政策。③ 最近几年来，借助特朗普对中国的一系列极端贸易保护主义政策和违背中美关系基本原则的表态，该组织

① Tsung Chi, “From the China Lobby to the Taiwan Lobby: Movers and Shakers of the U.S.-China-Taiwan Triangular Relationship ,” *The Expanding Roles of Chinese Americans in U.S.-China Relations: Transnational Networks and Trans-Pacific Interactions*, Edited by Peter H. Koehn and Xiao-huang Yin (M.E.:Sharpe, 2002), pp.114 – 118.

② The paper presented at the annual meeting of the American Political Science Association, August 30-September 2, 2007.

③ 参见 http://www.fapa.org/main/important_issues.htm。

不断游说国会通过了所谓的《台湾旅行法》（其中包括“与台湾交往法案”），鼓励美台高层级别官员的互访。[①]目前，该组织正在游说美国国会议员推动承认台湾在所有美国具有会员资格而又不要求主权国家资格的国际组织中的成员地位，以及台湾在其他合适的国际机构的观察员资格。[②]

显然，“台湾游说集团”的这些活动损害了中美关系的正常发展，并严重影响了华裔作为一个整体在美国政治进程中应该表现出的政治影响力，从而破坏了他们在中美关系中本来可以起到的更具建设性的作用。

当然，除了以上所谈到的内部因素外，一些重要的外部因素也对华裔在中美关系中所能扮演的角色起到了抑制作用（如美国主流社会对中国及华裔的态度）。“百人会”2009 年发布的有关华裔和亚洲裔美国人问题的调查报告显示，有 2/3 的美国人对华裔持有一定的或极其负面的立场，近一半的美国人认为亚裔美国人对他们的祖籍国或祖籍地比对美国更加忠诚；同样，美国社会对中国也有很大偏见，其中有 2/3 的美国人（68%）视中国为威胁。[③]这些都不利于华裔参与到美国政治进程中，是他们在美国对华政策中发挥重要影响力的外部抑制力量。在一些涉及中国的敏感问题上，华裔往往会成为美国社会指责的对象。如 20 世纪 90 年代共和党及一些主流媒体指责中国政府向民主党进行政治捐献而涉嫌控制美国政府，而华裔科学家李文和被怀疑向中国政府提供有关制造核武器机密而遭逮捕。这两起旨在破坏中美关系而蓄意被人为制造出来的政治事件使华裔突然之间成为美国上下全力指责的对象。一位华裔学者对此感慨道：“不管你愿意与否，也不管你的政治取向或者你对中国大陆和台湾态度如何，你的美国梦与中美关系紧密地捆绑在一起，当中国被认为是白宫和美国国会的朋友时，我们被视为‘模范少数民族’；而当中国在美国人眼里是魔鬼的时候，我们就成了潜在的敌人和特务。”[④]

① 张振：《特朗普签署〈台湾旅行法〉，中方多次反对：违反一中原则》，《人民日报》（海外版）海外网，http://mil.news.sina.com.cn/2018-03-17/doc-ifysisny8117004.shtml。

② http://fapa.org/wp/wp-content/uploads/2018/07/S2962Petition.pdf.

③ “Committee of 100, Still the Other? Public Attitudes toward Chinese and Asian Americans, Year 2009,” released April 9, 2009 , http://www.committee100.org/.

④ George Koo, “Asian American Ticket to the American Dream,” *Chinese American Forum*, Vol.16 , Issue 3, Jan. 2001, p.23.

也正如马萨诸塞大学政治学教授保罗·瓦塔纳贝所指出的，美国亚裔处于一种比较尴尬的情形，因为他们影响美国对亚洲国家或其祖籍地政策的愿望会在美国国内遭遇困境，因为族裔认同常常被理解为忠诚，他们积极的族裔活动会被认为是对美国的不忠，因而出现一种所谓的“利益冲突”。[①]

不过，中美在经济和贸易上相互依存度在不断增强，中国大陆与台湾地区的关系在新的政治与经济环境下整体上呈现经济联系不断增强的趋势，华裔业已建立的中美跨太平洋非政府交流网络因此只会更加扩大和紧密。这些因素使我们有理由相信，华裔在政府层面所扮演的角色也将会越来越具影响力，使中美关系在未来的发展中能够超越两国制度和意识形态的差异，稳步向前发展。这种趋势在最近几次的美国大选中已经有所表现。比如，更多华裔特别是年轻一代热情高涨地参与了大选的投票。他们中许多人不以党派认同为标准，而更多是以个人诉求为主要关切的独立选民走向投票站，因而他们无论是在美国国内或对华政策上的诉求都受到了美国两大政党候选人的关注。奥巴马政府中的众多华裔高官大幅度地扩展了华裔在美国政治中的族裔代表性。这些都有助于促进中美两国更好的沟通和了解，从而发展一种更加稳定和健康的中美关系。

然而，2016 年以民粹主义姿态当选的特朗普让美国政治在一定时期内转向极端保守主义，贸易政策上转向极端保护主义，外交上表现出极端民族主义，使中美关系面临严峻考验。特别是新冠肺炎在美国蔓延之后，特朗普政府不仅没能在全美国采取积极的应对措施，而且面对 2020 年总统大选日期的临近，特朗普及其高官发起了向中国进行歇斯底里攻击的甩锅行动，从包括台湾问题、南海问题、新冠肺炎的源头问题等各个方面对中国进行肆意指责和谩骂。尤其是特朗普一再将新冠肺炎病毒称作“中国病毒”或“武汉病毒”，导致美国社会出现针对亚裔的种族主义歧视和攻击行为，使亚裔面临较为严峻的社会生存环境。如何应对这些新的挑战，稳定中美关系大局，除了需要中美两国政府的共同努力外，还需要各方力量的综合作用，而处于中美关系核心链中的华裔跨太平洋网络，相信会在其中继续承担重要的沟通和稳定作用。

① Pei-te Lien, “Homeland Origins and Political Identities among Chinese Americans ,” *Chinese America: History and Perspectives*, January 1, 2007.

三、拉丁裔美国人

1. 美国族群分层体系中的“中间人”

拉丁裔或西班牙语裔美国人和亚裔美国人有很多相似之处。因为他们也是美国人口普查局为了统计方便而被归类在一起的，但这个群体内部也有着众多不同背景的移民群体。实际上美国人口普查局从 2000 年才开始正式完整地用“西班牙人 / 西班牙语 / 拉美血统”的标签来对拉丁裔美国人进行人口普查。而这几个称谓虽有差别，但共同点更多，经常可以互换着使用。“拉丁裔”更多从地域的视角来归类，是所有来自拉丁美洲国家的移民及其后裔的统称；而“西班牙语裔”则是从语言和文化的视角来归类，即所有说西班牙语的移民及其后裔的总称。尽管美国人口普查局的“西班牙语裔”或“拉丁裔”类别中并没有包括来自巴西和其他说葡萄牙语的移民，但美国其他政府机构也有将他们归为此类的。两个称谓之所以能互换着使用，是因为归为此类群体中说西班牙语的人口占绝大多数，而说葡萄牙语的巴西人或其他说葡萄牙语的移民人口占比极少。不过，美国社会对这两个词的使用一直存在着争议，因为对于一个有着不同历史文化背景和来源地的群体，这些词的使用过于简单，表达不准确，也不适合。就如亚裔内部的情形一样，那些新近移民美国的拉丁裔，甚至那些第二代移民，更愿意使用他们的祖籍国来称呼自己，如古巴裔、墨西哥裔、多米尼加裔等。①

正如我们前面第二章讨论的，拉丁裔是美国最近几十年增长最快的少数族裔群体之一（仅次于亚裔），但其人口增长净值是所有族群中最高的。据皮尤研究中心统计，拉丁裔人口从 1970 年的 960 万人增加到了 2016 年的 5750 万人，是美国人口增长的主要动力，② 占美国总人口的比例也从 1970 年的 4.7% 上升到了 2015 年的 17.6%，仅次于美国白人。③ 墨西哥裔、波多黎各

① Richard T. Schaefer, *Encyclopedia of Race, Ethnicity and Society* (Thousand Oaks, CA: SAGE Publications, Inc., 2008), p.628.

② Antonio Flores, “How the U.S. Hispanic Population Is Changing ,” http://www.pewresearch.org/fact-tank/2017/09/18/how-the-u-s-hispanic-population-is-changing/.

③ Antonio Flores, “Facts on U.S. Latinos ,” http://www.pewhispanic.org/2017/09/18/facts-on-u-s-latinos/.

裔及古巴裔是拉丁裔中人口的三大主体，其中墨西哥裔人口最多。截至 2016 年7月，墨西哥裔占拉丁裔人口的63.1%，波多黎各裔占9.5%，古巴裔占3.9%。[①] 此外，美国非法移民问题突出。根据美国移民政策研究所的“美国移民政策项目”2015 年 8 月发布的调查报告，非法移民在最高峰时的 2012 年到达了 1200 万人，2015 年有所下降，但仍有 1130 万（占美国人口的比例达 3.4%），其中最大的来源地是墨西哥（10 多年均占非法移民人口的多数）。虽然最近几年，因来自亚洲和中美洲的非法移民不断上升，墨西哥裔非法移民呈下降趋势，但仍占其中的一半（达 560 万）。加上来自中南美洲和加勒比海地区的非法移民，拉丁裔在非法移民中的比例高达 79%。[②] 在美国社会的某种语境下，拉丁裔几近成了非法移民的代名词。

拉丁裔的一个共同特征就是同说西班牙语，并同享源自西班牙殖民地的文化遗产。但相对于移民美国的经历来说，拉丁裔中的三大主要群体又各自有着不同经历，因而在美国各自保持着相对特殊的文化和群体认同。其中人口最多的墨西哥裔最早是因为 1848 年美墨战争后在美国西南部留下来的当地居民，后被美国社会逐步吸纳。因此，对于许多墨西哥裔来说，现在他们定居的地方本来就是他们母国的一部分，而非外来移民。过去，美国人口普查局将墨西哥裔单独列为一个“种族”，同时也作为白人人口的一部分来进行统计。波多黎各人与墨西哥裔的相同之处就是他们的家园在 1898 年美西战争后成为了美国领土，他们因此也成为了美国公民（也就是说他们也不属于真正的移民）。作为个人，他们成为美国公民并非他们所自愿选择的结果。只有古巴裔才是真正自愿来美的外来移民。与多数其他移民群体不一样的是，古巴裔在过去几十年里来到美国并非因为经济原因，而是由于 20 世纪 50 年代的古巴革命使他们选择逃离古巴。他们中的大多数人在古巴都是受过良好

① US Census Bureau, “2016 American Community Survey B03001 1—Year Estimates Hispanic or Latino Origin by Specific Origin ,” https://factfinder.census.gov/faces/tableservices/jsf/pages/productview.xhtml?pid=ACS_16_1YR_B03001&prodType=table.

② Marc R. Rosenblum & Ariel G. Ruiz Soto, “An Analysis of Unauthorized Immigrants in the United States by Country and Region of Birth ,” *Migration Policy Institute*, Aug., 2015, https://www.migrationpolicy.org/research/analysis-unauthorized-immigrants-united-states-country-and-region-birth.

教育的上流社会成员，因此他们在美国的身份是政治避难者（一开始只是希望在美国短暂停留，等到古巴“变天”后再返回自己的家园）。因此，古巴裔在拉丁裔中是同化程度和社会经济地位最高、群体认同和内部凝聚力最强、政治影响力最大的族裔群体。

正是由于拉丁裔各主要群体不同的移民经历、经济状况及文化差异，拉丁裔在美国族群分层体系中处于一种中间状态（即处于欧洲移民之下，而某些方面在非洲裔美国人和印第安人之上）。一些就业和家庭财富的数据似乎也证明了这种状况。如 2012 年的一份失业率调查数据显示，美国白人失业率最低，拉丁裔只比黑人的情况稍好一些（当时，全美国的平均失业水平为 7.4%，白人的失业率为 6.2%，西语裔为 9.8%，黑人为 11.8%）。2010 年家庭财富的情况也类似：全国中等水平是 6.85 万美元，白人是 11.2 万美元，西语裔是 7800 美元，黑人为 5730 美元。[①] 但是在受教育方面，拉丁裔比黑人的情况要差。如 2010 年的数据显示，25 岁及以上年龄人群中，具有学士学位及以上人群的比例，全美国平均为 28%，白人为 31%，黑人为 18%，西语裔只有 13%。[②] 拉丁裔内部的三大群体也有显著的区别，从经济收入的状况来说，古巴裔最高，墨西哥裔居中，波多黎各裔处于最底层。2014 年的调查数据显示，古巴裔美国人中等家庭收入为 3.86 万美元，墨西哥裔为 3.8 万美元，波多黎各裔为 3.6 万美元。[③] 从受教育的情况来看，美国教育部发布的各族裔 2016 年受教育数据显示，25 周岁以上获得学士或更高学位的古巴裔有 27%，波多黎各裔 18%，墨西哥裔只有 11%，差别明显。[④]

在遭遇种族歧视和偏见方面，拉丁裔“中间人”的地位更加明显（即没有受到盎格鲁 - 撒克逊支配群体对待欧洲移民的那种礼遇，也没有遭受黑人

① Pew Research Centre, “The Rise of Asian Americans ,” http://www.pewsocialtrends.org/2012/06/19/the-rise-of-asian-americans/.

② Ibid.

③ Roberto A. Ferdman, “The Great American Hispanic Wealth Gap ,” *The Washington Post, July* 1, 2014, https://www.washingtonpost.com/news/wonk/wp/2014/07/01/hispanics-make-up-more-than-16-of-the-u-s-population-but-own-less-than-2-3-of-its-wealth/?noredirect=on&utm_term=.85ee4dcc476e.

④ U.S. Department of Education, “Status and Trends in the Education of Racial and Ethnic Groups 2018 ,” https://nces.ed.gov/pubs2019/2019038.pdf.

所经历过的那般奴役和歧视）。一位美国学者将他们称为“半个少数族裔群体”（Partial Minorities），处境尴尬。“由于处在公众关于‘少数族群’的意识阈限之下，西班牙语裔美国人并没有像非洲裔美国人那样经历广泛的歧视，也正因这样，很难引起公众对他们遭受的掠夺的愤慨”。① 但实际上拉丁裔各主要群体也有不同的经历和体验。从我们前面的研究可以看出，美国社会对于少数族群的歧视和偏见主要以肤色和人种特征为依据。那些与盎格鲁 - 撒克逊支配群体相似的群体，遭遇的歧视和偏见就较少。在拉丁裔美国人中，古巴裔来自古巴上层社会，肤色偏白，加上他们以逃离所谓“古巴共产主义统治”的避难者身份来到美国，在美国社会具有较正面的形象且主要聚集在迈阿密，因而很少遭受全国性歧视。

墨西哥裔与盎格鲁 - 撒克逊支配群体最早接触是在 19 世纪美国西南部对土地资源的竞争中开始的，因而从一开始彼此就带有强烈的敌意。比如盎格鲁 - 撒克逊裔对墨西哥裔产生了诸如“懒惰、无能、嫉妒心强、胆小怕事、顽固透顶、迷信、落后，还充满邪恶”等的文化偏见。② 加上墨西哥裔最终成为被征服的族裔群体，他们在美国社会遭遇的歧视和偏见一直存在。而来自波多黎各等地的拉丁裔多数是欧洲裔与黑人的后裔，肤色呈深黑色，加上他们社会经济地位不高，贫困现象突出，因而给美国社会留下了懒惰、不负责任、喜欢依靠政府救济生活的印象，和非洲裔的处境基本无异。皮尤西班牙语裔中心的调查数据也证明了这一点：在遭遇过歧视经历的拉丁裔群体中，古巴裔占 28.1%，墨西哥裔占 42.8%，波多黎各裔占 48.7%，其他占 40.9%；在美国社会对拉丁裔的歧视方面，感受程度很严重的情况是古巴裔 46.7%，墨西哥裔 57.2%，波多黎各裔 59.6%，其他 56.6%。③

2. 墨西哥裔与波多黎各裔的抗争

由于在美国社会经济分层中处于不同地位，拉丁裔中人口数量占多数的墨

① 马丁 · N. 麦格：《族群社会学》，祖力亚提 · 司马义译，华夏出版社，2007，第 297 页。

② Carey McWilliams, *North from Mexico: The Spanish-Speaking People of the United States*, New York: Greenwood, 1968, p.99[转引自马丁 · N. 麦格：《族群社会学》，祖力亚提 · 司马义译，华夏出版社，2007，第 298 页].

③ Paula D. McClain & Joseph Stewart Jr., *Can We All Get Along? — Racial and Ethnic Minorities in American Politics*, 6th Edition (Boulder, Colo.: Westview Press, 2014), p.79 – 80.

西哥裔和波多黎各裔在美国历史上遭遇的歧视和偏见远比后来的古巴裔要多。他们为争取自身的权利也有更多的政治表现，其中墨西哥裔的抗争更加突出。

（1）墨西哥裔

最早的墨西哥裔是在美国和墨西哥战争结束后成为美国人的。美墨战争结束时，美墨两国政府于 1848 年 2 月 2 日签署的《瓜达卢佩 - 伊达尔戈条约》规定：割让现在的加利福尼亚、内华达、犹他和新墨西哥、亚利桑那的大部分以及科罗拉多、怀俄明的部分地区给美国。这些地区约 8 万名墨西哥人选择留在了美国，其中多数被接纳为美国公民并拥有投票权。但在土地所有权问题上，美国白人与这些原居民发生了激烈的冲突。虽然上述条约承诺原有土地所有者仍将拥有土地所有权，并且美国政府也将像对待美国公民一样保护他们的财产，然而从美国其他地区蜂拥而至的白人土地开拓者对土地的要求强烈，使一段时期内出现了许多法律诉讼纠纷。当时，墨西哥裔因语言和对美国法律体制的不熟悉以及一些新的立法规定，他们中的许多人失去了土地。至 19 世纪末，许多墨西哥裔成为了白人的佃农或工人。① 这便是墨西哥裔在成为美国公民后与白人主流群体发生的最早利益冲突。

20 世纪初，由于墨西哥国内的经济萧条以及 1910 年的墨西哥革命，墨西哥人大规模涌入美国，导致墨西哥裔人口急剧增长（其移民人数占美国 20 世纪 20 年代总移民人数的 10%）。但是由于 1929 年的经济大萧条，美国政府展开了大规模遣返墨西哥移民的行动，许多被错当作移民的墨西哥裔美国人也被遣返至墨西哥。据估计，1929—1939 年，有近 150 万墨西哥人被遣返，占当时在美国的墨西哥移民或墨西哥裔美国公民的一半。② 这引起了许多墨西哥裔美国人的不满。也就是在这个时期，墨西哥裔举行了一系列重大的罢工行动，其中包括 1933 年在加利福尼亚圣华金（San Joaquin）的棉花工人大罢工和 1938 年在得克萨斯的圣安东尼奥（San Antonio）举行的“山黑桃工人”

① Encyclopedia and Learning Resources, “Hispanic Americans” https://web.archive.org/web/20090421210323/; http://www.worldbook.com/wb/Students?content_spotlight%2Fcinco%2Fhispanic.

② Richard T. Schaefer, *Encyclopedia of Race, Ethnicity and Society* (Thousand Oaks, CA: SAGE Publications, Inc., 2008), p.895.

（Pecan Shellers）大罢工。

1933 年的棉花大罢工主要是为了抗议雇主支付给工人的工资低、工作和生活条件差。参与罢工者中既有墨西哥移民，也有墨西哥裔美国人。他们拒绝在棉花地工作，导致一系列有雇主和警察卷入的暴力对峙事件。罢工最终以协商调停结束，但三方之间的紧张关系持续了好些年并被认为是 20 世纪 60 年代葡萄工人大罢工的前奏。[①] 1938 年的山核桃工人大罢工也是因为工资低、核桃去壳流水线条件差而引起的。在“得克萨斯山核桃工人工会”（Texas Pecan Shelling Workers Union）的声援下，参加工人人数到达 1.2 万人，并出现了严重的暴力冲突，导致约 6000 名工会会员被捕。[②]

二战期间墨西哥裔有约 30 万人参加了美国军队的战斗，且有大量墨西哥移民因战时劳工短缺而被招募进美国为战争工业工作。这大大激发了墨西哥裔的民族自豪感及对美国的爱国热情。然而，从战争中回归贫民生活的墨西哥裔和非洲裔美国人一样，对美国社会仍然存在的种族隔离和歧视感到震惊。在一些城市，许多墨西哥裔和黑人一样被拒绝进入像游泳池、餐馆、戏院、澡堂等公共设施。这些经历使他们在黑人民权运动爆发后成为运动的坚定支持者。特别是墨西哥裔年轻学生，他们在 20 世纪 60 年代各种抗议浪潮的影响下，发起了他们自己的社会运动，即著名的“奇卡诺运动”（Chicano Movement）。

“奇卡诺”（Chicano 或 Chicana）是盎格鲁 - 撒克逊人在 19 世纪末对墨西哥人的称呼，带有强烈的歧视性。20 世纪 60 年代的墨西哥裔学生有意用此称谓自己，以表达自己的民族主义热情和族裔自豪感。“奇卡诺运动”也称“奇卡诺民权运动”（Chicano Civil Rights Movement 或 El Movimiento），是在当时黑人民权运动的影响下开启的。运动参与者提出的目标广泛，包含要求墨西哥裔最早的土地拥有权以及农业工人的教育权利等多个方面，反对针对墨西哥裔的种族歧视以及媒体对墨西哥裔的形象丑化。运动采取了黑人民权运动的斗争形式，包括游行、集会和抵制活动并参与了大规模的反越战运动。

① Richard T. Schaefer, *Encyclopedia of Race, Ethnicity and Society* (Thousand Oaks, CA: SAGE Publications, Inc., 2008), p.895.

② Ibid.

1970年8月29日，洛杉矶东部举行的“全国墨西哥人反战大进军”（National Chicano Antiwar Moratorium）成为“奇卡诺”运动的高潮，参加人数超过2万人。活动的主要组织者是被称作“褐色贝雷帽”（Brown Berets）的组织（一个墨西哥裔重要而激进的准军事组织）。活动一度引发与警察的严重暴力对抗。然而，在媒体一边倒的指责下，该运动最终失去民众的支持而结束。[①]“奇卡诺运动”虽然没有能够取得参与者所预期的所有目标，但激发了奇卡诺艺术和文学的复兴，出现了包括新的文学创作手法、对墨西哥裔经历的思考等。伴随着运动的发展，墨西哥裔妇女还发起了奇卡诺运动内的女权主义运动，以反对男性主义和对女性的歧视等。

此外，“奇卡诺运动”期间，墨西哥裔还成立了自己的、独立于两党之外的政党组织——“统一人民党”（La Raza Unida Party 或 the United People Party）。该党于1970在得克萨斯州成立，目的是组织更多墨西哥裔进行选民登记，参与政治选举，以便将该政党组织发展成为一个独立于民主、共和两党之外墨西哥裔政党组织，增强墨西哥裔的政治代表性。一经成立，该组织很快在美国西南部发展壮大，其影响范围甚至扩大到美国的中西部地区，但它只在得克萨斯州成功获得了正式的政党资格。“统一人民党”在选举政治中的最辉煌成就是在得克萨斯的克里斯特尔市（Cristal City）、可图拉市（Cotulla）和卡里索斯普林市的议会、教育委员会及市长选举中获得全面的胜利。特别是在克里斯特尔市的议会选举中，该党的候选人赢得了所有的席位，使整个市政府机构第一次全部由墨西哥裔所控制。[②]不过20世纪70年代末之后，“统一人民党”随着20世纪60年代抗议政治的衰落也逐渐失去了它的影响力，墨西哥裔美国人随后转向了其他政治舞台。

“奇卡诺”运动是美国墨西哥裔争取民族平等、反对种族歧视的社会运动，是继美国黑人民权运动后又一少数族裔群体的民权运动。与这一时期的非洲裔和亚洲裔一样，“奇卡诺运动”唤醒了墨西哥裔人的民族意识，并一

① Richard T. Schaefer, *Encyclopedia of Race, Ethnicity and Society* (Thousand Oaks, CA: SAGE Publications, Inc., 2008), p.274.

② 同上，第896页。同时参见 Alberto Juarez, “The Emergence of El Partido De La Raza Unida: California’s New Political Party ,” *Aztlán*，1972。

度将长期被“边缘化”的墨西哥裔文化推向了美国文化的中心舞台。[①]同时，它在美国族裔政治的历史变迁中也留下了具有历史意义的痕迹。

（2）波多黎各裔

波多黎各裔与墨西哥裔在很多方面都有着相似的经历，因为他们都是在家园被割让给美国后而成为被征服族群的。1898—1899年的美墨战争使波多黎各这个原西班牙殖民地成为了美国的领土。1917年美国国会通过法律，宣布所有波多黎各人都具有美国公民的身份，波多黎各由美国总统任命并经参议院确认的总督来统治；波多黎各在美国国会驻有由波多黎各人选举的专员，代表波多黎各在华盛顿的所有利益，但不具有在国会的立法投票权，波多黎各人在波多黎各岛上也不能参加美国大选投票选举美国总统。波多黎各人大多是非洲裔与欧洲裔和土著泰诺人的混血族群。在波多黎各岛上的那些混血人种虽然相对于肤色更深的纯非洲裔后裔有更多的优越感（因根据波多黎各的法律，只要是混血人种即被认为是“白人”），但由于在美国本土无论颜色多浅，他们仍然被认为是黑人（因为美国的规矩是“一滴血”定种族，只要你身体里混有任何黑人的血液，你就是黑人，不管你的皮肤看上去多么像白人）。[②]

由于波多黎各岛上脆弱的经济以及美国公司对其经济活动的高度垄断，波多黎各人很早就开始移民美国寻找工作机会。他们大部分集聚在纽约、费城、芝加哥、迈阿密等大城市。目前，波多黎各裔总人口已达500多万，远远超过了波多黎各岛上340多万的人口规模。但由于其特殊的种族和二等公民身份，他们在美国长期遭受各种歧视和偏见，工作机会少，因而生活贫困，受教育程度低，是美国城市贫民窟的代表族群，是一个被忽视和边缘化的群体。20世纪60—70年代，许多社会学家对波多黎各裔社区的贫困现象进行了研究，并把产生这种“贫困文化”（Culture of Poverty）的责任推给波多黎各裔自己而非美国社会的种族主义歧视。受害者成为被指责对象的[③]这一

① 钱皓：《美国20世纪60年代“奇卡诺运动”探微》，《世界民族》2001年第3期。

② John Hartwell Moore, Encyclopedia and Race and Racism, Vol.3 (Farmington Hills, MI.: The Gale Group, 2008), pp.426–429.

③ John Hartwell Moore, Encyclopedia and Race and Racism, Vol.3, Farmington Hills, MI.: The Gale Group, 2008,, p.1083.

观念在美国直至今日仍然十分普遍。

面对美国社会的歧视和偏见，加上与波多黎各本土的自由流动，波多黎各裔内部一直具有较强的凝聚力。他们很早就开始维护自身的政治和社会利益，为改善自己在美国下层社会的处境而斗争。许多波多黎各裔社群还建立起了自己的族裔组织，如“ASPIRA 协会”“全美波多黎各人联盟”“全美波多黎各裔论坛”等。其中“ASPIRA 协会”1961 年在纽约成立，旨在抗议和阻止波多黎各裔学生在高中阶段极高的辍学率。后来该组织的影响扩展到全美各州，现在已经成为美国最大的非营利性拉丁裔组织，其宗旨是要“通过宣传、教育和对青年领导者能力培养计划而增强拉丁裔社会的权力”。[①]

此外，波多黎各裔年轻人也曾经建立起一个影响全国的“年轻君士”（Young Lord）组织，发出了自己的诉求，并努力对自己的命运做出改变。该组织 20 世纪 60 年代在芝加哥成立并深受当时非洲裔“黑豹党”（Black Panther Party）的影响，反对白人一统天下。1969 年，纽约也成立了相同的组织。20 世纪 70 年代，“年轻君士”发展成了“年轻君士党”（Young Lords Party），并提出了“十三点计划”（13 Points Program）。他们的目标是：要求波多黎各人的民族自决权，反对种族主义，停止对波多黎各裔和其他有色人种的歧视等。不过，由于该组织存在有某些亲共产主义、反资本主义和支持工会的激进政治主张，其受到美国政府审查和中央情报局（FBI）的渗透，最终于 1976 年解散。[②]“年轻君士党”虽然存在时间不长，但其反对种族歧视、维护波多黎各裔社会经济权利的斗争影响深远，许多主张被美国立法所吸纳。一些原组织成员后来也进入了美国的媒体、政治和公共服务领域，为其族裔的利益继续抗争。

在从政方面，波多黎各裔很早就认识到参与美国政治进程的重要意义，因而早在 20 世纪 20 年代开始就试图参与美国的政治竞选。1937 年，波多黎各裔共和党人奥斯卡·加西亚·里维拉（Oscar Garcia Rivera）被选入纽约州

---

① 见 ASPIRA 网站（http://www.aspira.org/）。

② 有关这个组织的情况参见 Jim Westcott，“*A Brief History of the Young Lords*，” Thought Co., updated，June 20, 2018, https://www.thoughtco.com/young-lords-history-4165954。

议会，成为历史上第一位担任公职的波多黎各裔；1956年，他还成为第一位被提名为纽约市法院法官候选人的波多黎各裔。1988年在马萨诸塞州，波多黎各裔纳尔逊·默塞德（Nelson Merced）成为马萨诸塞州众议院第一位波多黎各裔议员，也是第一位在该洲担任官员的西班牙语裔美国人。[①]在第116届国会里，除了波多黎各选出的常驻专员代表外，还有4名波多黎各裔众议员（他们分别来自纽约州、伊利诺伊州和爱达荷州）。此外，还有3位波多黎各裔的市长（即迈阿密、哈特福特和卡姆登市的市长）。

不过，波多黎各裔总体上在美国的政治影响力仍然十分有限，这与目前较为年轻的波多黎各裔对政治热情不高有直接关系。他们虽然是占美国总人口1.7%的少数族裔群体，且内部凝聚力也很强，但其成员的投票率却一直不高。2000—2012年的4次总统选举中，波多黎各裔的投票率分别是45.7%、47%、49.7%和52.7%；2002—2014年，波多黎各裔在国会中期选举中的投票率则分别只有26.9%、29.7%、29.6%、25.4%。[②]因此，波多黎各裔如果要进一步提升自己在美国社会中的政治经济地位，还需要努力发动族裔成员提高自身的政治热情，并利用其内部凝聚力和其他少数族群一道积极参与到美国的政治进程中，特别是团结拉丁裔与非洲裔美国人，努力形成强大的族裔联合，不懈地与种族歧视和偏见作斗争，尤其是要消除贫困，改善自己的社会经济状况。

3. 21世纪美国族裔政治的新秀

拉丁裔群体的发展在经历了20世纪60年代各自族裔运动之后，在20世纪80—90年代进入了美国族裔政治的多元文化主义时期。以黑人为主的各少数族裔群体在一些白人自由主义者的推动下，要求美国各族裔群体在美国社会的和平共存，反对白人族群及其文化的独尊地位，强调在社会各个方面各族裔群体的平等，突出群体的认同和权利。在这样的思潮下，族裔群体

① Susan Diesenhouse, “From Migrant to State House in Massachusetts ,” *The New York Times*, 21 November, 1988.

② Carlos Vargas-Ramos, “Recent Trends in Puerto Rican Electoral and Civic Engagement in the United States,” Centro, Nov. 2016, https://centropr.hunter.cuny.edu/sites/default/files/data_briefs/RB2016-04_ELECTORAL%20AND%20CIVIC%20ENGAGEMENT.pdf.

在政治上的代表性扩大了，出现了历史上前所未有的族裔多元景象。比如，无论是地方、州还是联邦各级政府的各类机构都出现了许许多多的少数族裔官员，而高潮是2008年作为民主党候选人赢得总统大选的第一位黑人——巴拉克·奥巴马（这无疑是后民权时代美国族裔关系得到极大改善的重要象征）。然而，人们发现，在20世纪的大部分时间里，以墨西哥裔为主的拉丁裔美国人在这一过程中似乎没有突出的表现，他们在党派政治中也没有太多的地位。比如，他们在政治选举中投票率低，参加政治竞选的拉丁裔领袖人物也很少，似乎处于一种边缘化的沉默状态；特别是墨西哥裔，由于被主流社会所忽略，被认为是一个"被遗忘的少数族裔群体"。①

只有在涉及到移民政策特别是非法移民问题时，人们才想起这个拉丁裔群体的存在，拉丁裔各族裔群体也似乎有意要保持这种沉默。这可能与拉丁裔中第一代移民人数占比较大有关，因为他们经济状况不佳，埋头于挣钱养家而无暇顾及美国政治。此外，这些移民的英语语言能力有限，喜欢聚族而居。他们所掌握的西班牙语足以帮助他们应对在美国的新生活，因此他们对融入美国主流社会缺乏足够的动力和兴趣。

然而，进入21世纪，特别是2000年的人口普查结果公布之后，拉丁裔似乎一夜之间成为人们关注的焦点，因为拉丁裔人口在过去10年间悄悄地快速增长，即从2235万人增长为3530万人，占美国总人口的比例从9%增长为12.5%，首次超过非洲裔人口（2998万人，占比12.1%），成为美国最大的少数族裔群体，②且这种势头似乎呈加速发展之势。根据2010年人口普查数据，拉丁裔从2000年到2010年10年间，人口再次达到历史新高的5048万人，占美国总人口比例的16.3%。③美国主流媒体和许多意见领袖们开始谈论拉丁裔这一人口增长势头给美国政治、社会和文化可能带来的冲击，其中最典型的是哈佛大学已故政治学教授塞缪尔·亨廷顿（Samuel Huntington）

① Joseph S. Roucek & Bernard Eisenberg, *America's Ethnic Politics* (Westport: Greenwood Press, 1982), pp.254 – 255.

② U.S. Census Bureau, "Historical Census Statistics on Population Totals by Race, 1790 to 1990, and by Hispanic Origin, 1970 to 1990, for The United States, Regions, Divisions, and States ," https://www.census.gov/population/www/documentation/twps0076/twps0076.pdf.

③ Ibid.

2004 年出版的《我们是谁？对美国国家认同的冲击》（*Who Are We? The Challenges to America's National Identity*）。他认为，美国的文化传统源自于英国人带来的 WASPs 文化。这是美国几百年来国家认同的核心，其中包括英语、新教价值观、个人主义和宗教责任。然而，以拉丁裔美国人为主的新的少数族裔群体的涌入和多元文化主义的盛行，给这种文化传统带来了巨大的冲击，美国面临巴尔干化的危险。[①] 而对美国整个人口增速的计算和由此带来的族裔结构的变化，人们更多关注的是：到 2050 年，欧洲裔白人的数量将不到美国人口总量的一半，但拉丁裔人口则将达到近 30%。这让美国白人主流社会对未来感到忧虑，因此白人保守主义思潮的反弹已经开始剧烈地震荡着美国社会。

不过，对于美国选举政治来说，拉丁裔人口增长的意义更加具有现实紧迫性。特别是进入 21 世纪的 10 多年时间里，人们开始感受到了拉丁裔对美国政治的影响。许多学者开始关注他们在各种政治选举中的表现，尤其是 21 世纪以来的历次总统大选，媒体更是大肆渲染，宣称："沉睡的巨人"（The Sleeping Giant）已经苏醒，拉丁裔已经成为美国各方追逐的新秀。我们可以先从一些有关拉丁裔的选民数据来了解一下相关数字所蕴含的选举意义。

最新统计数据显示，1988—2016 年，拉丁裔中具有投票资格的人数从 770 万上升到了 2670 万人；实际参加美国大选投票的拉丁裔选民也从 1988 年的 370 万上升到 2016 年的 1265 万；与其他族裔群体相比，尽管拉丁裔整体投票率仍然很低（即从 1988 年的 48% 到 2016 年的 47.6%，没有什么大的变化，与白人 2016 年的 66.1% 和黑人的 65.2% 还有较大差距），但由于人口基数大，他们在美国参与投票的所有选民中所占比例在不断上升（即从 1988 年的 3.6% 已经上升到了 2016 年的 9.2%）。[②] 美国皮尤研究中心数据显示，2012 年以来，符合条件的拉丁裔选民人数增加了 400 万；2016 年具有投票资格的拉丁裔占全美所有选民人数的 12%；仅 2012—2016 年，超过 320 万

① 参见 Samuel Huntington, *Who Are We? The Challenges to America's National Identity* (New York: Simon & Schuster, 2004)。

② Julio Ricardo Varela, "New Census Data Says 2016 National Latino Voter Turnout Rate Did Not Increase," *Latino USA*, May 15, 2017, http://latinousa.org/2017/05/15/new-census-data-says-2016/.

在美国出生的拉丁裔人口已经成年并具有了参与投票的权利（其在具有投票权的拉丁裔选民人数中占比为 44%），是拉丁裔选民人数增长的主要来源。①

尤为重要的是，拉丁裔在一些关键摇摆州具有决定性的影响力。在美国的总统选举政治中，摇摆州（Swing state）是指那些没有一个单一候选人或政党拥有压倒性支持度以取得选举人票的州。② 这些州是两个主要政党在总统选举中极力争取的目标。由于美国选举政治实行胜者通吃的规则，因此赢得这些州的选举人票对获胜十分重要。非摇摆州有时也被称为安全州，因为这些州对某一政党候选人已有足够多的选民支持，可以安全地假设他或她将赢得该州的选票。例如，共和党候选人可以轻松地赢得众多的南方州，如得克萨斯州、密西西比州；民主党占优的州则为加利福尼亚州与纽约州等。根据过去几次总统选举状况，民意调查分析网站“5308”（fivethirtyeight.com）将以下 12 个州列为摇摆州：科罗拉多州、佛罗里达州、爱荷华州、密歇根州、明尼苏达州、俄亥俄州、内华达州、新罕布什尔州、北卡罗来纳州、宾夕法尼亚州、弗吉尼亚州和威斯康星州。其中，佛罗里达州是美国大选中最为摇摆不定的州之一。例如，在 2000 年的美国总统大选中，小布什与戈尔在佛罗里达州的得票数异常接近；2016 年的总统大选前 8 次民调显示，特朗普领先 4 次，希拉里领先 3 次，打平 1 次，且大选前这 2 位候选人在该州没有 1 次领先超过 5%。③

正是在这其中的一些关键性摇摆州，拉丁裔选民作为“关键少数”的作用已越来越明显，因为有资格参加投票选举的拉丁裔选民人数在“摇摆州”有较明显的增长。在 2012 年的总统大选中，拉丁裔选民在 3 个摇摆州中占有比较高的比例：亚利桑那州占比 18%，佛罗里达州占比 17%，内华达州占比 14%④；到 2016 年大选，拉丁裔选民在以上 3 个州中所占比例分别为：亚

① Jens Manuel Krogstad, “Key Facts about the Latino Vote in 2016 ,” http://www.pewresearch.org/fact-tank/2016/10/14/key-facts-about-the-latino-vote-in-2016/.

② William G. Mayer, *The Swing Voter in American Politics*, Washington DC: Brookings Institution Press, 2007, p75.

③ Real Clear Politics Polls, “Florida: Trump vs Clinton ,” https://www.realclearpolitics.com/epolls/2016/president/fl/florida_trump_vs_clinton-5635.html.

④ Mark Hugo Lopez & Paul Taylor, “Latino Voters in the 2012 Election,” http://www.pewhispanic.org/2012/11/07/latino-voters-in-the-2012-election/.

利桑那州占比 22%，佛罗里达州占比 18%，内华达州占比 17%。[①] 可见，拉丁裔选民在传统“摇摆州”中占比的迅速上涨，影响力势必会不断增强，已成为名副其实的“关键少数”。可以预期，在未来大选中，凡各“摇摆州”选民人数占比更高的拉丁裔选民将对选举结果发挥越来越大的影响力。

实际上，这种选举潜力在 2000 年和 2004 年的总统大选中就已经开始显现其巨大影响。传统上，多数拉丁裔倾向于将其选票投向民主党的总统候选人，然而，在这 2 次选举中，共和党候选人小布什获得了总统选举的胜利，拉丁裔的选票在其中起了关键性的作用。因为小布什在拉丁裔人口较为集中的得克萨斯州曾经担任过州长，分别在 1994 年和 1998 年以 29% 和 38% 的支持率获得过他们的有力支持，因此他很早就知道拉丁裔选票的重要性。2000 年竞选期间，为了获得拉丁裔选民的支持，他在西班牙语媒体上投放的竞选广告达到 227 万美元，远远超过民主党候选人戈尔的 96 万美元；他自己还在这些媒体上接受超过 100 次采访；加上其担任佛罗里达州州长的弟弟杰布·布什能够说非常流利的西班牙语，杰布·布什的妻子又是墨西哥裔，因而布什家族在拉丁裔群体中有比较良好的公共形象。最终，小布什在拉丁裔中所得到的支持率超过以往任何共和党总统候选人在这一群体中所得到的支持——31%。[②] 在拉丁裔人口超过 10% 的 10 个州，小布什赢得了 5 个州的胜利；最为关键的是，小布什在 2 家主要西班牙语电视频道上面投放了约 78.5 万美元的政治广告，而这 2 个频道在佛罗里达州的拉丁裔中收视率非常高；相反，戈尔及其所属民主党却在这些频道上没有任何花费，当小布什和戈尔的选票在佛罗里达州出现争议的关键时刻，效果就清晰地显现出来了：古巴裔美国人在其中的投票被认为对小布什最后赢得佛罗里达的胜利起了关键性的作用。[③] 2004 年的大选中，小布什依旧在拉丁裔的强力支持下赢得了连任，

① Jens Manuel Krogstard, “Key Facts about the Latino Vote in 2016,” http://www.pewresearch.org/fact-tank/2016/10/14/key-facts-about-the-latino-vote-in-2016/.

② Jorge Ramos, *The Latino Wave: How Hispanics Are Transforming Politics in America* (New York: HarperCollins Publishers, 2005), pp.1 – 2.

③ Jorge Ramos, *The Latino Wave: How Hispanics Are Transforming Politics in America* (New York: HarperCollins Publishers, 2005), pp.1 – 2, pp.41 – 42.

其在拉丁裔选民中的支持率再一次创下新的历史纪录：达到 44%；而民主党候选人克里仅获得了 53%，远低于戈尔在 2000 年获得的 67% 的支持率。[①]

在 2008 年的总统选举中，共和党人由于在移民改革和在美墨边境修建隔离墙问题上的立场，疏远了许多拉丁裔选民，使奥巴马重新收获了大多数拉丁裔选民的支持，得到了 66% 的拉丁裔选票，而共和党候选人麦凯恩只获得了 32% 的选票；2012 年，奥巴马更是获得了 72% 的拉丁裔选票，而共和党候选人罗姆尼仅获得了 27% 的拉丁裔选民的支持。[②]2016 年的总统大选是拉丁裔历史上参与投票人数最多的大选，达到了 1265 万，占全美国总投票人数（1.38 亿）的份额从 2012 年的 8.4% 上升到 9.2%；希拉里和特朗普分别获得的拉丁裔选票为 65% 和 29%。[③] 这稍微有些出乎人们先前的预期，因为希拉里所获得的拉丁裔选票要低于奥巴马 71% 的选票，甚至低于其丈夫克林顿在 1996 年所获得的 72% 的支持；而特朗普能够获得拉丁裔 29% 的支持，超过 4 年前共和党候选人罗姆尼所获 27% 的支持。不过让人感到意外的是：虽然特朗普在其竞选期间一开始就将墨西哥非法移民比作强奸犯并宣称要大规模地遣返他们，发誓要在美墨边境修建隔离墙且要墨西哥政府买单等，[④] 但依旧获得较高支持。人们对此的解释更多的是认为希拉里的邮件门事件可能是导致这一结果的主要原因。但无论怎样，人们已经实实在在地感受到了一个迅速扩大的拉丁裔选民群体对美国政治所产生的越来越大的影响。

急速扩大的选民群体也使拉丁裔美国人在美国政府机构中的代表性显著提升。越来越多的拉丁裔已投身到美国的政治竞选之中并获得了相当的成功。例如，在政府机构中工作的拉丁裔已经从 1985 年的 3147 人增加到了 2008 年的 5240 人；1981 年国会中拉丁裔的国会议员只有 9 人，到 2010 年中期选

① Jorge Ramos, *The Latino Wave: How Hispanics Are Transforming Politics in America* (New York: HarperCollins Publishers, 2005), p.1.

② Paula D. McClain & Joseph Stewart, *Can We All Get Along? — Racial and Ethnic Minorities in American Politics* (Boulder, Colo.: Westview Press, 2012), pp.129.

③ Alan Gomez, “Another Election Surprise: Many Hispanics Backed Trump,” *USA Today*, Nov. 9, 2016, https://www.usatoday.com/story/news/politics/elections/2016/2016/11/09/hispanic-vote-election-2016-donald-trump-hillary-clinton/93540772/.

④ Ibid.

举时，拉丁裔已经增加到了 31 人。[①] 历史上首位被任命为内阁部长级官员的拉丁裔是来罗 · 卡瓦佐斯（Lauro Cavazos，他 1988 年由里根任命为其内阁的教育部长）。此后，在各届政府中都出现了拉丁裔面孔，特别是在奥巴马总统任内，更是有多位拉丁裔被任命为内阁部长。2009 年，美国最高法院也迎来了由奥巴马任命的历史上首位拉丁裔大法官索尼娅 · 索托马约尔（Sonia Sotomayor，最高法院历史上的第 3 位女性大法官）。在州和地方选举中，拉丁裔的政治代表性也不断得到提高。近些年出现了多位拉丁裔的州长，如内华达州和新墨西哥州的州长都是拉丁裔。现在许多拉丁裔成为国会内一些专门委员会主席，享有在立法程序中相当大的权力。在 2016 年的总统大选中，古巴裔参议员马可 · 卢比奥（Marco Rubio）还参加了共和党的党内初选，一度成为美国社会所关注的政治明星。在 2018 年中期选举产生的第 116 届美国国会里，共有创纪录的 51 位西班牙语裔或拉丁裔议员，其中有 46 位众议员和 5 位参议员。可见，拉丁裔俨然已经成为美国政治进程中冉冉升起的新秀。其不仅在选举政治中表现不俗，而且在美国联邦政府机构的代表性也在不断增强。

总之，从以上我们对美国族裔政治变迁历程的分析来看，美国少数族裔群体在以盎格鲁 - 撒克逊白人新教群体为支配群体的族裔等级体系内，都要经历与支配群体相互交融适应的过程。在这个过程中，与支配群体在人种和文化特质方面相近的欧洲裔群体更容易被接纳，遭受排斥和歧视的过程也相对短一些；而在人种与文化特质方面相差较大的其他族裔群体则不容易被接纳，遭受排斥和歧视的过程也长一些。如非洲裔从奴隶到总统的过程与美国的历史一样长，而且作为一个群体仍然还没有真正获得与白人一样的地位，遭受歧视的现象和事件时常发生。这都是美国主流群体中固有的种族优越感和白人至上主义的影响所造成的。但由于美国的政治文化和政府体制一开始在设计理念上就融入了包容的特性，从而给少数族裔群体抵制主流社会的歧

① United States House of Representatives, "Strength in Numbers, Challenges in Diversity: Legislative Trends and Power Sharing among Hispanic Americans in Congress, 1977 – 2012," http://history.house.gov/Exhibitions-and-Publications/HAIC/Historical-Essays/Strength-Numbers/Introduction/.

视、争取自身的民主权利和改善其在这个不友好的社会氛围中的社会经济地位提供了一定的通道。族裔政治的历史变迁表明，少数族裔群体要成功赢得主流社会和其他族裔群体的尊重，就必须积极参与到美国的政治进程中并利用美国政治所提供的政治通道，争取自身的权利。这其中包括党派政治、选举、投票、游说等。但最为关键的还是要能够充分利用各种政治资源，集聚群体的力量来参与其中。下面一章我们将通过党派认同的视角来分析各族裔群体参与美国政治进程的途径和方法。

第六章

族裔群体的党派认同

美国族裔政治的实质就是族裔群体利用各种族裔资源，通过传统或非传统方式参与到政治进程，努力实现自己的政治目标。其中政治选举是最为基本的手段。族裔成员通过积极投票或参与政治职位的竞选，来表达自己的诉求，扩大本群体的政治代表性，维护自身利益。这种模式所依托的就是美国的政党政治。在美国的政党体制下，族裔成员在一定时期内一般都有自己较为稳定的党派认同；而作为一个群体，共同的利益诉求又使族裔成员往往形成共同的党派认同，并最突出地体现在政治选举之中。然而，一个成员或群体的党派认同绝不是一成不变的。它往往因时、因事、因人而发生改变。要研究族裔群体在美国政治中的参与模式，各族裔群体复杂的党派认同及其变化是我们理解族裔政治的基础。本章将通过解释美国的党派体制与党派认同，探讨美国各主要族裔群体政党认同的变迁与现状，找出影响美国族裔群体党派认同的各种因素，并进一步分析它们参与美国政治进程的各种方式。

一、美国政党与党派认同

1. 政党与美国的政党体制

政党的起源可以追溯到17世纪70年代英国议会制度下产生的辉格党和托利党。美国的政党则起源于第一任总统乔治·华盛顿时期国父们的相互“不信任”：麦迪逊与杰斐逊联合起来组建了一个政党来对抗财政部长汉密尔顿。他们认为汉密尔顿所推行的国内外政策不利于美国的发展，因而建立起了“民主共和党”（Democratic-Republican Party）。这可以算作是现代意义上的第一个政党。根据韦氏词典的定义，政党为一群有共同政治理想的人结合在一起并希望其中的党员在政府选举中能获得一席之地。[①]因此，政党是各种利益集团相互交织的产物。德国政治学家西蒙·纽曼（Sigmund Neumanl）指出了现代政党的四项功能：组织杂乱的公众意见；教育公民具有政治责任感；连接政府与公众意见；选择领导人。[②]他在文章中把政党分为民主的政党与独裁的政党两类，而无论哪种性质的政党都具有以上四种现代政党的功能。

美国政党制度的建立与美国信条相关，《独立宣言》里赋予人民的权利需要政府来保护，而这个政府的权力需要人民的共同选择。美国政党制度的显著特征就是两党制。两党制是指在一个国家一般由两大主要政党在政府轮流执政的政党制度。[③]美国政党制度的发端就是以两党制开始的。前文提到美国的政党起源于国父们的互相“不信任”：麦迪逊与杰斐逊联合起来组建了民主共和党；而汉密尔顿则与之相对地成立了自己的政党——联邦党（Federalist Party）。两党在第一任总统华盛顿任内酝酿产生，并在他离任后开始正式运作，轮流执政，直到19世纪20年代。这便是美国历史上的第一个政党体系。随后美国政党在经历了较为短暂的民主党（1828年由杰克逊总统领导成立）与辉格党（1834年成立）的第二个政党体系后，内战前最终形成了民主党与共和党（1854年成立）的第三个政党体系并一直延续至今。

---

① “Merriam-Webster Online Dictionary,” https://www.merriam-webster.com/dictionary/party.

② 宋腊梅：《英美政党思想的起源》，博士论文，武汉大学，2010年。

③ Steffen W. Schmidt, Mack C. Shelley & Barbara A. Bardes, *American Government and Politics Today* 2008–2009 (Florance: Cengage Learning, 2008), p.173.

自从1860年林肯作为共和党候选人当选为第一任共和党总统后，时至今日美国总统就都是从民主党与共和党候选人中选举产生的。尽管《美国宪法》没有明文规定各政党的具体作用，但如今的民主党和共和党在今天美国的政治领域具有主导作用。在美国两党制政党制度下，除了总统都是从民主党与共和党候选人中选举产生外，国会的绝大多数议员也属于这两大政党，并扩展到州一级政府层面。据非政党在线政治百科“选票百科”（Ballotpedia）统计，至2017年11月1日，1947名州参议院议员均与民主党或共和党有关联，其中仅22名参议院任职者属于第三党；5326名州众议员与民主党或共和党有关联，其中仅32名州众议员属于独立议员或第三党派。[①]相比之下，第三党派的当选者大多属于市、县级别领导人。两党制体制下的美国政府长期受到在野党一方及广大民众的监督，因而在一定程度上对选民的政治诉求和意愿负责。

2. 党派认同的定义

认同这一概念由来已久，最早可追溯到弗洛伊德时代。弗洛伊德把认同“看作是一个心理过程，是个人向另一个个人或团体的价值、规范与面貌去模仿、内化并形成自己的行为模式的过程，认同是个体与他人有情感联系的原初形式”。[②]也就是说，认同是能够把一个个体与其他个体或组织从心理上有所区别的一种行为。具体说来，小至个人口味，大到国家民族，都能体现一个人的认同行为。而认同又分为个体认同与集体认同。例如，一个人选择成为素食主义者是一种个体认同；而参与素食主义者相关活动或组织则会变成集体认同。个体认同往往是一种主观的观念，而集体认同比个体认同多了一个“参与”的行为。

党派认同（Party Identification）是集体认同的一种形式，也是政治研究领域的一个术语，通常被简单地定义为选民个体对一个政党的认同感与忠诚感。一个人的党派认同与其自身平时所接触的社会环境、受到的家庭教育、

① Ballotpedia, “List of Political Parties in the United States,” https://ballotpedia.org/List_of_political_parties_in_the_United_States.

② 柴宝勇：《政党认同问题研究》，天津人民出版社，2010，第20页。

个人的生活状态等社会因素有密切的关系。在美国，党派认同这一术语最早由美国心理学家安格斯·坎贝尔（Angus Campbell）于1960年提出。当时正是人们兴起运用社会心理学为研究方法的时期。坎贝尔在《美国选民》中指出，党派认同是“个体在其所处环境中对重要的群体目标的情感倾向”，也就是选民“在心理上对某一政党的归属感或忠诚感”。[①] 随着中西方学者在党派认同研究领域的不断深入，这一概念也逐渐有了其他的含义。如更加强调在政党认同过程中的理性因素，或认为政党认同是一种高层次的认同行为等。我国学者柴宝勇教授在其《论政党认同问题研究》中指出，综合中西方的政党认同观念，可以把政党认同概括为：政党认同是政治认同的一种，是政治主体在政治和社会生活中对政党所产生的一种思想、情感和意识上的归属感，是其对政党做出的一种心理反应和行为表达。它是在政党政治生态下，必然产生的一种社会政治现象；它的产生、发展与衰亡反映了政党随着社会的发展不断调整自身与环境的互动与沟通，折射出政党的兴盛与衰亡。[②]

在美国政治话语中，一个人的党派认同有以下三种表现形式：将自己视作民主党、共和党或独立选民。从族裔政治的视角出发，我们研究党派认同并不只是研究族裔群体登记为某一政党选民或党员的数量，而是研究分析各少数族裔群体对美国各个政党的思想、情感和意识上的归属感。例如，由于美国各个利益集团广泛地影响着美国的政治生态，因此从事某行业并认同该行业协会的选民也往往有着强烈的党派认同感，而这一群体通常有着较大的体量，其政治倾向不容忽视。但在这里，它们不属于我们研究的范围。

（1）美国党派认同的客体

政党认同可以分为三个层次（即认同政党政治、认同某一政党制度和认同某一政党）。[③] 党派认同应归为认同某一具体政党这一层次。一般说来，认同某一个具体政党应由认同前两个层次作为前提。[④]

① Angus Campbell, Philip E. Converse, Warren E. Miller & Donald E. Stokes, *The American Voter* (New York: John Wiley & Sons, Inc., 1960), Chapter 6: Partisanship.

② 柴宝勇：《政党认同问题研究》，天津人民出版社，2010，第21页。

③ 柴宝勇：《论政党认同的含义及其要素》，《探索》2009年第1期。

④ 柴宝勇：《政党认同问题研究》，天津人民出版社，2010，第26-28页。

在美国，政党认同的三个层次可以具体表现为选民对美国政党政治的认同、对美国两党制的认同和对美国民主共和两党或是独立政党表示认同。这有别于其他实行一党制或多党制的国家，因为两党制是美国政治最显著的特征，它在建国之初第二任总统参选之时就已有两个持不同政见的党派相互竞争；同时，融入民族性格的反叛行事作风与高度自治的传统也有利于两党制在美国的发展。因此，美国公民对本国两党制的政党制度有着普遍的认同。一个选民通常会根据以下几个方面来选择自己认同的政党：A. 以自己的意识形态来做出选择；B. 根据代表自己所处行业的利益集团的政治倾向来做出选择；C. 根据某个政党在某一时期的执政表现来做出选择。美国选民会将自己视作民主党、共和党或独立的选民来表达自己的党派认同感。

民主党是美国两大党派认同的客体之一，起源于美国第三任总统托马斯·杰斐逊于 1792 年创建的民主 - 共和党。该党于 1825 年分裂，安德鲁·杰克逊领导其中一个派系，并于 1828 年创建了现在的民主党。现代美国政治中，民主党支持美国的自由主义与进步主义，所以民主党的各项党纲与政策都大力提倡保护工会、维护消费者权益、加强对工作场所的安全监管、大力治理环境污染等。在社会问题上，民主党也更为包容与开放。在种族和移民问题上，民主党更强调机会平等和种族平等且倾向于使无证移民合法化；在性别议题上支持堕胎权和同性婚姻等。

共和党成立于 1854 年，并在 1860 年亚伯拉罕·林肯当选为总统后开始了与民主党轮流执政的历史。1860—1932 年，共和党在大多数北方州中占主导地位，但在 20 世纪下半叶，随着民权运动的兴起导致民主党在美国南方力量的削弱，共和党开始在南部不断扩张势力，最终取得主导南方政治的优势。与民主党相比，共和党的意识形态更倾向于保守主义，与民主党人的现代自由主义思想有很大的差异。共和党的各项政策都相当保守，尤其是在社会问题上。共和党提倡基督教伦理学的传统价值、反对堕胎、反对同性婚姻、反对大量吸纳新移民、反对全球变暖和气候变化的科学共识等；在经济方面，共和党人致力于保护主义、增加关税、反对提高最低工资标准和遗产税、支持自由市场并强调个人的努力和奋斗等。

除了民主、共和两党外，美国还有自由党、绿党等诸多次要的小政党；各个州和地区也有各自的区域性政党。独立选民也是美国政治中一个较为庞大的选民群体：越来越多的美国人认为自己是独立选民，不属于任何一个政党。选民的不同选择都是党派认同的客体。

（2）美国党派认同的主体

美国政治学家小瓦迪米尔·奥兰多·基（Valdimer Orlando Key Jr.）在其《政治、政党和压力集团》一书中将政党分为三部分，即“组织中的政党、选民中的政党、政府中的政党”。[①] 这就是说，政党认同的主体也可以分为党员的政党认同、选民的政党认同和作为官员的党员的政党认同这三个层次。

党派认同主体的第一个层次为党员（政党组织）对政党的认同。当然，这里的党员是特指那些已经注册的党员。在欧美国家，政党的组织架构较为松散，党员之间的联系较少，党员身份更多的是代表一个人的政治立场与意识形态倾向。美国的两大主要政党均无固定的政党纲领，只有适应大选需要而拟定的竞选纲领。凡是在大选中将选票投给一个政党的选民均可被视为是该党党员，但两党均不赋予非注册党员权利。例如，两党都只允许注册党员参与党内初选投票，参加党内会议，提名将在大选中竞选的候选人等。注册党员对政党拥有更高的忠诚度，因为政党代表政党成员的利益。根据两党不同的政策取向，两党都会集了各自有着不同利益诉求的选民群体或利益集团（如注册为民主党的党员大多为少数族裔、弱势群体、艺术家和知识分子等；而注册为共和党的党员大多为大资本家与保守派人士等）。

党派认同主体的第二个层次为公民（选民）的政党认同。在大选中，一个选民的投票行为代表了其对一个政党的认同。选民不只是那些已经注册了的党员，还包括那些认同该政党的党外人士。党外人士的投票行为与执政党的政绩、各个政党的竞选策略以及媒体的报道有比较紧密的关联。在一般民调中我们也能看出选民的政党认同，因为民调在一定程度上体现了公众的政党认同度和政治参与度。例如，在 2016 年美国大选前的关键时期，美国联邦调查局重启对民主党候选人希拉里在奥巴马时期担任国务卿时使用私人电

---

① Valdmier Orlando Key, Jr., *Politics, Parties, and Pressure Groups* (Springfield: Crowell, 1962).

子邮箱与他人通信一事的调查。此事经媒体曝光后，《华盛顿邮报》的民调显示，特朗普以 46% 的支持率领先希拉里的 45%，成功实现了反超。[①] 可见，普通选民的政党认同感受媒体报道与执政党政绩等外部因素影响较大，具有特别的不确定性。

党派认同主体的第三个层次为作为政府官员的党员（行政组织）的政党认同。政府官员的政党认同与某个官员推出的政策和取得的业绩有关，实际上涉及执政党的执政绩效问题。若一个政府官员在任期内有污点，即使与其同一党派的官员也会反对该官员，对其表示不认同。例如，美国前总统国家安全事务助理迈克尔·弗林上任后 24 天辞职，与其私下与俄罗斯方面接触一事有关。迈克尔·弗林本是民主党人，并在奥巴马第一个任期内担任过国防情报局（DIA）局长，特朗普上任后提名其为总统国家安全事务助理。在迈克尔·弗林私下接触俄罗斯官员一事爆出后，多名美国民主党和共和党议员都要求国会介入调查。[②] 因此，作为政府官员的党员（行政组织）的政党认同与其在上任后的相关表现及政府官员自身的利益有重要的联系。

3. 美国党派认同的特征

党派认同是认同的一种形式，也具有认同这一概念的基本特征：社会性、多元性、层次性和相对稳定性等。[③] 这些特征具体到美国的党派认同具有不同的表现形式。美国党派认同的社会性表现为美国人民对美国政党制度的普遍认同。一个政党代表一个集团或阶级的利益，政党成员会为了共同利益而采取一定行动。政党的不同活动作为一种渠道，可以使美国人民通过政党参与公共事务和政治活动。政党活动可以在一定程度上推动美国的民主政治。美国的政党制度经历了 200 多年的发展，具有一定的成熟性，社会接受度高。这也是民主政治在美国发展的必然结果。例如，美国人普遍认同现行两党制的原因是美国具有自治传统的基础，能够平静地接受根据选举结果而产生的

① 隆洋：《邮件门调查重启后，美国大选民调特朗普反超希拉里》，观察者网，https://www.guancha.cn/america/2016_11_02_379140.shtml。

② 《美国总统国家安全事务助理弗林辞职：两党多名议员要求国会调查弗林“通敌”》，央视网，http://m.news.cctv.com/2017/02/15/ARTIvS2FiRqf5xRXTgq7lNKX170215.shtml。

③ 柴宝勇：《论政党认同的含义及其要素》，《探索》2009 年第 1 期。

政权过渡。[①] 美国各级行政组织每一级官员都由普通美国人通过民主选举产生。某些市、县还有自己的自治条款，拥有自治权。与此同时，美国普通人喜爱组织各种各样的自治团体（这些自治团体受到宪法的保护）；与之相对的是英国由当地权贵组织团体、法国则由政府出面组织各种团体，与美国普通人民自己组织自治团体有一定区别。

美国党派认同的多元性表现为党派认同客体的多元性。具体来说，美国选民对党派认同的客体可以有多种选择。从“选票百科”（Ballotpedia）统计的数据中可以看出，在美国不仅有民主党和共和党两个主要政党，还有 30 余个次要政党。除此之外，还有许多地区性的政党。这些政党在不同领域发挥着作用，代表不同选民的利益，也使美国选民能有多种党派认同的选择。

党派认同具有情感、认知、评价和行为 4 个层次。[②] 因此，美国党派认同具体表现为选民自身对于不同政党表示认同的过程。影响一个选民的党派认同有多种因素，如受教育程度与宗教信仰等主观因素以及经济状况与媒体风向等客观因素。多种因素的综合作用会影响选民对一个政党的情感、认知与评价，进而影响选民行动（即选民最终的政党认同）。例如，美国有线新闻网（CNN）一项采访称，许多宾夕法尼亚土生土长的白人中产阶级选民在 2016 年总统大选中将选票投给了特朗普。这是因为他们的父辈大多为信仰天主教的德裔或爱尔兰裔美国人。从肯尼迪时期起，他们的父母每次大选都投票给共和党总统候选人；在他们自己满 18 岁开始享有投票权后，他们自然也在每次大选中都必投共和党。[③] 显然，父母的投票行为从情感层面影响着他们对共和党与特朗普的认知评价，而他们作为中产阶级的自身经济状况与媒体报道对他们的认知与评价所产生的重要影响使他们最终投票给共和党及特朗普。

美国党派认同的稳定性表现在党派认同主体对政党认同的相对稳定性。每次总统大选中除了少数“摇摆州”，大多数州选民的选择是可以预测的。

---

① 〔美〕哈罗德·F. 戈斯内尔、理查德·G. 斯莫卡尔：《美国的政党和选举》，陆赟译，上海译文出版社，1980，第 19 页。

② 柴宝勇：《论政党认同的含义及其要素》，《探索》2009 年第 1 期。

③ M. J. Lee, Sara Murray, Jeremy Diamond, Noah Gray & Tal Kopan, “Why I’m Voting for Trump: CNN Talks to More than 150 People in 31 Cities to Explore What’s Driving the Trump Phenomenon,” *CNN*, Jan. 28, 2016, https://edition.cnn.com/2016/01/27/politics/donald-trump-voters-2016-election/index.html.

这是因为党派认同是由长期的感知、情感体验再反复强化而形成的。认同一旦形成，便构成一个人认知的一部分，因而具有一定稳定性。在最近几次总统选举中，传统产业地区（比如中西部）支持共和党的选民占大多数，而新兴高科技、金融产业地区（比如加利福尼亚州、华盛顿州、纽约州以及东北部新英格兰地区各州等）支持民主党的选民占大多数。这也说明这些州的选民分别对共和党与民主党有较为强烈的党派认同感。只有在重大政治变革或与选民切身利益相冲突的情况下，党派认同才可能会有所改变。特别是当执政党出现信任危机时，选民会临时改变其自身党派认同。例如，在 1972 年尼克松政府的“水门事件”中，当尼克松因该事件接受调查期间，民调显示其支持率骤降至 40%。[①]这充分显示了重大政治事件或变革对民众党派认同的影响，并导致选民通过改变其党派认同来表达他们对政府的不满或不信任。

二、美国各族裔群体的政党认同

1. 主要白人族裔群体的政党认同

白人作为族裔群体的概念最早可以追溯到 18 世纪。由于奴隶制在美国的盛行，“白人”作为一种种族主义的术语有意将白人奴隶主与被奴役的非洲裔美国人做出区分。戴维・R. 罗迪格认为，在美国创设“白人种族”概念意在从精神上将奴隶主与奴隶进行分隔。[②]随着美国社会的发展，“美国白人”一词在现代具有十分广泛的含义，它可以指代许多不同的民族。官方的美国人口普查局将“白人”定义为起源于欧洲、中东或北非的民族。[③]但在美国历史上，白人的定义在不同时期也发生过重大变化。建国初期，美国白人种族一般仅限于来自英国具有日耳曼血统、信奉新教的盎格鲁 - 撒克逊白种人。他们当时也是美国人口结构的主体。在 20 世纪之前，同为白人但信奉不同

① 刘佳昕：《这个“W”，是美国人民对奥巴马怎样的心情？》，新华网，http://www.xinhuanet.com/video/sjxw/2017-01/20/c_129454907.htm。

② Tony Horwitz, *Confederates in the Attic: Dispatches from the Unfinished Civil War* (New York: Vintage, 1998), p.186.

③ U.S. Census Bureau, “Questions and Answers for Census 2000 Data on Race,”Archived, March 14, 2001, https://www.census.gov/census2000/raceqandas.html?cssp=SERP.

宗教的爱尔兰人（信奉天主教）、俄罗斯人（信奉东正教）及犹太人（信奉犹太教）均被排除在主流白人种族之外。此外，还有意大利人、希腊人、西班牙人、瑞典人和芬兰人等文化宗教及其他习俗与盎格鲁 - 撒克逊白种人不同的欧洲白人。他们也是当时美国的少数种族。这些有其自身文化传统且信奉其他宗教的白人，在移民美国后为融入美国的社会不断融合与同化自我，最终与美国的新教社会相适应。因而，在进入 20 世纪后，盎格鲁 - 撒克逊族以外的来自欧洲的白种人也慢慢地不再被看作是单独的种族，并成为"白人"主流种族社会的组成部分。

本节主要抽取较为典型的盎格鲁 - 撒克逊裔、爱尔兰裔以及犹太裔美国人这几个主要的族裔群体的政党认同现状做简要分析，以了解白人内部党派认同的变迁及其现状。

（1）盎格鲁 - 撒克逊裔

盎格鲁 - 撒克逊人发源于日耳曼的部落，在中世纪时迁徙并定居英格兰，所以英格兰人自视为盎格鲁 - 撒克逊人的后代。在美国，来自英格兰并信仰新教的移民认为自己是盎格鲁 - 撒克逊文化的直系传承者。WASPs 这个概念最早由美国政治学家安德鲁·哈克（Andrew Hacker）于 1957 年在谈论美国阶级问题时提出的。他说："他们很富有，属于盎格鲁 - 撒克逊裔并信仰新教。他们居住于东海岸或旧金山周围，后代从小就上预备学校，大学也直接进入常春藤联盟学校接受教育并继承财富。"[①] 最初，缩写中的"W"可能指代"富裕"而不是"白色"，因为"盎格鲁 - 撒克逊白人"中的"白人"是多余的，WASPs 历史上只提到精英群体，并非指所有具有英国血统的人。现在 WASPs 一词的使用范围更广，也指代加拿大、澳大利亚与新西兰的同类人种。

20 世纪 40 年代之前，WASPs 主导了美国社会和文化，在政治、金融和法律机构中都拥有主导地位。文化评论家约瑟夫·爱泼斯坦（Joseph Epstein）曾在其《美国式势利》（*Snobbery: The American Version*）一书中写道："一个人想要在政治经济领域有一定成就，那么他应该是一个白人。一

① Andrew Hacker, "Liberal Democracy and Social Control," *American Political Science Review*, Vol.51, Issue 4, 1957, pp.1009 – 1026, p.1011.

般说来，盎格鲁-撒克逊新教徒成功的概率较大。如果他是爱尔兰天主教徒或者犹太教徒，在能否成功的问题上就得想开一点；如果他是黑人，那么压根别想在这些领域立足。”[①] 二战之后，其他族裔在这些领域也开始有了一席之地，但盎格鲁-撒克逊人在经济文化领域的统治地位仍然强势：历任美国总统中，除肯尼迪为天主教徒与奥巴马为黑人外，其他都是白人新教徒。然而，随着美国社会的发展，近年来白人新教徒感觉自己在政治上的主导地位似乎正受到威胁，如 2008 年总统大选时一位非洲裔美国人与一位女性候选人之间的竞争；2012 年的总统大选则是非洲裔美国人与摩门教徒之间的竞争；2012 年众议院议长约翰·博尔纳（John Boehner 天主教）和参议院多数党领袖哈里·瑞德（Harry Reid 摩门教）都不是新教徒。

以盎格鲁-撒克逊裔白人新教徒为主体的选民在政党认同领域更多地认同共和党，白人新教徒的价值观在一定程度上与美国共和党的主流价值观相重合。近年来，美国的保守主义及福音派宗教势力持续扩大，很多白人新教派别以宗教激进主义解读宗教教义，相关的观点有反对堕胎和反对同性婚姻等自由主义者支持的事务，并希望能够“恢复美国式的生活方式”。数据显示，民主党中白人基督徒比例已经从 10 年前的 50% 缩水至如今的 29%，18—29 岁的民主党人中仅有 14% 为白人基督徒；而在共和党人中，约有 73% 属于白人基督教团体，远超民主党。[②] 不如意的经济状况是白人新教徒选民思想更加趋于保守的原因之一。经济全球化使美国的传统制造业转移到发展中国家，科技的发展使高科技产业与金融业者获利并成为所谓的“新富”（New Money），而相对高薪的传统制造业从业者却被渐渐遗忘。这在一定程度上致使美国中产阶级比例下降，社会贫富差距被进一步拉大。皮尤研究中心的一份调查报告指出，美国目前的中产阶级人数已萎缩至总人口的一半以下：1971 年中产阶级人口占全国总人口的 61%，而如今仅占 49.9%。[③] 2008 年金融危机爆发后，美国中下层白人中很多人面临失业压力。他们经济贫困，最

① Joseph Epstein, *Snobbery: The American Version* (Boston: Houghton Mifflin Company, 2002), p.54.

② 《潜在的巨大变化：美国白人基督徒人口比例降至一半以下》，《搜狐新闻》网，http://www.sohu.com/a/190358757_130887。

③ Pew Research Center, “The American Middle Class Is Losing Ground,” http://www.pewsocialtrends.org/2015/12/09/the-american-middle-class-is-losing-ground/.

终成为所谓“愤怒的白人”。而这群教育程度和收入较低的“愤怒的白人男性”也是特朗普及共和党的主要支持者。

（2）爱尔兰裔

爱尔兰裔美国人于 19 世纪 40—50 年代大批移居美国。他们当时在美国城市中属于重要的少数族裔群体。早期的爱尔兰移民大多集中于东北部各州的城市地区，干着较为底层的工作，生活状况堪忧。经过几代人的努力，爱尔兰移民首先在政治领域有了一席之地。其一，爱尔兰裔是白人族群中除德裔外最大的单一族裔群体（整个 19 世纪有 400 万爱尔兰人移居美国，[①] 因此在城市选举中能保证有较多的选票）；其二，爱尔兰人天生会英语，这一属性使他们较其他族裔能更快地融入美国社会，在社会活动等方面较其他族裔更有影响力。以上两点一定程度上保证并扩大了爱尔兰裔美国人在政治上的影响力。从 20 世纪 30 年代开始，爱尔兰裔政治家活跃于民主党内 [例如，爱尔兰裔城市机器的老板托马斯·塔格特（Thomas Taggart）等人曾担任过民主党全国委员会主席]。现在，两党都有活跃于政坛的爱尔兰裔政治家。20 世纪 90 年代，人们在大选投票后的民调显示，爱尔兰裔民主党和共和党各层级议会与政府机构候选人的比例已接近 1 : 1。[②]

爱尔兰裔美国选民的政党认同从 19 世纪到现在都较倾向于民主党。19 世纪 50 年代，辉格党、共和党及美国党都主张各种各样的社会改革（例如主张限制酒精饮料消费与支持妇女普选权等）。而当时的民主党更倾向于维护现状，正好同爱尔兰裔寻求在当时美国的体制下提高自身地位而不是主张改变当时的体制不谋而合。因此，爱尔兰裔美国人所在地区的多数选民几乎都一边倒地将选票投给了民主党。现在爱尔兰裔美国人几乎都是第三代及以上的爱尔兰移民的后代。他们的经济状况及受教育状况已经大幅提升，收入已处于美国中等阶层之上。整体而言，现在爱尔兰裔选民的党派认同因地域不同而略有差异：一方面，分布在纽约州和伊利诺伊州郊区的爱尔兰裔选民

① 〔美〕托马斯·索威尔：《美国种族简史》，沈宗美译，中信出版社，2011，第 27 页。

② Lawrence J. McCaffrey, *Textures of Irish America, Syracuse* (NY: Syracuse University Press, 1992), 1st edition.

普遍支持共和党候选人；另一方面，在马萨诸塞州和新英格兰南部的其他地方，当地爱尔兰裔的大多数人都与民主党保持着联系。[①] 2017 年 2 月，克林顿研究所运用在线调查和实地走访等方法对爱尔兰中央网站的用户进行了调查。该网站是美国最大且最著名的爱尔兰裔网站，共有 3181 名用户对此次调查做出了回应。调查发现，51% 的受访者是第三代及以上移民后代，他们的教育水平和收入远高于美国的中等阶层；获取信息的途径较保守派更为自由。例如，从电视获得新闻的人中，45% 的爱尔兰裔网民选择收看全国广播公司的新闻（NBC），有 36% 表示收看福克斯新闻台（Fox），而以上两个电视频道中，全国广播公司更偏向自由主义，福克斯则是保守主义阵营的一面大旗。[②] 在 2016 年总统选举中，参与此次调查的爱尔兰裔网民中有 47% 的选民将选票投给了希拉里，27% 投给了特朗普，还有 20% 表示拒绝投票；从政党认同的角度看，41% 的网民表示自己是民主党人，23% 的网民表示自己是共和党人。[③] 可见，爱尔兰裔选民的党派认同虽是两党皆有，但认同民主党的选民更多。

（3）犹太裔

犹太人在外貌上与白人新教徒及爱尔兰人并无太大差异，来美国之前他们散居在德国及东欧各国，但其宗教信仰将他们与其他白人相分离并受到迫害。最早的犹太移民为德裔犹太人，他们大规模地移民始于 1880—1920 年。在此期间，大约有 150 万俄国、波兰及其他东欧国家的犹太人移居美国。[④] 他们的后代构成了今天美国犹太裔的主体。与其他族裔相比，早期来到美国的犹太裔都市化的比例最高，他们在城市里做体力劳动为生，生活较贫苦；但由于犹太人独特的文化与价值观，尤其是对教育的重视帮助他们在美国生根发芽，并逐渐向上流动。不同的宗教信仰及生活习惯曾经让犹太人在欧洲

① Marion Casey & J. J. Lee, *Making the Irish American: History and Heritage of the Irish in the United States* (New York: New York University Press, 2007), p.632.

② Liam Kennedy, "How Irish America Thinks, Votes and Acts," *Irish Times*, Jun. 3, 2017, https://www.irishtimes.com/life-and-style/abroad/how-irish-america-thinks-votes-and-acts-1.3104336.

③ Ibid.

④ 〔美〕托马斯·索威尔：《美国种族简史》，沈宗美译，中信出版社，2011，第 86 页。

长期遭受宗教迫害。这样的集体记忆使他们在政治上更倾向于接受和附和弱者的观点。20 世纪 20 年代前，共和党在一定程度上较民主党更为开明，此时的犹太裔共和党议员人数远超民主党议员。例如，1920 年国会中共有 11 名犹太人，其中犹太裔共和党议员 10 名，剩下的 1 名为社会主义党议员。然而，自 1922 年后，以民主党身份当选国会议员的犹太人超过了以共和党身份当选的犹太人。[①] 今天，犹太裔参政者的党派认同依然更倾向于民主党：在第 116 届国会中，参议院共有 9 名犹太裔议员，其中 8 名为民主党议员，1 名为独立党派；众议员共有 27 名犹太裔议员，其中 25 名民主党议员，2 名共和党议员。[②]

与此相应的是，犹太裔美国选民的政党认同自 20 世纪 20 年代到今天也都较倾向于民主党。据美国皮尤研究中心 2013 年调查，70% 的犹太裔美国人自认为倾向于民主党；相比之下，只有 49% 的普通美国民众倾向于认同民主党；22% 的犹太人认为自己倾向于共和党。一般美国公民的党派认同的比例为 39%；东正教犹太人的党派认同更倾向于共和党，而他们在犹太裔人口中占比不到 10%。[③] 调查还显示，犹太裔美国人大多支持自由主义：49% 的犹太人认为自己是自由主义者，只有 19% 的人支持保守主义；而美国普通民众对二者的支持率分别为 21% 与 38%。[④] 因此，犹太裔选民认同民主党主要是基于其自由主义的政治理念并认同其核心价值观。例如，犹太裔美国人认为政府应发挥其更多职能、赞成为少数群体发声等。美国皮尤研究中心数据还显示，54% 的犹太人认为政府应该发挥更大作用并服务于人民（相比之下，只有 40% 的美国普通民众更喜爱“大”政府），82% 的犹太人认为社会应接受同性恋[⑤]（而只有 57% 的美国普通民众接受同性恋）。为了吸引更多犹太裔选民的选票，共和党在支持以色列等关键问题上已调整立场。目前，犹太

① 〔美〕托马斯·索威尔：《美国种族简史》，沈宗美译，中信出版社，2011 年版，第 103 页。

② Jewish Virtual Library, “Jewish Members of U.S. Congress: 116th Congress (2019 – 2021),” https://www.jewishvirtuallibrary.org/jewish-members-of-the-116th-congress.

③ Pew Research Center, “A Portrait of Jewish Americans,” http://www.pewforum.org/2013/10/01/jewish-american-beliefs-attitudes-culture-survey/.

④ Ibid.

⑤ Ibid.

裔选民并不认为以色列对于美国的政治忠诚至关重要，因而依然认同民主党及其政策。

除盎格鲁-撒克逊新教徒、爱尔兰裔与犹太裔美国人外，德裔、意大利裔、波兰裔以及其他欧洲族裔如今都是美国白人的重要组成部分。经过200多年的融合与发展，特别是跨族裔通婚现象的扩大，各族裔在外貌与谈吐等方面并无太大分别。总的来说，在党派认同上，最早到达北美的盎格鲁-撒克逊新教徒因自身及外部环境的影响，思想日渐保守，在党派认同上更加偏向共和党，而爱尔兰裔与犹太裔等当初的"少数族裔"则在思想上更偏自由主义。可见，美国白人内部各族裔群体的党派认同依然具有一定的差异性，但是我们不能笼统地将所有美国白人的党派认同整齐划一地归属于某一个党派，或将他们各自的党派认同混为一谈。

2. 非白人少数族裔群体的党派认同

在美国选举政治背景下，选举是美国政治生活的核心。美国的选举制度虽然复杂，但选举结果归根结底还是取决于每一位选民的态度以及参选者的参政意识。近年来，美国人口族裔结构的变化对美国政治选举的影响已有所体现，不仅少数族裔选民人数在不断增加，而且打破白人垄断并走上美国政治舞台的各层级少数族裔候选人及官员也越来越多。从参政者层面看，少数族裔参政者的数量稳步增长，其中一个明显特征是少数族裔议员在国会中占据的席位越来越多。例如，美国第114届国会与第115届国会中几乎每5位议员中就有1位为少数族裔，成为近年来族裔最多元化的2届国会，非白人议员占比从第114届国会的17%上升到第115届的19%。① 可见少数族裔参政者的数量正在稳步增长，他们的声音对美国少数族裔群体的利益和诉求至关重要。从少数族裔选民的角度看，各族裔在大选时的投票率也在逐年增加，成为民主党、共和党争夺的对象。

（1）非洲裔

今天的美国黑人是北美大陆各种文化与人种融合的产物。他们被殖民者

---

① Kristen Bialik & Jens Manuel Krogstad, "115th Congress Sets New High for Racial, Ethnic Diversity," http://www.pewresearch.org/fact-tank/2017/01/24/115th-congress-sets-new-high-for-racial-ethnic-diversity/.

强行带到新大陆并被奴役至1863年（即林肯颁布实施《解放黑人奴隶宣言》之后）。在那个年代，美国南北方在对黑人的管理上有一定差异。北方的黑人主要以契约奴的形式劳动，在卖身契约到期后便成为了“自由的有色人”（他们大多数是黑白混血儿，受教育程度高于一般黑人）；而南方种植园的黑人则世代为奴，直到1863年才得以解放。后来，许多“自由的有色人”成为了黑人精英，肤色较浅，内心具有阶级地位较高的自我意识，急于将自己与普通黑人区分开来，黑人群体中的主要参政者也是这群黑人精英的后代。内战后，他们积极投身争取平等普选权的运动中。

1870年通过的宪法第15条修正案使黑人有了选举权，但很少有人能够进入政府及相关部门工作，直到罗斯福执政期间黑人的政治力量才有机会充分展现。罗斯福任命了第一批黑人联邦法官，联邦政府中许多部门都设立了黑人顾问。民主党人首先重用黑人官员，各位黑人参政者自然而然地更加认同民主党。在第115届国会中共有50位非洲裔议员，其中参议员3人（民主党与共和党的人数分别为2人与1人）；众议员共有45位议员（民主党与共和党人数分别为43人与2人）。[①]第116届国会共有56名非洲裔议员，其中参议员3名（民主党与共和党的各1名）；众议院共有非洲裔议员53名（民主党与共和党的议员人数分别为52名与1名）。[②]可见，非洲裔民主党议员占绝大多数，共和党议员人数则很少，说明今天非洲裔参政者的党派认同主要为民主党。

实际上，南北战争之后直到20世纪初，非洲裔选民的党派认同都偏向于共和党。这主要是因为共和党第一任总统林肯发布了《解放黑人奴隶宣言》，战后南方重建时期的一系列改革也是在共和党人的主导之下，通过国会大力推动进行的。另外，南方重建结束之后，统治南方各州并施行种族隔离政策的政治家都是民主党人。只是在1932年民主党候选人富兰克林·罗

① United States House of Representatives, History, Art & Archives, “Black-American Representatives and Senators by Congress, 1870 – Present,” http://history.house.gov/Exhibitions-and-Publications/BAIC/Historical-Data/Black-American-Representatives-and-Senators-by-Congress/.

② Jennifer E. Manning, “Membership of the 116th Congress: A Profile,” https://crsreports.congress.gov/product/pdf/R/R45583.

斯福当选总统并形成了所谓的“新政”联盟之后，变革才真正开始。“联合政治和经济研究中心”（The Joint Center for Political and Economic Studies）的数据显示，罗斯福于1936年获得了71%的黑人选票，杜鲁门于1948年获得了77%的黑人选票；杜鲁门设立了常设性的“公平就业实施委员会”，以防止就业上的种族歧视；大多数非洲裔选民从此标榜自己为民主党人。[①]不过，随后几次总统大选中认同共和党的黑人选民比例依然较高：艾森豪威尔1956年得到了39%的黑人选票，尼克松1960年也获得了32%的黑人选票。[②]直到1964年，非洲裔选民的党派认同才完成了向民主党的彻底转向。当时，在黑人民权运动的推动下，民主党总统林登·约翰逊签署了具有里程碑意义的《民权法案》（禁止在公共场所进行隔离），而共和党候选人巴里·戈德沃特则表示反对。这使约翰逊在当年的总统选举中获得了94%的非洲裔选票。且自那时起，共和党总统候选人再也没有获得超过15%的黑人选票。奥巴马作为第一个非洲裔总统候选人对非洲裔选民的吸引力自然最高，分别在2008年与2012年的总统大选中获得95%和93%的非洲裔选民的选票；在2016年大选中，也有88%的非洲裔选民投票给了民主党总统候选人希拉里。可见，非洲裔选民的党派认同自1932年开始就偏向于民主党，并一直稳定地保持至今。[③]

尽管非洲裔领导人和选民长期以来都抱怨民主党不重视黑人的选票及视非洲裔选票为理所当然之事且常常忽视非洲裔选民的诉求，而且随着美国人口构成正变得越来越多元化，共和党领导人也在不断试图将非洲裔选民吸引到党内，但共和党要真正获得非洲裔选民的大多数支持还有很长的路要走。这主要是因为共和党的政策中有反对那些有利于有色人种的政府项目（如政府资助的社会福利项目和“肯定性行动计划”等），因为这些项目与党内白人选民的态度和利益相冲突，而这些白人才是共和党的基础选民。此外，共

① Brooks Jackson, “Blacks and the Democratic Party,” FactCheck, April 18, 2008, https://www.factcheck.org/2008/04/blacks-and-the-democratic-party/.

② Ibid.

③ Alison Durkee, “Here’s a Breakdown of How African-Americans Voted in the 2016 Election,” https://mic.com/articles/159402/here-s-a-break-down-of-how-african-americans-voted-in-the-2016-election#.8kZYl5JGi.

和党迫切要求减少联邦监督，主张政府管得越少越好，而许多黑人选民认为强有力的联邦监督有助于保护他们的公民权利，因此，在可预见的未来，非洲裔选民仍将会保持对民主党的党派认同。

（2）拉丁裔

拉丁裔美国人大多为欧洲白人与美洲原住民的混血族群。美国 1846 年发动美墨战争，一举吞并了墨西哥自加利福尼亚至格兰德河之间的土地。原先在这大片土地上居住的数以万计的墨西哥人，除了有小部分因支持墨西哥政府而移居回墨西哥本土以外，其他大部分人口都选择继续居留于这片土地上，成为了今天美国拉丁裔族群的主体。20 世纪，移居美国的拉丁裔人数开始大幅增加，来源地包括整个拉美各国。1920—1980 年，拉丁裔人数已分别超百万与千万，其中约 60% 为墨西哥裔。①

拉丁裔的党派认同比较复杂，其中参政者主要为古巴裔与墨西哥裔。古巴裔主要是 20 世纪 80 年代通过政治避难进入美国的古巴人及其后代。这些人或其父母原本在古巴生活条件优越并接受了较好的教育。他们大多反对其母国的卡斯特罗政权，因此在美国也反对民主党一系列缓和美古两国关系的举措。这一原因促使古巴裔参政者在共和党内获得一席之地。然而，由于共和党主张对美墨边境加强监管，严防墨西哥裔非法移民，这又让墨西哥裔选民感到不满，导致墨西哥裔参政者多数选择民主党作为其参政的渠道。有分析指出，如果共和党不断招募保守的古巴裔美国人，也许拉丁裔选民对共和党的好感会日益增加，认同共和党的拉丁裔选民会更多。总体上看，拉丁裔议员是国会中议员人数排第 2 位的少数族裔。第 115 届国会共有 39 名拉丁裔议员，其中参议员 4 名（民主党与共和党各 2 名），众议员共 36 名议员（民主党 28 人、共和党 8 人）。② 第 116 届国会中共有 51 名拉丁裔议员，其中众议员 46 名（民主党 37 人、共和党 9 人）、参议员 5 名（民主党 3 人、共和党 2

① Wikipedia contributors, "Historical Racial and Ethnic Demographics of the United States,"https://en.wikipedia.org/w/index.php?title=Historical_racial_and_ethnic_demographics_of_the_United_States & oldid = 855386520.

② Kristen Bialik & Jens Manuel Krogstad, "115th Congress Sets New High for Racial, Ethnic Diversity," http://www.pewresearch.org/fact-tank/2017/01/24/115th-congress-sets-new-high-for-racial-ethnic-diversity/.

人）。[1]可见，拉丁裔民主党议员较多，共和党议员人数较少。这说明拉丁裔参政者的主要党派认同为民主党。

拉丁裔选民的党派认同根据其居住地而有所不同，但具有投票权的拉丁裔选民一般多数都支持民主党。美国皮尤研究中心数据显示，拉丁裔选民对民主党的认同在2012年达到顶峰：当年的总统选举中，约73%的拉丁裔美国人投票支持了奥巴马；2016年，也有64%的拉丁裔选民投票给了民主党候选人希拉里或倾向于认同民主党。[2]由于近些年来自墨西哥的非法移民问题日益突出，加之共和党主张对非法移民实行紧缩政策，拉丁裔选民支持共和党的比例一直较低（如2016年仅有11%的拉丁裔选民表示愿意在大选中投票给共和党候选人）。此外，拉丁裔的政党观点随年龄的变化也存在一些差异（如2016年大选期间，较年长的拉丁裔比年轻的拉丁裔更倾向于认为民主党比共和党人更关心拉丁裔群体）；在已登记选民中，59%的36岁及以上的拉丁裔选民表示更加倾向于认同民主党，而18—35岁的拉丁裔选民认同民主党的比例为48%。[3]从整体上看，拉丁裔选民的党派认同更倾向于民主党，但两党认同比例的差别较非洲裔选民认同更小。

（3）亚洲裔

亚洲人从19世纪中期开始大量涌入美国。最初的亚裔主要为经济移民：满足一定的经济需求，但不能享受欧洲白人移民的政治权利或公众认可。例如，内战后美国与中国签署条约，鼓励华人移民到西部修筑铁路；但与在东部铁路工作的爱尔兰移民不同的是，当时的中国人没有资格入籍成为美国公民。20世纪60年代民权运动兴起之前，亚裔美国人一直处于美国政治生活之外。后来，随着《移民国籍法修正案》和《投票权法案》的实施，美国的政治环境有所改善，亚裔美国人社会经济地位也有很大提高；更多亚裔美国人参与到美国的政治活动中。

---

① Jennifer E. Manning, “Membership of the 116th Congress: A Profile,” https://crsreports.congress.gov/product/pdf/R/R45583.

② Mark Hugo Lopez, Ana Gonzalez-Barrera, Jens Manuel Krogstad & Gustavo Lopez, “Latinos and the Political Parties,” http://www.pewhispanic.org/2016/10/11/latinos-and-the-political-parties/.

③ Ibid.

现在，亚裔参政者主要由华裔及日裔构成，国会中的亚裔议员主要为民主党议员。由于亚裔国会议员数量较少，皮尤研究中心根据美国人口普查局的分类将其数据与太平洋各岛出身的议员数据合并在一起进行统计。第 115 届国会中共有 15 名亚裔与太平洋各岛裔议员，其中参议院议员 3 名，均为民主党议员；众议院议员共 12 名，均为民主党议员，其中有 2 名跨族裔议员，皮尤研究中心对其进行了重复计算。[①] 第 116 届国会中共有创纪录的 20 名亚裔及太平洋各岛裔议员，其中参议员 3 名（均为民主党议员），众议院 17 名（16 名民主党议员、1 名共和党议员）。可见，亚裔与太平洋各岛裔议员的主要党派认同为民主党。

亚裔选民的党派认同也经历过一次较大转变。1992 年，大多数亚裔选民投票支持时任总统、共和党候选人乔治·布什（通称：老布什），而比尔·克林顿在当年仅获得 31% 的亚裔选票。[②] 当时媒体认为：亚裔群体是一个支持共和党的富裕群体，较为保守，与支持民主党的富裕白人群体相比显得十分特别。[③] 进入 21 世纪后，亚裔选民开始转向认同民主党。在 2004 年的大选中，民主党人克里获得了 56% 的亚裔选票。不过整体上亚裔选票比较分散，有调查发现亚裔选民内部的党派认同有较大差异，其中华裔、印度裔和日裔选民倾向于支持民主党候选人克里，而韩裔、越南裔和菲律宾裔选民则倾向于支持共和党候选人小布什。[④] 在 2012 年总统大选中，由于共和党在移民及医保问题上更为保守，亚裔选民大规模地认同民主党。调查显示，73% 的亚裔选票流向奥巴马，仅次于非洲裔选民，其中包括越南裔选民；不过越南裔中倾向于认同共和党的比例仍然较高，达到

---

① Kristen Bialik & Jens Manuel Krogstad, "115th Congress Sets New High for Racial, Ethnic Diversity," http://www.pewresearch.org/fact-tank/2017/01/24/115th-congress-sets-new-high-for-racial-ethnic-diversity/.

② Jeffrey D. Schultz, ed., *Encyclopedia of Minorities in American Politics* (Phoenix: Oryx Press, 2000), Vol.1, pp.261 – 62.

③ Ibid.

④ Jim Lobe, "Asian-Americans Lean toward Kerry," Archived, Sept.19 2008 (at the Library of Congress), *Asia Times*, Sept.16, 2004.

了 39%（在亚裔中最高）。[①] 2016 年总统选举中，虽然亚裔选民对民主党的认同比例有所下降，但比例仍大幅超越支持共和党的亚裔选民，其中有 59% 的亚裔选民支持希拉里·克林顿，而支持特朗普的亚裔选民只有 16%。[②]

（4）印第安人

1492 年哥伦布发现新大陆后，欧洲殖民者带着疾病和战争来到了美洲大陆，逐步使美国印第安人的人口急剧下降。美国东部的地理环境较好，有利于农作物的耕种。出于自身利益需求，美国军队在其建国之初就开始驱逐东部印第安人（驱逐行为的高潮是安德鲁·杰克逊总统于 1830 年推出的《印第安人清除法案》）。各地政府纷纷对原住民施压，用各种手段逼迫他们离开，迁往中西部山区的保留地。随后，美国政府于 1887 年颁布了《道斯单独占有土地法案》。该法案将印第安各部落的保留地由部落所有转为个人所有，旨在推动印第安人逐渐同化并融入美国社会。19 世纪末至 20 世纪初，美国政府建立了大量的印第安人寄宿学校，并强制在这些学校上学的印第安人孩子学习 WASPs 文化，以期抹去这些孩子的印第安印记。这些歧视性的政策对美国的印第安人造成了较大的创伤，使得他们的政治诉求主要集中于争取印第安人自决权。在 20 世纪 60 年代黑人民权运动及妇女解放运动等争取自身权益的时代浪潮中，印第安人民族组织也有所发展，其中规模较大的有“部落主席协会”（National Tribal Chairmen's Association）与“美国印第安人运动”（American Indian Movement）等。这些组织在促进美国印第安人民族自决方面起到了重要作用，也使他们参与到美国的政治活动中。

在党派认同上，20 世纪 90 年代，各印第安部落领导人约 61% 是民主党人，10% 是共和党人。[③] 虽然在任的印第安人各州议员大多数为民主党人，不过在第 115 届国会中，只有 2 名众议院议员拥有印第安血统，且均为共和党议

① Karthick Ramakrishnan, “How Asian Americans Became Democrats,” *American Prospects*, July 26, 2016, http://prospect.org/article/how-asian-americans-became-democrats-0.

② Karthick Ramakrishnan, Janelle Wong, Taeku Lee & Jennifer Lee, “Report on Registered Voters in the Fall 2016 National Asian American Survey,” *National Asian American Survey*, Oct. 6, 2016, http://www.apiavote.org/research/2016-national-asian-american-survey.

③ Jerry D. Stubben, *Native Americans and Political Participation: A Reference Handbook, Santa Barbara* (CA: ABC Clio, 2006), p.168.

员。[①] 在第 116 届国会，有 4 位印第安人担任国会众议员，其中 2 位共和党人、2 位民主党人。可见，拥有印第安血统的参政者仍为少数，且印第安参政者内部的党派认同也具有一定差异性。实际上，从 1924 年国会颁布《印第安人公民法案》（Indian Citizenship Act）之后，美国的印第安人才被美国政府正式承认为美国公民并拥有选举权。1970 年以前，由于印第安事务局（Bureau of Indian Affairs）中高级官员对政策制定具有较大的影响力，党派政治对印第安人选民的影响较小，因此美国印第安人选民的党派认同在很长一段时间里并不太明显。[②] 虽然人们普遍认为印第安人与美国其他少数族裔一样，更支持有利于有色人种的民主党，但调查显示：认为自己是独立选民的印第安人人数也较多。一份 2004—2008 年采集到的研究数据显示，1616 名印第安选民中约有 33.7% 的选民认同民主党，而 31.8% 的选民认为自己是独立选民。这就是说他们对两党均不认同，差异较小。[③]

总体上来说，美国少数族裔参政者的党派认同更多地倾向于民主党。以国会为例，民主党议员在各少数族裔议员中的占比远超共和党。如非洲裔与西语裔议员中虽有共和党议员，但占比非常小；西语裔共和党议员稍多于非洲裔共和党议员；亚裔、太平洋岛裔及原住民等族裔在最近一届国会中才有了共和党议员；虽然印第安人在国会议员中主要是共和党人（只是在最近一届国会中才增加了 2 名民主党议员），但各州州议员中，有民主党背景的印第安人的数量远比认同共和党的印第安人的数量多。可见，民主党的确是各少数族裔参政者的党派认同之所在，而各少数族裔选民大多经历了从共和党到民主党这一党派认同的转变（如新政期间黑人选民及犹太裔选民更倾向于认同民主党，亚裔选民也在进入 21 世纪后转向认同民主党）。

究其原因，两党在不同问题上的政策主张是这一转变的原因之一。如共

① Mark Trahant, "Native American Republicans: Opening Up a Channel for Discourse about Indian Country's Issues," https://trahantreports.com/2017/03/06/the-elected-opening-up-a-channel-for-discourse-about-indian-countrys-issues/.

② Lyman S. Tyler, *A History of Indian Policy, Bureau of Indian Affairs* (Washington D.C.: U.S. Government Printing Office, 1973).

③ Jeffrey W. Koch, "Partisanship and Non-Partisanship among American Indians," *American Politics Research*, 2017, Vol.45, No.4, pp.673–691.

和党在20世纪20年代开始主张限制移民数量（主要针对犹太裔移民），致使犹太裔及非洲裔选民转向支持民主党；而亚裔选民自21世纪后一直支持民主党在教育、就业和医疗保健等方面与他们利益相关问题的立场与政策。

三、影响美国少数族裔党派认同的因素

影响少数族裔群体党派认同的因素复杂，各方面因素相互作用而形成了少数族裔的党派认同，其中包括两党政策、宗教信仰、教育状况等外部的、自身的和历史的各种因素。

1. 政党政策

由于美国政治实行两党制，民主党与共和党也分别代表自由主义与保守主义两大意识形态，因此，两党对各个政治议题及相关政策的态度也具有较大差异性。而相关政策会涉及各族裔群体自身的利益，各族裔群体因而也会根据自己的获益情况来选择自己的党派认同。

（1）各族裔群体最关心的议题不尽相同

尽管各族裔最关心的大都是与经济相关的议题，但侧重点各不相同。美国民意测验机构盖洛普于2012年在不同族群中做了一项针对经济社会等议题的关心度调查。结果显示，非洲裔选民比拉丁裔选民及白人选民更关注失业率问题；白人选民则更为担心联邦预算赤字问题；拉丁裔选民比其他族裔更重视移民与经济问题。[①] 皮尤研究中心一项针对非洲裔选民做出的调查也显示，该族群最关心的还是失业率与找工作等相关问题。[②] 另一项针对拉丁裔选民做出的调查显示，该族群最看重教育政策与就业问题。[③] 由卡斯克·罗摩克西纳（Karthick Ramakrishnan）等学者于2016年出具的对全美亚裔选民

① Lydia Saad, "In U.S., Jobs a More Glaring Issue for Some Groups than Others," https://news.gallup.com/poll/155375/jobs-glaring-issue-groups-others.aspx.

② Pew Research Center, "Blacks See Growing Values Gap between Poor and Middle Class," http://www.pewsocialtrends.org/files/2010/10/Race-2007.pdf.

③ Jens Manuel Krogstad, "Top Issue for Hispanics? Hint: It's Not Immigration," http://www.pewresearch.org/fact-tank/2014/06/02/top-issue-for-hispanics-hint-its-not-immigration/.

的调查显示，亚裔选民最关心的议题除了经济与就业等问题之外，医疗保健也是他们十分关注的问题。[①] 各族裔群体关心的议题不尽相同也直接反映了现实世界中各群体之间的差异。其中，最为关注就业问题的非洲裔选民的失业率在所有族裔群体中占比最高。根据美国劳动统计局数据，2018 年第二季度白人人口失业率为 3.9%，拉丁裔人口失业率为 5.4%，非洲裔人口失业率为 7.3%，而亚裔人口失业率仅为 3.0%。[②] 关注移民及教育问题的拉丁裔已成为仅次于白人种族的全美第二大族裔群体。这些移民的二代子女教育问题正困扰着这个群体。亚裔群体对医疗保健的特别关注则源于该族裔感觉看病难，并且有些工作单位不提供医保这样的现实困境。[③]

表 5　各族裔 2018 年第二季度失业率[④]

时　间	全美平均	白　人	非洲裔	亚　裔	拉丁裔
2018 第二季度失业率	3.8%	3.4%	6.1%	2.7%	4.5%

（2）两党对于以上议题的政策也具有差异性

针对就业问题，民主党制定了美国就业法的关键部分（如工资税减免、雇用退伍军人企业的税收减免以及失业保险延期等）。2018 年 4 月，民主党更是提出了政府保障就业计划（Government-Guaranteed Jobs），用为政府服务的形式帮助广大失业者创造更多的工作岗位。[⑤] 在共和党方面，关于就业政策的理念是较少的政府监管将有助于促进较低的失业率。共和党认为政府需要停止干预经济和企业运营，让市场和企业创造更多的就业机会，这

① Karthick Ramakrishnan, "Top Issues for Asian American Voters, Fall 2016," *National Asian American Survey*, http://naasurvey.com/top-issues-2016/.

② Bureau of Labor Statistics, "Labor Force Statistics from the Current Population Survey," https://www.bls.gov/web/empsit/cpsee_e16.htm.

③ Wooksoo Kim & Robert H. Keefe, "Barriers to Healthcare among Asian Americans," Social Work in Public Health, Vol.25, Issue 3–4, 2010, pp.286–295.

④ Bureau of Labor Statistics, "Unemployment Rates by Age, Sex, Race, and Hispanic or Latino Ethnicity," https://www.bls.gov/web/empsit/cpsee_e16.htm.

⑤ Jim Tankersley, "Democrats' Next Big Thing: Government-Guaranteed Jobs," *The New York Times*, https://www.nytimes.com/2018/05/22/us/politics/democrats-guaranteed-jobs.html.

样才能向民众提供所需的就业资源来养活自己。关于医疗问题，奥巴马在任期间提出了医疗改革计划 [即所谓的奥巴马医改计划（Patient Protection and Affordable Care Act 或称 Obama Care）]，其目标在于控制医疗费用的上涨，提高医疗体系的效率及提升医疗服务质量；而共和党则提出了所谓的“健康储蓄账户”（HSAs：Health Savings Accounts）和“健康给付账户”（HRAs：Health Reimbursement Arrangements），鼓励医患在医保体系中握有更多的决定权。针对移民问题，民主党明确表明要加大对移民政策的改革力度。为此，奥巴马在任时减缓了对非法移民的驱逐，实行“年轻无证移民暂缓遣返计划”（Deferred Action for Childhood Arrivals Program，简称 DACA 项目），以此期望帮助一部分非法移民获得美国公民资格；而共和党则表明任何国家的移民政策都必须将现有公民利益放在首位，具体表现为特朗普上台后宣布终止 DACA 项目，对入境美国的难民人数上限进行更严格的限制，并要求更严格的审查规则。以上政策都表明奉行保守主义的共和党试图打造一个“小政府”。相比之下，民主党简单明了的帮扶政策对大多数处于中产阶级及以下阶层的少数族裔更具吸引力。

2. 少数族裔自身因素

（1）宗教信仰

在美国，一个选民的宗教信仰能影响其在政治上的党派认同。在历届总统选举中，支持共和党候选人的宗教团体（如福音派基督徒和白人天主教徒）在 2016 年大选时也坚定地支持特朗普（支持率分别为 81% 与 60%）；而无宗教信仰者、西班牙语裔天主教徒、犹太教徒与佛教徒等其他宗教信仰者（他们传统上更倾向于支持民主党候选人），在 2016 年大选时他们坚决地将选票投给了希拉里 · 克林顿（支持率分别为 68%、67%、71% 与 62%）。[①] 各少数族裔中，超过半数（53%）的非洲裔属于某个黑人新教教堂。[②] 这些非洲裔

① Gregory A. Smith & Jessica Martinez, “How the Faithful Voted: A Preliminary 2016 Analysis,”http://www.pewresearch.org/fact-tank/2016/11/09/how-the-faithful-voted-a-preliminary-2016-analysis/.

② David Masci, “5 Facts about the Religious Lives of African Americans,”http://www.pewresearch.org/fact-tank/2018/02/07/5-facts-about-the-religious-lives-of-african-americans/.

新教徒社会地位低下，一直支持民主党的自由主义的社会经济改革政策。其中 90% 的非洲裔新教徒在 2016 年大选中投票给了希拉里。[①] 至于拉丁裔美国人，他们中间约有半数人（55%）信仰天主教。[②] 由于自由主义的民主党推行的堕胎自由化有悖于天主教徒重视生命的宗教价值观，这些拉丁裔天主教徒在投票时有较大的矛盾心态。尽管如此，还是有约 67% 的拉丁裔天主教徒在 2016 年大选中更加偏向于民主党。[③] 亚裔的宗教信仰多元，因而情况相对较为复杂。他们中间有约 42% 的成年亚裔信仰基督教，26% 的人无特定宗教信仰，佛教徒与印度教徒分别占 14% 与 10%。[④] 这些无特定宗教信仰者、佛教徒等非基督教选民在 2016 年大选中依然更加认同民主党并支持希拉里。

（2）受教育程度

学历在一定程度上也能够影响一个选民的党派认同，高学历者往往能从不同视角看待社会问题，了解现代经济社会的复杂性，因而支持政府在经济管理与投资等领域发挥关键性作用。民主党主张改善基础设施，加大对教育的投资，加强科研开支以及开发可再生能源等（这得到那些高学历选民的认同）；而低学历者则不太信任与他们价值观不符的提案，思维更加保守。这从 2016 年的大选就可明显地看出来：在具有高中学历的选民群体中，民主党与共和党分别获得 45% 与 51% 的支持率；在具有本科学历的选民群体中，民主党和共和党分别获得了 49% 与 45%；在具有研究生学历的选民中，民主、共和两党则分别获得了 58% 与 37% 的选票。[⑤] 可见，学历越高的选民越倾向于认同民主党的政策理念。

各少数族裔群体中，亚裔受教育水平最高，其平均受教育水平高于其他族裔；而与其他族裔相比，拉丁裔的受教育水平相对较低。2017 年，各族裔

① Daniel Cox & Robert P.Jones, “The 2016 Religion Vote,”https://www.prri.org/spotlight/religion-vote-2016/.

② Pew Research Center, “The Shifting Religious Identity of Latinos in the United States,”http://www.pewforum.org/2014/05/07/the-shifting-religious-identity-of-latinos-in-the-united-states/.

③ Pew Research Center, “Asian Americans: A Mosaic of Faiths,”http://www.pewforum.org/2012/07/19/asian-americans-a-mosaic-of-faiths-overview/.

④ Ibid.

⑤ Walbert Castillo, “How We Voted — by Age, Education, Race and Sexual Crientation,”*USA Today*, http://college.usatoday.com/2016/11/09/how-we-voted-by-age-education-race-and-sexual-orientation/.

25—29岁青年中拥有高中文凭的人数差别不太大，均为90%左右，拉丁裔、印第安人与其他族裔群体之间仅差5个百分点，为85%；而各族裔25—29岁拥有本科及以上学历青年占比差距较大，其中亚裔比例最高，为60%，白人为42%，非洲裔约为23%，拉丁裔与印第安人都只有不到20%。[①] 亚裔选民的党派认同显然与该族裔成员中高学历者占比高有一定关联性。

（3）少数族裔群体的内部分化

各少数族裔大多数选民的党派认同都倾向于民主党，但各族裔中也不乏支持共和党的选民及共和党议员。其中非洲裔选民中虽然有超过90%的选民认同民主党，但不少非裔依旧遵循保守主义的意识形态。黑人保守主义缘起于美国保守主义运动，其特征为“抛开社会经济地位和体制上的种族主义，强调个人选择和责任”。[②] 他们希望黑人企业与社区能通过自已的奋斗改善经济状况，而不是向联邦政府寻求政策上的帮助，也希望非裔美国人融入美国主流社会。同时，宗教信仰也是促使这些非裔选民认同共和党的原因。约14%的非裔是福音派基督徒，[③] 他们思想保守，支持共和党在堕胎和同性恋婚姻等社会问题上的观点。在国会议员和政府官员中，我们也可以看到不少属于共和党的少数族裔成员（如小布什政府时期的国务卿鲍威尔、国家安全事务助理赖斯等）。

拉丁裔的情形更为复杂些，因为其人口范围覆盖很广，主要由来自墨西哥、古巴、委内瑞拉、波多黎各与萨尔瓦多等国的移民及其后裔构成。这其中的党派认同都各有较大差别，如大多数古巴裔美国人和委内瑞拉裔美国人倾向于支持共和党，而墨西哥裔美国人、波多黎各人、萨尔瓦多裔美国人、危地马拉裔美国人和多米尼加裔美国人倾向于支持民主党。古巴裔是拉丁裔中最支持共和党的群体，这主要是1959年古巴革命后美古两国关系恶化，

① Thomas D. Snyder, Cristobal de Brey & Sally A. Dillow, “Digest of Education Statistics 2014,” National Center for Education Statistics, https://nces.ed.gov/pubs2016/2016006.pdf.

② Leah Wright Rigueur, “The Forgotten History of Black Republicans,” *The Daily Beast*, https://www.thedailybeast.com/the-forgotten-history-of-black-republicans.

③ David Masci, “5 Facts about the Religious Lives of African Americans,” http://www.pewresearch.org/fact-tank/2018/02/07/5-facts-about-the-religious-lives-of-african-americans/.

一批反对该政权的古巴人也在这时移民到美国。历年来，古巴裔在美国组成了强有力的游说组织——“全美古巴裔美国人基金会”（Cuban American National Foundation），并获得了诸如里根和老布什总统的强有力支持，因而古巴裔往往倾向于支持对古巴持更强硬立场的共和党。奥巴马在任期间着手改善美国与古巴的关系，并结束对古巴实施了多年的禁运；希拉里竞选期间也表示将进一步改善两国关系。但由于在美国的古巴裔大多反对其母国政权，因此不支持民主党采取的一系列缓和两国关系的举措，甚至将民主党与共产主义联系起来。[①]尽管如此，在美国长大的年轻一代古巴裔思想更为开放包容，不少人转而认同民主党。[②]

20世纪40—90年代，大多数亚裔美国人都是逃离中国大陆、朝鲜或越南的反共难民，因而有着强烈的反共意识。[③]近年来，除越南裔选民更偏向于共和党外，接受过高等教育占比较高的亚裔群体更加认同民主党。同古巴裔一样，来自越南的战后政治难民认同共和党更加强硬的反共态度，这是因为1975年越战结束后越南共产党占领南方，宗教受到了严格限制，许多天主教徒也在此时移民到美国。这些信奉天主教的移民在社会问题上保守程度更高并认同共和党的意识形态。然而，越来越多的越南裔选民表示并无明确的党派认同，这和越来越多的亚洲裔持无党派立场的趋势一致。2008年登记为选民的越南裔中有42%认同共和党，而2016年则减少到了23%。与之相应，越南裔中无党派认同的选民越来越多。2008年，40%的越南裔登记选民认为自己持无党派认同，或声称他们“没有从政党角度思考”（2016年这一比例进一步上升到了47%）。[④]研究表明，第二代越南裔选民倾向于投票给民主党候选人，他们更认同民主党建设“大政府”的构想，并支持奥巴马医改等社会服务方面的议题。

① Fernanda Uriegas, “Why Do Many Cubans Vote Republican?” Medium, https://medium.com/@fernanda.uriegas.fabian/why-do-many-cubans-vote-republican-a72c9831bbad.

② Jens Manuel Krogstad, “After Decades of GOP Support, Cubans Shifting toward the Democratic Party,” http://www.pewresearch.org/fact-tank/2014/06/24/after-decades-of-gop-support-cubans-shifting-toward-the-democratic-party/.

③ Schultz Jeffrey D. & Others, *Encyclopedia of Minorities in American Politics Volume* 1 (Phoenix: Oryx Press, 2000), pp.261－62.

④ Karthick Ramakrishnan, “2016 National Asian American Survey,” http://naasurvey.com/top-issues-2016/.

总的来说，在美国两党政治的博弈中，各少数族裔群体都已经形成了其主流的党派认同（即各少数族裔都更加支持民主党的相关政策）。但在不同的意识形态、宗教信仰与受教育程度等多方面因素作用下，其内部也存在着一定的分化（如各族裔群体中天主教教徒更认同保守主义的共和党，学历相对较高的亚裔更认同民主党等）。除古巴裔、越南裔等由于特殊的历史因素——反对其母国社会主义政权——形成了其反对主张两国关系缓和的民主党而支持共和党外，大部分少数族裔的党派认同依然为民主党。此外，有些族裔群体的政党认同还与他们对这一政党的历史情结有一定关联（如黑人在罗斯福“新政”之前一直支持共和党，这与共和党即“林肯的党”这一情结有直接关联）；而犹太裔一直倾向于支持民主党，这又与民主党总统杜鲁门在以色列独立后力排众议而立即宣布承认以色列有一定关联。

四、政治参与方式

在美国政党体制下，政策制定者大都不能离开主要政党的党派标签。他们的产生和离任最终在党派的标签下由选民的意愿来决定。这为选民参与政策的制定过程提供了广阔的政治空间。族裔群体正是充分利用了美国政治中的政党体制，依据宪法赋予的广泛权力，通过政党组织明确向政策制定者提出各自的政策诉求并积极寻找各种合法、有利的途径来影响相关政策的决策过程。根据美国三权分立的体制特点和政治运作过程，族裔群体参与美国政治进程的方式主要有投票选举、政治捐献和院外游说。

1. 政治选举

投票选举是美国宪法赋予选民最重要的也是最基本的权力，体现了美国建国时期“国父”们所倡导的主权在民思想。在美国代议制政治中，它意味着人民通过选举选出他们所信任的政治代表，制定和实施体现人民意志的各项政策。否则，人民同样可以通过选举罢免政策制定者，选择新的代表来组成新的政府。美国爱荷华大学政治学教授培伍里尔·斯克尔（Peverill Squire）在其编写的《民主的动力》一书中对选举是这样概括的，“投票选举是体现民主制度特征的主要活动，每当我们想到民主，便会想到选举”。[①]可见，投票选举在美国政治体制中扮演着举足轻重的作用，是美国代议制政府能够正常运作的最基本前提和手段。

正是由于选举在美国政治进程中的重要作用，美国各族裔群体无不重视美国的政治选举并积极鼓励族裔成员参加从总统大选到地方各层次的政治选举活动，以此期望能够使族裔群体全面融入美国的政治进程，提高族裔群体的政治地位和影响力。而所有这些活动都必须通过党派政治的渠道来进行，其中最为重要的政治选举就是总统和国会（这是由于总统和国会在宪法中被赋予有特别权力）选举。参与竞选总统和国会议员的政治候选人也十分清楚，无论你有多么高的才干和资质，最终决定选举胜利的还是选票（它是竞选成功的唯一通行证）。因此，候选人及其所属政党都极其重视包括各族裔群体在内的各个利益群体的诉求，并常常利用族裔问题来吸引族裔群体的选票，特别是对那些有着一定人口规模、组织有力、目标明确的族裔群体表现出特别的关注。通常情况下，他们对族裔群体提出的政治诉求均表示同情和理解，有时甚至会许下各种诺言。因此，族裔群体往往将参与投票选举作为其向政策制定者表达各自政策诉求、影响决策过程的主要手段。其中，选举动员和集体投票是决定族裔群体能否成功发挥其影响力的关键。

选举动员就是动员族裔群体中具有投票资格的成员去做选民登记，并在政治选举中去投票站投票。然而，这在美国的选举中并不是件容易的事情，因为它涉及选民的投票意愿。但是，从各种选举的统计数字来看，美国选民的投票意愿与其他西方国家的选民相比都很低。以每 4 年 1 次的总统选举为例，从 1896 年开始，美国选民的投票意愿总体上呈下降趋势。选民的平均投票率也从 1896 年的 79.3% 下降到了近些年的 50% 左右，其中最低的一年是 1996 年，投票率仅为 49%（也即不到已达选民年龄人口的一半）。[②]因此，族裔群体组织要想成功动员族裔成员去参加投票，就需要在政治选举中采取

① Peverill Squire, *James M. Lindsay and Others, Dynamics of Democracy* (Madison, WI: Brown & Benchmark Publishers, 1997), p.202.

② John Woolley & Gerhard Peters, “Voter Turnout in Presidential Elections: 1828 – 2012,” http://www.presidency.ucsb.edu/data/turnout.php.

各种方法和措施，努力动员族裔成员积极参与各种政治选举。根据本族裔群体的利益进行投票，以选举出能够反映族裔群体政策诉求的候选人。

族裔组织或领导人最有效的选举动员是要看他们能否提出吸引族裔成员关注的政策目标，并通过政党的渠道向政党候选人表达出来。这也往往能够促进族裔群体内部的凝聚力。例如，在族裔群体中投票率最高的是犹太裔，原因在于该群体最关注的问题历来都是美国的中东政策和以色列安全问题。因此，在总统大选或国会选举中，政党候选人对以色列问题的态度和政策取向都是犹太选民最为注重的，并最能激发起他们的投票热情。这也是为什么犹太裔能够长期保持强烈内部凝聚力的重要原因。一位研究犹太裔的学者就特别注意到犹太裔美国人在选举中的如下表现："由于美国犹太人积极参与政治，特别是在总统大选中表现突出，因而没有几个考虑要竞选总统职位的人不与犹太裔群体的领导人会面和讨论政治问题，尤其是讨论有关他们对以色列的态度问题。"① 与之相反，亚裔的情况就不太乐观。在美国的总统选举和国会选举中，亚裔内部复杂的族裔结构和不同利益诉求往往很难让亚裔组织或参选人提出能够吸引大多数选民的政策目标，选举动员也十分困难：1990—2000 年，亚裔选民登记率从 28.4% 增加到 30.7%；投票率从 20.3% 增加到 25.4%②；到 2012 年，亚裔登记选民达到了 56.3%，投票率仍不到 50%（47.3%）。③

在 2016 年选举中，很多华裔选民的投票意愿也被特朗普的相关政策态度激发出来，选民动员一度呈十分高涨的态势。其中，最受华裔关注的议题就是"肯定性行动计划"。这与华裔子女在美国学校表现优异，导致他们和白人一样遭遇所谓的"反向歧视"有着特别的关联。因此，华裔也极力反对美国大学根据肤色、种族等来决定大学招生中的族裔比例。所以在 2016 年的总统选举中，尽管由三个亚裔组织联合进行的民调显示亚裔绝大多数选民都支持民主党候选人希拉里，但一部分华裔选民却极力支持共和党候选人特朗

① Mohammed E. Ahrari, Introduction to Ethnic Groups and U.S. Foreign Policy (New York: Greenwood Press, 1987), p.24.

② 陈奕平：《当代美国亚裔参政问题分析》，《世界历史》2005 年第 4 期。

③ Paula D. McClain & Joseph Stewart Jr., *Can We All Get Along? — Racial and Ethnic Minorities in American Politics*, 6th Edition (Boulder, Colo.: Westview Press, 2014), p.103.

普。他们成立了“支持特朗普华裔组织”（Chinese Americans for Trump），并接受了特朗普的特别接见，其成员也从几十人很快扩大到6000人。[①]可见竞选议题对于选民动员的重要意义。

除了政策目标外，另一个能够激发选民热情的重要问题就是族裔群体在美国政治中的代表性。美国社会利益群体众多，诉求各异。如果能够扩大其成员在美国政治进程中的代表性，群体成员往往会有一种从被边缘化到主人翁的感觉（即使这种代表性仅仅只是象征性的）。所以通常我们会看到这样一个现象：如果有自己的族裔成员参与某一次竞选，族裔群体内的选民往往会表现出很高的投票热情，投票率自然也会随之走高。最典型的例子便是2008年和2012年总统大选中的非洲裔美国人，这与民主党的黑人候选人奥巴马的参选有着直接的关联。作为美国历史上第一位主要政党的黑人总统候选人，非洲裔美国人一开始投票热情并不高，认为黑人成为美国总统仍然还是件很遥远的事情。然而，随着奥巴马在竞选中的表现不断得到越来越多选民的认同，非洲裔美国人开始越来越兴奋起来，几十年都懒得参加投票的黑人也被激励起来参与投票。即使以往是认同共和党的黑人选民，这个时候也会超越党派将选票投给他们为之自豪的族裔候选人。最引人瞩目的莫过于共和党小布什政府时期的前国务卿科林·鲍威尔。他在2008年和2012年两次“倒戈”宣布投票支持民主党的候选人奥巴马。[②]最终投票结果显示，黑人投票率高达64.7%，2012年更高达66.2%。[③]

涉及选举的第二个重要问题就是族裔群体的集中投票。除了选举动员外，集中族裔成员的选票并将其投向关心和支持本族裔群体政治诉求的候选人也是每个族裔群体十分重视的问题。这是表现族裔群体集体力量的关键。美国实行两党制，而政党在美国政治生活中的首要任务就是力争使本党能够赢得

① Andi Wang, “Meet Some of the Chinese Americans Voting for Trump,” *PBS News*, Aug. 20, 2016, https://www.pbs.org/newshour/politics/chinese-americans-diverge-political-views-converge-addressing-low-voter-turnout.

② 《美国前国务卿鲍威尔再度“倒戈”支持奥巴马》，新京报网，http://www.bjnews.com.cn/world/2012/10/26/229918.html。

③ 《奥巴马连任重要原因揭晓：黑人投票率首次高于白人》，《网易新闻》网，http://news.163.com/13/0510/10/8UGPCMHV00014JB5.html。

各种选举。因此，族裔群体的活动往往借助政党的政治平台来开展活动，投票选举尤其如此。为了最大限度地获得选票，美国民主、共和两党特别重视族裔群体，并早在 19 世纪末期就相继建立起专门争取族裔群体选票的永久性机构。如今在白宫也都建立起了联络族裔群体组织的部门，目标也是要更多地争取族裔选民。在这种政治体制下，某族裔群体的选票如果能够集中起来并根据选举中的情况投向那些能够关心、理解和支持本族裔群体利益的政党或政治候选人，那么，该族裔群体就有可能利用选举达到实现族裔群体诉求的目标，因为族裔成员各自分散投票无疑不具有任何意义。这便是美国学者马丁・韦尔曾提到的“选举威胁”（Electoral Threat）现象。这种现象就是集中本族裔群体的选票，保持一种可以随时将选票从一个政党转投向另一政党，或者在一个政党内将选票从一个政治候选人转投向另一个候选人的状态，其中前者的威胁影响最大。①

因此，每到政治选举临近之时，为了赢得选民，美国两党的政治候选人会利用各种机会与各少数族裔群体进行接触，了解后者诉求，然后向潜在的支持者做出各种可能的政治姿态，抛出一定的承诺，以期获得他们的选票支持。如 2016 年大选中，面对民主党人紧锣密鼓地鼓动亚裔前往投票站投票，共和党候选人特朗普竞选班子也努力争取亚裔选民的支持（特别是摇摆不定或过去对投票无兴趣的新人）。2016 年 10 月初，特朗普就特意出席了一场由共和党印度联合会（Republican Hindu Coalition）组织的筹款活动。他强调：“我特别喜欢印度和印度教，是铁杆粉丝。”特朗普还表示，如果他当选，那么印度裔的美国人在白宫里就拥有了一位“真正的朋友”。② 2018 年中期选举期间，多名共和党议员候选人利用亚裔对在大学录取中实施“种族配额”的不满，极力支持特朗普撤销奥巴马时期关于在大学招生中实施“肯定性行动”（也称“平权行动”）计划的指导方针，努力吸引亚裔的选票。如在弗吉尼亚州，特朗普前竞选团队官员斯图尔特挑战民主党参议员凯恩的职位时

① Martin Weil, “Can the Blacks Do for Africa What the Jews Did for Israel?” *Foreign Policy*, 15 Summer 1974.

② 《美国大选亚裔选票成关键因素：希拉里川普各出绝招吸引选民》，《欧洲时报》网，http://www.oushinet.com/international/guojinews/20161031/245989.html 。

就誓言：他将提出法案，禁止那些接受联邦资金的学校在招生时考虑种族因素，他的竞选传单包含英语、中文和越南语三种语言。[①]

通过这种方式，政治候选人和族裔群体相互支持，各自都达到了自己的目的，从而形成了一种共存关系：政治候选人得到了选票，族裔群体获得了有可能影响某一政策的政治影响力。一位美国学者就此指出："政治官员是在主动地追逐这样的支持，而不仅是被动地对社会压力做出反应；而美国的政治体制不仅是允许，而且实际上是鼓励族裔群体的政治活动的。"[②]

所以，投票选举对于族裔群体来说是试图影响美国政治的重要手段。尤其是在总统和国会大选中，族裔群体可以提出各种政策诉求，通过集体选票的力量在美国政治进程中寻找自己的政治代理人；同时，以选票作为后盾来监督政策的制定过程，力争让"选举威胁"成为保持政策制定者关注本族裔利益的有力武器。有一句描绘美国利益群体如何看待选举的俗语："奖励朋友，惩罚敌人。"[③]这恰当地表达了族裔群体的集体选票力量在选举中的重要作用。

2. 政治献金

"金钱是政治的母乳"。[④]这是美国政治中一句众所周知的格言。对于任何一位想要竞选美国公职的人来说，如果没有足够的资金支持是不可能赢得选举胜利的。当然，在美国选举中钱不一定就能够保证候选人的当选，特别是参与总统竞争的候选人中也有不少大富翁和能够筹得大笔竞选经费的人。如1992年的罗斯·佩罗特，2016年总统大选中共和党总统候选人杰布·布什。他们要么是腰缠万贯，要么凭借家族的声望而具有超凡的吸金能力，但他们都没有能够如愿以偿，赢得最后的总统选举。然而，金钱在美国政治生活中的重要性是无可置疑的，尤其是在美国现代选举中，政治选举活动实际上已经成为一种大型商业活动，现代媒体的报道和广告花费巨大，选举经费

① 《美共和党人欲结束大学录取"种族配额"，吸引亚裔选民》，环球网，https://baijiahao.baidu.com/s?id=1616003626520159870&wfr=spider&for=pc。

② Tony Smith, *Foreign Attachments: The Power of Ethnic Groups in the Making of American Foreign Policy* (Cambridge, Mass.: Harvard University Press, 2000), p.101.

③ Thomas E. Patterson, *The American Democracy* (New York: McGraw-Hill, 1997), p282.

④ 张立平：《美国政党与选举政治》，中国社会科学出版社，2002，第190页。

几乎是在无限制地膨胀。如1976年的总统大选总共花费了6690万美元，到了2000年这一开支就上升到3.43亿美元；即便在金融危机深重的2008年，总统大选花费了15.7亿美元，[①]而2016年的花费更是飙涨到超过69亿美元。[②]这就为族裔群体参与政治进程提供了另一条有效途径。

政治献金是指社会各界给政党及其候选人提供的资金支持。根据美国的选举制度，公民或组织向政治候选人捐献选举经费是合法的，因为政治献金被认为是可以让献金者通过捐款获得接触政策制定者的通道，是政治参与的重要形式，是美国代议制民主必不可少的一个要素。然而，政治和金钱的关系并非只是一种意见和诉求的表达那么简单，因为众所周知，政治捐款背后都隐含着特殊的政治目的。对于个人来说，最常见的就是希望在政府中谋取某个职位（如驻外大使）。据统计，尼克松将30%的大使职位留给了政治捐款人，卡特是24%，克林顿是30%，2004年小布什连任后也是30%，其中最大的捐款人分别被安排到阳光岛国或气候宜人的国家去当大使或外交官。[③]对于企业或利益群体来说，政治献金则是为了从政策制定者那里得到政策回报，如政府项目的合同。其逻辑就是“金钱通过选举转化成政治力量，影响候选人，进而影响政党、政策制定程序并影响政府政策”。[④]

20世纪70年代以前，参与政治选举的候选人的经费主要依靠各自政党的支持，因此政党在选举过程中发挥着主要作用；然而，随着选举经费的膨胀，政党或候选人自身越来越难以承担竞选所需的庞大经费支出，向社会募集经费就成了必然的选项。70年代，美国进行了一系列的联邦选举制度改革，利益群体如公司、工会、职业协会等均不得直接参与竞选捐赠，而主要以组织选举捐赠活动的“政治行动委员会”获得合法地位并作为向选举注入资金的有效机制而逐渐兴盛起来。所谓“政治行动委员会”是指那些为了影响或试图影响某一位或多位竞选公职的个人的提名或选举而接

① 《美国总统大选缘何一年比一年烧钱？》，搜狐网，http://www.sohu.com/a/67659937_217115。

② 《你知道2016年大选花了多少钱？》，看看新闻网，http://www.kankanews.com/a/2016-11-09/0037758939.shtml。

③ 陶文昭：《政治献金：选举成本与民主原则的困局》，《江海学刊》2010年第2期。

④ 唐海军、冯秀珍：《从安然事件看美国政治献金制度的影响》，《高校理论战线》2002年第4期。

受捐款或为此花费资金的任何一个委员会、协会或组织，[①]是由那些有着共同政治利益的公民“自愿”组织起来的政治群体。根据选举法规定，一个“政治行动委员会”可以向参加竞选的政治候选人捐赠不超过1万美元的经费，但对于参加全国性选举的政治行动委员会的数目则没有限制。[②]这样，美国利益群体便完全可以通过建立各种“政治行动委员会”来向自己所支持的候选人进行捐款，从而使政治候选人对选举经费的依赖从政党转向社会各个利益群体。其结果便是极大地提升了利益群体在选举中的影响。在新的选举运作程序下，利益群体充分利用“政治行动委员会”这个“接触通道”筹措资金，然后向各类政治候选人进行政治捐献；或者通过“议题广告”支持或反对某个候选人。学者们的研究资料显示，“政治行动委员会”对众议院候选人所提供的捐款占候选人捐款总额的比例从1972年的14%上升到1990年的44%；对参议员候选人的捐款也从1972年的14%上升到1990年的24%。[③]这样，美国选举政治的地图，尤其是国会选举的政治地图就发生了极大改变：A. 不少候选人争相获得某个大的“政治行动委员会”的支持而不是政党的支持；B. 对“政治行动委员会”经费的依赖使当选议员在国会的立法中不是根据政党来投票，而是根据利益集团的意愿来投票或者只投模糊性的票；C. 国会议员经常把选区选民及利益群体置于他或她优先考虑的地位，而极少考虑政党的利益及全国的利益。[④]2010年1月，最高法院在“联合公民组织诉联邦选举委员会”一案中，判定“政治行动委员会”的“独立开支”（Independent Expenditure）等同政治言论，和个人言论一样受到宪法第一修正案的保护，因而不受捐款以及开支的限制。这就意味着此前受到捐款限制的“政治行动委员会”从此可以无限制地接受公司、工会以及个人的捐款，同时也可以无限制地将这些捐款用在与选举有关的

---

① Larry J. Sabato & Howard R. Ernst, *Encyclopedia of American Political Parties and Elections*, Updated Edition (New York: Facts On File, Inc., 2006/2007), p.273.

② Cecil V. Crabb Jr. and Others, *Congress and the Foreign Policy Process* (Baton Rouge: Louisiana State University Press, 2000), p.144.

③ 张立平：《美国政党与选举政治》，中国社会科学出版社，2002，第213页。

④ 同上，第214-215页。

事务中。这样，美国政治选举中就出现了所谓的“超级政治行动委员会”（即其募集的款项大大超过传统的“政治行动委员会”）。这更加助推了金钱在美国政治中的作用，引发社会的广泛争议。

族裔群体在积极参与和组织各种政治投票的同时，也充分利用美国政治进程中的这些变化，鼓励族裔成员踊跃参加政治捐款并建立各种“政治行动委员会”，对能够关心和支持本族裔群体政策诉求的政治候选人进行政治捐款，以帮助他们获得选举胜利。例如，亚裔美国人较强的经济能力是美国两党候选人十分重视的因素。据估计，1984 年总统大选期间，亚裔向两大党捐款数额达到了 1000 万美元，仅次于犹太裔美国人；1996 年亚裔“政治捐款案”爆发之前，民主党全国委员会财务委员会副主席黄建南就从亚裔社区筹措到 500 万美元。①

在亚裔群体中，印度裔在最近一些年的表现尤为引人瞩目，其人口已经在 2003 年超过日裔而成为亚裔中仅次于华裔的第二大族裔群体，且内部凝聚力强，参政意识越来越高涨，政治诉求涵盖社会各个方面。与此相适应的是，他们在投票率和政治捐款方面表现尤为突出。如在投票方面，自 20 世纪 90 年代以来的历次大选中，所有符合条件并已登记投票的印度裔实际投票率竟高达 90% 以上；此外，他们集体投票的趋势也日益明显。民调显示，印度裔在历次大选投票中支持民主党候选人占其族裔总人口的 60% 以上。② 在政治捐款方面，印度裔表现更是越来越高涨。据统计，1992 年总统大选时，他们为两党总统候选人共募集了 400 万美元的竞选资金；1998 年，为国会选举募集了 700 万美元；2000 年总统大选中，他们募集的资金更是超过了 1000 万美元；2008 年总统大选时，印裔移民在整个选举过程中为两党候选人募集的竞选资金超过了 2000 万美元（而这些资金的付出也为印度裔赢得了丰厚的回报，他们的许多诉求都得了解决或实现）。③ 在美国政治中，印度裔与日俱增的影响力令美国社会刮目相看，远远超出了其人口规模所能表现出的实力。这也为我们理解美国政治中这一十分重要的现象带来启示。对于包括族

① 陈奕平：《当代美国亚裔参政问题分析》，《世界历史》2005 年第 4 期。

② 滕海区：《论美国印裔族群的政治参与》，《南亚研究》2014 年第 2 期。

③ 同上。

裔群体在内的美国利益群体来说，政治捐献的重要作用就是它可以弥补人口规模和组织能力等方面的不足，真正让钱来说话；族裔群体完全可以用金钱在美国政治进程中创造出他们的影响力。

显然，美国的政治体制和政治文化传统培育了金钱在美国政治进程中的特殊作用，公民、利益群体、政党和政治家无不需要它来实现各自的政治目标。正如美国佛罗里达大学政治学教授理查德·K. 斯克尔所指出的，“金钱确实能在政治中起重要作用，它能够收买和影响参与权。它所购买的远不仅仅是通道；它所购买的是政府官员的注意力，能够购买出席决策现场的机会和积极的参与”。[①] 虽然金钱不是万能的，但没有金钱是万万不能赢得选举的。族裔群体正是利用金钱的特殊作用，通过政党的渠道，动员其自身的各种资源，参与到美国的政治进程之中。因此，族裔群体在美国社会中的融入程度和经济地位也就显得尤为重要。那些在美国社会融入程度和经济地位较高的族裔群体，在追求其政策目标的过程中可以充分利用政治捐献这一有力武器来扩大其政治影响甚至弥补其他方面的不足；而那些经济地位较低的族裔群体则往往在这方面表现得力不从心。

3. 院外游说

除了投票和政治献金这两种参与美国政治进程的主要手段外，组织院外游说活动是另一个重要的参与方式，其中代表族裔成员的族裔组织起着十分关键的作用。一方面，它们要能够协调好族裔群体内部的各种政治资源；另一方面，要代表族裔成员向政策制定者进行沟通和交流，阐明族裔群体的具体政策目标，提供各种相关信息，监督相关政策的制定和实施等。

院外游说（Lobbying）最早源自英国下院，当时议员一般在议会的走廊（当时称为 Louba）里会见他们的选民。到 19 世纪末期，“走廊”（lobby）一词也在美国政治中流行起来。[②] 院外游说是美国政治生活中的重要活动。在首都华盛顿特区的“K 街”（K Street）集中驻扎着各种游说组织或公关公司。他们的任务就是向美国各权力部门和官员（尤其是国会议员）进行直接

① 〔美〕理查德·K. 斯克尔：《现代美国政治竞选活动》，重庆出版社，2001，第 169 页。

② Larry J. Sabato & Howard R. Ernst, *Encyclopedia of American Political Parties and Elections*, Updated Edition (New York: Facts On File, Inc., 2006/2007),p.206.

的游说活动，而游说组织每年总共要花费的费用也越来越多。有关游说组织的花费，2000 年的数据是 12 亿美元；[①] 2018 年的数据则显示已经达到了 34 亿美元。[②] 因此，院外游说被人们认为是华盛顿仅次于政府部门的第二大产业并还被认为是继行政、立法和司法之后的第四大政府部门。由此可见，对于美国社会各利益群体来说，游说活动是影响美国公共政策的重要手段。根据哈佛大学教授汤姆斯·帕特森在其《美国民主》一书中的定义，游说即指“利益群体或游说者通过与政治官员进行接触试图影响公共政策的过程”。[③] 这种接触可能是针对行政部门的官员，也可能是针对国会议员或者其助手，其目的只有一个：试图影响政策制定者制定和实施某项公共政策。由于美国国会是一个有着众多成员的集体机构、权力松散，因而也就成为各个利益群体游说的主要目标。接触的方式可以根据游说组织所追求的政策目标的性质和难易程度而不同，大体上分为“内部游说”和“外部游说”（或又称作“直接游说”和“间接游说”）两种策略。

内部游说就是通过与政策制定者的直接接触来影响他们的决策过程。对于族裔群体来说，要想影响本族裔群体所关注的公共政策，接触政策制定者是关键的第一步。如果不能吸引到他们的注意，你也就没有机会向他们解释你的观点并劝说他们来支持你的政策立场。因此，像美国社会其他利益群体一样，许多族裔群体在美国首都华盛顿，特别是在国会山周围都设立有特别办事机构并通过这些机构代表本族裔群体寻找机会接触政府官员或国会议员等。内部游说侧重于族裔群体与政治人物的相互作用上，特别是注重考虑国会议员的内部立法和政治需要上并适时为他们提供相关信息；同时利用各种途径最大限度地扩大与政治人物的接触渠道并向他们施加影响，从而建立起一个社交性的友谊和关系网络。正是出于这一目的，许多族裔群体纷纷聘请前政府官员、前国会议员甚至前政治人物的助手来担当族裔群体的游说人员，

① Cecil V. Crabb Jr. & Others, *Congress and the Foreign Policy Process* (Baton Rouge: Louisiana State University Press, 2000) , p.137.

② Fredreka Schouten, “Washington Lobbying Business Surges to Eight-Year High,”*CNN Politics*, January 26, 2019, https://edition.cnn.com/2019/01/26/politics/lobbying-hits-eight-year-high/index.html.

③ Thomas E. Patterson, *The American Democracy*, New York: McGraw-Hill, 1997, p.273.

并充分利用他们已经建立的关系网络优势来进行游说。这就是人们所说的“旋转门”（Revolving-door）现象。[①]

外部游说则是通过发动公众的压力来对政策制定者施加影响。通常情况下，代表利益群体的游说人员仅仅只是对政治人物进行内部游说还不大可能获得预期的效果，而只有在政策制定者相信游说人员真正代表的是对某一有着共同关切的选民群体时，游说才有可能获得成功。正如一位走访过许多议员的学者所指出的，“除非一个利益集团同议员们的选区有某种联系，否则这个利益集团对这些议员的决定不会有太大的影响或者根本就没有什么影响。有一位议员说，‘这对我来说没有什么不同，除非这是来自我的选区’”。[②]因此，外部游说更加注重政策制定者和选民之间的联系，必要的时候发动选民来对政策制定者施加压力，即所谓的“草根游说行动”（Grass-roots Lobbying Activities），其目的就是要“在一个选区或州激发起一种无法抵挡的舆论潮来诱使那些立法者支持游说者的政策立场”。毕竟，没有什么因素比选民的影响更能决定政策制定者对相关政策的立场的了。[③]

此外，媒体宣传、结盟、游行示威等也作为外部游说方式而经常被族裔群体所采用，其目的就是要创造一种公共支持的声势，显示一种支持某项政策的力量，从而迫使政策制定者考虑族裔群体的政策诉求，接受游说者的相关主张。

从族裔政治的视角来看，美国族裔群体的院外游说主要集中他们所关心的民权、民生、社会问题以及涉及祖籍国或祖籍地的外交政策方面。有些公共政策问题涉及多个群体利益，因而这种游说活动往往会由诸多族裔群体联合发起。例如，2010 年由“全国州长协会”（National Governors Association）和“州主要学校官员委员会”（Council of Chief State School

① Cecil V. Crabb, Jr.& Others, *Congress and the Foreign Policy Process,* Baton Rouge: Louisiana State University Press, 2000, p.142.

② 〔美〕诺曼·杰·奥恩斯坦、雪利·埃尔德：《利益集团、院外活动和政策制订》，潘同文等译，世界知识出版社，1981，第 103 页。

③ Cecil V. Crabb Jr. & Others, *Congress and the Foreign Policy Processs* (Baton Rouge: Louisiana State University Press, 2000), p.142.

Officers）发起的“共同核心国家标准计划”（Common Core State Standards Initiative）是美国现代史上最大的教育改革计划。它要求在美国所有初级、中级（K-12）阶段设立一个国家教育标准，其目的就是要为中小学生升学和就业打基础。该计划虽然受到美国社会普遍欢迎，但也遭到许多教育工作者、政府官员及一些社会群体的批评和反对。而教育状况一直不太理想的几个少数族裔群体则明显支持这一项目，并积极参与了为推动这一项目而进行的各种游说活动（外部游说），其中就包括西语裔组织“全国民族大联合委员会”（National Council of La Raza）、“墨西哥裔美国人法律辩护与教育基金会”（Mexican American Legal Defense and Educational Fund）和非洲裔美国人的“全国有色人种协进会”。[①] 在各相关利益群体共同努力下，这一教育改革计划最终得以在全美 45 个州施行。

在外交政策方面，犹太裔“美以公共事务委员会”、古巴裔“全美古美裔美国人基金会”、印度裔“美印政治行动委员会”等是一些有相当影响力的族裔组织，其中犹太裔美国人是所有族裔群体中的佼佼者。有学者指出，“美以公共事务委员会”的最大特点就是能够十分巧妙地将内部游说和外部游说两种方式结合起来，并与美国政治进程中的各种力量进行有效地沟通和交流。[②] 在现实中，代表犹太裔美国人的这些游说者一方面与那些有影响的政客、行政助理、顾问以及各种官僚建立起广泛的联系，在涉及中东政策和美以关系问题时，他们能够及时为国会的各种政策委员会提供情况说明和相关证明材料，阐明犹太裔美国人在相关政策上的立场；另一方面，他们与选民、其他利益群体以及新闻媒体保持着密切的联系，随时准备调动这些外部力量来与其内部游说活动进行配合，有组织地向政策制定者邮寄信件、打电话、拜访或者发动媒体力量进行其他公关行动等。[③]

总体来说，族裔群体作为关心某一政策诉求的利益群体，通过党派认同

① Lorraine M. McDonnell & M. Stephen Weatherford, “Organized Interests and the Common Core,” *Educational Researcher,* Vol.42, No.9, Dec. 2013, pp.488–497.

② David Howard Goldberg, *Foreign Policy and Ethnic Interest Groups: American and Canadian Jews Lobby for Israel* (London：Greenwood Press, 1990), p.23.

③ 关于犹太裔美国人的游说能力，由于国内外相关研究众多，这里我们不再赘述。

和政党组织参与到美国政治进程中，以自己的人口（选票）、经济实力（政治捐献）和组织机构（游说）等族裔政治资源寻求对相关政策制定过程的影响，实现族裔群体的集体目标。如果不能充分组织和动员起自身的资源，族裔群体在美国政治中会遭遇边缘化的处境，其政策诉求也会被政党和政策制定者所漠视，因而在族裔分层中的地位也可能会处于相对较低位置。

第七章

当代美国族裔政治的发展态势

美国族裔政治在经历后民权运动时代多元文化思潮的洗礼之后，已经完成了从“熔炉”到“马赛克”观念的转变。进入 21 世纪，多元共存和尊重差异已经深入人心，每个公民，无论其性别、信仰、肤色、阶层都可以享受宪法所保障的政治自由和民主权利。正因为此，美国社会中目前对于美国社会的种族问题持有一种乐观的认识，认为美国社会已经实现了杰佛逊在《独立宣言》里所宣示的“人人生而平等”的理想，美国已经进入了一个完全平等的“色盲”或“后种族”时代。

然而，生活在社会低层的少数族裔群体对此的认识却存在明显落差。他们认为离与白人实现真正平等还有很大距离，美国还远没有进入一个“色盲”的时代。因此，当今美国社会族裔政治中呈现出一种主流社会与少数族裔群体之间的认知矛盾。一方面是以白人为主的支配群体高唱种族平等的赞歌，另一方面是少数族裔群体对所谓“新种族主义”理念的抱怨和不满。进入 21 世纪后，这种矛盾通过民粹主义政治的刺激而出现了“极化”的态势。特别是在奥巴马八年任期内推行了一些带有较为明显自由主义色彩的社会改革后，极端保守主义出现“反弹”，白人民族主义势力抬头。在特朗普极端右翼势力占据美国政治主导地位的形势下，美国族裔政治正在经历一个动荡的时期。本章将着重从“新种族主义”之争、民粹主义与特朗普当选以及白人民族主义的崛起三个方面来探讨这种形势的演进及发展态势。

一、美国的“新种族主义”之争

进入 21 世纪以来，美国虽然选出了历史上第一位黑人总统，但种族关系却显露出紧张的态势。也正是在奥巴马总统任期内，由于白人警察枪杀黑人青年事件频发，导致黑人的抗议浪潮迭起，使他最后几年总统任期遭受种族问题的严重困扰。针对这些事件的缘由，白人主流社会与黑人群体的看法相去甚远。“美国有线电视新闻网和凯瑟家庭基金会”在 2015 年 8 月至 10 月就这些事件做了一次民意调查，在回答当前美国社会种族问题是否严重的问题上，黑人和白人的差距明显，其中做肯定回答的黑人高达 2/3（66%），而做同样回答的白人只有 43%。[①]2020 年 5 月 25 日，美国黑人弗洛伊德遭白人警察膝盖锁喉致死后，“美国民主基金”与加州大学“国情项目”（Democracy Fund + UCLA Nationscape Project）做的全国民调显示，认为黑人仍然遭受歧视的非洲裔美国人高达 84%，而持相同观点的白人仅为 56%。[②] 显然，在这些抗议浪潮的背后，隐含着黑人对其生存现状的强烈不满，也蕴含着白人主流社会与黑人群体在种族关系认知上的极大差异，并将美国社会在后民权运动时期种族问题上的争论暴露出来，引发社会和学界的极大关注，这便是所谓的“新种族主义”之争。

“新种族主义（New Racism）”又被称为“象征性的种族主义”“色盲（Color-blind）种族主义”“隐性种族主义”“现代种族主义”，等等。它们的基本含义是相对于传统意义上的那种公然的和赤裸裸的种族歧视而言

① Catherine E. Shoichet, “Is Racism on the Rise? More in U.S. Say It’s a ‘Big Problem’, CNN/KFF Poll Finds ,” *CNN*, http://edition.cnn.com/2015/11/24/us/racism-problem-cnn-kff-poll/.

② Rebecca Morin, “Percentage Grows among Americans Who Say Black People Experience a ‘Great Deal’ of Discrimination, Survey Shows ,” *USA Today*, https://www.usatoday.com/story/news/politics/2020/06/08/survey-higher-percentage-us-agree-black-people-face-discrimination/3143651001/.

的，即所谓的“旧种族主义（Old Racism）”。“新种族主义”认为，美国社会经历了20世纪50—60年代的民权运动之后，白人公开的种族歧视言论和行为已经不再是社会的主流，“美国的体制性种族歧视已经被清除，‘种族平等’的理想已经实现，肤色不再是人们遭受歧视对待的基本因素，也不再是人们向社会上层流动的障碍，美国已经进入一个‘色盲’的‘后种族主义时代’”。[①] 这种观念的逻辑非常清楚，如果美国仍然还是一个种族不平等的社会，那么白宫就不会出现黑皮肤的巴拉克·奥巴马总统，哈佛大学就不会有那么多黑人教授和学生，在最高法院也不会有黑人或拉丁裔大法官了。2008年大选中，有43%的白人选民将他们的选票投给了黑人总统候选人，而2009年盖洛普的一项调查显示，最受美国人仰慕的20位人士中有7位是黑人，在美国最受欢迎的女性中，占据第三、第四、第五位的都是非洲裔女性。这些难道还不能说明美国已经是一个超越肤色的社会吗？[②]

然而，这种强调种族平等的“后种族观念”（Post-raciality）被许多黑人认为是一种新的、隐形的和微妙的种族歧视（即通过鼓吹黑人已经和白人一样获得了充分的民主权利、享受着均等的个人发展机会等，有意识地忽略黑人因历史和体制原因而依然存在的与白人不平等的社会经济地位，从而继续保持白人的种种利益与特权）。杜克大学教授爱德华多·博尼拉·希尔瓦将此称作“没有种族主义者的种族歧视”，指出它所“发出的信息就是美国社会为每个人提供均等的机会，完全忽略社会现存的种族等级架构，以及实行了几个世纪的种族主义制度，让某个种族享有在另一种族之上的特权”。[③] 随着美国第一位黑人总统的诞生，这种观念越来越成为美国学术界、媒体及社会公众所讨论的话题，甚至因为一些涉及种族问题事件的不断出现而引起人们激烈的争论。

“新种族主义之争”涉及的具体“种族敏感性”问题中，最为突出的包括：黑人是否仍然受到主流白人社会的人身歧视？什么因素造成了黑人和白人之

① Karim Murji & John Solomos, *Theories of Race and Ethnicity* (Cambridge: Cambridge University Press, 2015), pp.40 – 41.

② Ibid, p.45.

③ Eduardo Bonilla-Silva, *Racism without Racists* (Lanham, Md: Rowman & Littlefield Publishers, Inc., 2014), p.50.

间长期存在的经济地位差异？“肯定性行动计划”是否应该继续实施下去？等等。下面我们就这些争议进行分析，以探讨当前美国社会种族关系紧张背后的根源。

1. 传统意义上的种族歧视之争

20 世纪 50—60 年代的美国黑人民权运动被认为是“第二次南方重建”，因为它成功地促使美国联邦政府制定了新的《民权法案》和《选举权法案》，废除了内战后南方各州针对黑人实施的歧视性法规和种族隔离政策，使所有黑人在政治上获得了与白人平等的权利，参与美国的政治进程，选举和被选举为政府官员等，美国社会开启了一个崭新的种族关系时代，公然的、赤裸裸的种族歧视行为被认为已经在美国社会销声匿迹。

的确，“民权运动”的最大成果就是公然的种族歧视在美国社会不再为人们所接受，种族平等和反种族歧视已经成为“政治正确”的重要内容，绝大多数白人也已经认同奴隶制和过去那种传统的种族歧视行为完全有悖于他们自己所珍视的自由、平等、人权等核心价值观。但这并不等于种族歧视已经从美国社会完全根除。许多黑人在现实生活中仍然强烈地感受到针对他们的歧视，只是与那种传统公然歧视相比，他们所感到的这种歧视变得更加隐晦。佛罗里达大学教授乔·费根曾于 1991 年通过一系列的调查分析发现，即使那些已经成功跻身中产阶级的黑人也会很容易在一些公共场所遭受白人有意或无意的歧视。[①] 这些歧视从公开的歧视行为到隐性的表达，不一而足，包括漫不经心的服务、挑剔的要求、对他们在商店内的一举一动进行监视、在奢侈品商店里受到怠慢、在餐馆或酒店里遭受最差的待遇、经常将他们与那些体力工人混淆等。时至今日，无论是在住房、职场、信贷、司法判决、警察执法，还是在公共场所都有黑人声称他们仍然受到不公正的对待。连总统奥巴马在接受美国有线新闻网记者采访时都透露说，他的肤色导致一些美国白人在其任期内对他持有负面看法；他的高级顾问戴维·阿克塞尔罗德也声称，“反对党非常‘凶狠’，且由于种族问题对奥巴马大为不敬，这是不

① Joe R. Feagin, “The Continuing Significance of Race: Antiblack Discrimination in Public Places,” *American Sociological Review*, Vol.56, No.1 (Feb., 1991), pp.101－116.

争的事实”。据他透露，至少有 1 名位高权重的共和党官员曾公开对奥巴马不敬，“此人对奥巴马说过，我们并不认为你应该成为总统，但是美国人民这样认为，所以我们才不得不同你共事”。[①]

最为突出的就是黑人青年接连遭受白人警察枪击的事件，由此引发全美黑人的抗议浪潮愈演愈烈，并促使“黑人的命也是命”运动在美国的兴起。最近一次便是 2020 年 5 月 25 日发生在美国明尼苏达州明尼阿波利斯市非裔黑人乔治・弗洛伊德事件。他涉嫌使用 20 美元的假币，在被白人警察逮捕过程中遭遇 44 岁的前明尼阿波利斯市警察德里克・肖万暴力执法，用膝盖顶住其脖子，长达 8 分 46 秒。其间，肖万无视弗洛伊德的哭喊和求救，直至其当场陷入昏迷，送医后宣告死亡。该事件在全美范围内再次点燃了反种族歧视的示威活动并发生了暴力骚乱，导致包括华盛顿、纽约、洛杉矶、芝加哥、休斯敦等数座城市不得不发布宵禁令。抗议甚至引发世界其他一些国家针对美国白人警察暴力执法、草菅人命的反种族歧视浪潮。美国《华尔街日报》以及全国广播公司新闻在 2020 年 7 月 9—12 日进行的民调显示，65% 的黑人选民声称遭受过种族歧视，并且认为这种歧视已经根植于美国的政策和社会体制；而将近一半的白人（48%）认为种族歧视是个人行为，与社会和体制无关。[②]

让黑人感到愤怒的是，与白人相比，遭受警察暴力执法的黑人比例相差悬殊。据《美国公共健康杂志》2016 年披露的数据显示，黑人遭受警察暴力执法的比例要比白人多 3.6 倍，其中致死的人数是白人的 2.8 倍。[③] 美国皮尤民调中心也在同年发布过有关种族问题调查信息。结果显示，有 84% 的黑人认为黑人受到警察的不公正对待，75% 的黑人认为黑人在法庭上受到不公正对待，66% 的黑人认为黑人在申请购房贷款时受到歧视，64% 的黑人认为黑

① 孙若男，《总统的委屈：奥巴马自曝任期内遭受白人歧视》，《中国日报》网，http://world.chinadaily.com.cn/2016-12/09/content_27624669.htm。

② Sabrina Siddiqui, “Poll Shows Most Voters Agree Black, Hispanic Americans Face Discrimination,” *The Wall Street Journal*, https://www.wsj.com/articles/majority-of-voters-say-u-s-society-is-racist-as-support-grows-for-black-lives-matter-11595304062.

③ Jacqueline Howard, “Black Men Nearly 3 Times as Likely to Die from Police Use of Force, Study Says,” *CNN*, http://edition.cnn.com/2016/12/20/health/black-men-killed-by-police/index.html.

人在工作场所受到不公正待遇，甚至有高达 49% 的黑人认为在超市或餐馆还受到歧视。① 从人满为患的美国监狱囚犯的种族构成来看，黑人在州一级监狱的囚犯比例为 43%，在联邦监狱的囚犯比例是 46%，在各类拘留所中黑人比例更是达到 50%，而黑人在美国整个人口的比例仅为 13%。② 此外，根据“美国有色人种协进会法律保护和教育基金组织”的刑事审判项目发布的《2019 年冬季死刑犯报告》，截至 2019 年 1 月 1 日，美国在押的死刑犯为 2690 名，其中黑人有 1123 名，占比高达 41.75%。③

毋庸置疑，多数黑人认为他们在美国社会的许多方面仍然遭受严重的歧视，这一点许多白人也不否认。然而，争议的焦点是对这些现象的解释。黑人认为，他们之所以遭受与白人不同的“待遇”，原因就是因为他们的肤色，是白人对黑人种族偏见和种族歧视的历史延续，也就是说种族歧视在美国从来就没有消亡。而美国白人对此的观点却大相径庭。皮尤研究中心的同一份调查报告显示，70% 的黑人认为种族歧视是他们遭受这些不同待遇的主要原因，而持有相同观点的白人仅占 36%，且高达 70% 的白人认为种族歧视是个人的偏见所致，与体制和法律无关，持相同观点的黑人则只占 48%。④

为此，许多学者也给出了不同的解释。20 世纪末最有影响的也最具争议的理论恐怕要数美国著名的保守主义学者迪尼斯・迪索萨的“种族主义终结论”。他在 1995 年出版的《种族主义的终结》中提出，虽然种族主义依然存在，但它已经不再是黑人或其他群体实现他们的经济、政治和社会期望的障碍。它也不能解释黑人作为一个群体在美国社会为什么在高等教育、考试成绩、高收入工作、经营企业等竞争中以及在保持黑人社区的建设性发展与和谐中都表现得差强人意。其中的真正原因还是黑人的群体文化，而非来自白人的种族歧视：“即使种族主义一夜之间消失，黑人所面临的最严重问题仍会存在，

① Pew Research Center, “On Views of Race and Inequality, Blacks and Whites Are Worlds Apart ,” http://www.pewsocialtrends.org/2016/06/27/on-views-of-race-and-inequality-blacks-and-whites-are-worlds-apart/.

② Magnus Lofstrom & Steven Raphael, “Crime, the Criminal Justice System, and Socioeconomic Inequality ,” *The Journal of Economic Perspectives*, Vol.30, No.2 (Spring 2016), pp.103 – 126.

③ Deborah Fins, “Death Row U.S.A. (Winter 2019) ,” from Death Penalty Information Center, https://www.naacpldf.org/wp-content/uploads/DRUSA_2019_Winter.pdf.

④ Pew Research Centre, “On Views of Race and Inequality, Blacks and Whites Are Worlds Apart ,” http://www.pewsocialtrends.org/2016/06/27/on-views-of-race-and-inequality-blacks-and-whites-are-worlds-apart/.

黑人贫困阶层中单亲家庭和对社会福利依赖的现象将不会停止；毒品与艾滋病仍会在黑人社区肆虐；给黑人世界带来特别影响的犯罪率会持续保持在可怕的高位上。……种族主义在当今美国社会算不上是黑人所面临的最严重问题。他们的挑战主要是一种贯穿各个阶层的文明沦陷，且在最底层的黑人中间又尤为突出。"①

进入 21 世纪后，最引人注目的观点就是"色盲主义论"。许多黑人与学者认为这完全是美国白人的一种新的种族主义形式。就传统意义上的种族歧视观点和行为而言，这种观点包括了所谓的"个人行为说""社会秩序说"和"孤立事件说"。"个人行为说"，就是指"民权运动"后制定的法律从体制上已经废除了种族隔离与歧视，之后发生的一切歧视行为都是歧视者个人的偏见和行为，与体制无关；所谓"秩序说"是针对国家执法机构对黑人犯罪的严厉打击，认为这是由于执法机关被赋予了法律职责（它们的行为是公正的，是为了维护社会的正常秩序而采取的必要行动）；而司法体制中出现的针对黑人的偏见（如警察殴打黑人、枪杀黑人青年等），白人主流媒体将它们描述成一些偶然的现象和孤立事件（即所谓的"孤立事件说"）。②还有的人将这一切归咎于黑人自己。如 2013 年 2 月 20 日美国联邦法院法官伊迪丝·H. 琼斯在宾夕法尼亚大学法学院演讲中提到一件黑人死刑判决时说："黑人和西班牙语裔都有犯罪的偏好，容易采取暴力行为。"③

然而，多数黑人认为所有种族歧视现象应该归咎于美国历史中不光彩的遗产——奴隶制，认为黑人之所以仍然受到歧视，都是传统的白人至上思想的延续。这种影响贯穿整个 20 世纪并继续在 21 世纪的各个方面，影响着黑人的生活，阻碍黑人与白人享有同样的权利和机遇。④如在司法体系中，黑人遭受歧视现象尤为严重，黑人完全是法律的受害者，而非受益者，"他们

① Dinesh D'Souza, *The End of Racism: Principles for a Multiracial Society* (New York: Free Press Paperbacks of Simon & Schuster, 1996), p.527.

② Eduardo Bonilla-Silva, *Racism without Racists* (Lanham, Md: Rowman & Littlefield Publishers, Inc., 2014), p.53.

③ Ifa Kamau Cush, "Still Not Easy Being an African American ," *New African*, December 2013.

④ Ronald W. Walters, "The Impact of Slavery on 20th-and-21st-Century Black Progress ," The Journal of African American History, Vol.97, No.1 – 2, Special Issue, "African Americans and Movements for Reparations: Past, Present, and Future ," Winter-Spring, 2012, pp.110 – 130.

在法庭上受到不公正的对待已经司空见惯，这是因为法官们表现出对白人至上思想的钟爱”。[①]

2. 黑白经济差异的原因之争

后“民权运动”时期，黑人与白人在经济上的差异仍然十分突出，黑人在美国最底层始终保持很高的比例，美国的阶级分层明显具有种族化的特征。根据美国人口普查局每 10 年公布的数据统计，自 20 世纪 70 年代以来黑人贫困家庭在美国所有贫困家庭中的比例一直居高不下，与黑人人口所占美国人口的比例极不相称。对于这种持续的经济地位差异，美国社会和学界对此的解释同样意见不一。

表 6 1967—2018 年美国黑人家庭贫困率[②]

年份	美国黑人家庭贫困率	美国家庭贫困率
1967	33.9%	11.4%
1975	27.1%	9.7%
1990	29.3%	10.7%
2000	19.3%	8.7%
2010	24.1%	11.8%
2014	22.9%	11.6%
2016	20.0%	12.7%
2018	18.5%	13.1%

（1）有学者否认这种差异的意义，认为黑人中产阶级群体在民权运动后已经革命性地扩大了

持这种观点的学者指出：虽然许多黑人仍然落后于白人，但整体来说，

① Ifa Kamau Cush, “Still Not Easy Being an African American ,” *New African*, December, 2013.

② http://blackdemographics.com/households/poverty; https://www.census.gov/data/tables/time-series/demo/income-poverty/historical-poverty-people.html.

黑人的经济状况已经得到极大的改善，“中产阶级”完全可以用来形容民权运动后黑人的整体状况。最有影响也是最有争议的研究便是本·瓦顿伯格与理查德·斯卡蒙于1973年在《评论》杂志上发表的文章，篇名叫“黑人的进步与自由主义者的言论”。他们在这篇文章中引用人口普查局的数据，提出美国黑人人口的52%已经达到了中产阶级地位。其中在美国南部之外的35岁以下黑人传统家庭中，有相当部分家庭的年收入已经达到相应的白人家庭水平；而女性也工作的传统黑人家庭，其年收入已经甚至超过了相应的白人家庭。[①] 文章认为黑人中这种巨大且仍在不断扩大的阶层变化“无疑是革命性的”，而白人自由派和黑人领袖们出于政治目的有意忽略了这些变化。[②]

这篇文章在美国立即引起了巨大的争议。许多黑人学者认为该文对“中产阶级”的定义宽泛得离谱，其所引用的数据具有很大的误导性。例如，文章中所引用的2个关键数据——北方黑人8000美元的年收入和南方黑人6000美元的年收入——被学者们认为是很荒谬的，因为这样少的收入不能作为黑人已经进入中产阶层的标准。[③] 有黑人学者在1974年发表的“多数黑人已经是中产阶级了吗？”一文中也同样采用了美国人口普查局的相关数据，但其所得出的结论却与前文恰恰相反。如在南方之外的35岁以下的传统黑人家庭实际只占美国家庭的16%、黑人家庭的10%；其中只有很少部分已经达到与相应的白人家庭的收入水平，而全美国90%的黑人家庭收入仍然落后于白人家庭。[④] 进入21世纪，有数据显示黑白收入水平的差距仍然巨大：2007年，白人中等收入家庭拥有的财富是黑人中等收入家庭的10倍，到2013年扩大到13倍；2000年时，黑人家庭中等收入相当于白人的60%，2015年反而下降到59%。[⑤]

---

① Ben Wattenberg & Scammon, “Black Progress and Liberal Rhetoric,”*Commentary*, April 1973.

② Ibid.

③ Lawrence R. Samuel, *The American Middle Class — A Cultural History* (New York: Routledge, 2014), p.80.

④ Herrington J. Bryce, “Are Most Blacks in the Middle Class?” *Black Scholars*, Feb. 1974.

⑤ 《美国黑人中产与白人中产收入差距明显　教育等指标均落后》，央广网，http://china.cnr.cn/qqhygbw/20161226/t20161226_523394007.shtml。

（2）有学者认为黑人的贫困现象被媒体严重夸大

持这种观点的学者指出：黑人作为贫困的代名词是媒体制造的一种社会偏见，并引起白人群体对于社会福利政策的坚决反对。这一观点主要由现任美国普林斯顿大学政治学教授马丁·吉伦斯于1996年提出。被调查的媒体主要包括《时代》《新闻周刊》和《美国新闻与世界报道》等新闻杂志以及美国广播公司（ABC）、全国广播公司（NBC）和哥伦比亚广播公司（CBS）等电视网络的新闻报道。调查显示，1988—1992年，上述杂志共报道了182条与贫困相关的新闻，并配有214张图片，涉及635位贫困人物，其中黑人占62%，比同时期美国人口普查局报告的黑人贫困人口高出29%。同一时期，上述电视网络也报道了与贫困相关的新闻534条。在随机选取的50条新闻中涉及1100位贫困人口，其中黑人占65.2%，更高出上述杂志所报道的黑人贫困人口比例。[①] 为此，吉伦斯得出结论说，现实中有2/3的穷人并非黑人。然而，阅读这些杂志的读者和收看这些电视的观众得出的印象却恰好相反。显然，吉伦斯认为媒体的报道渲染和夸大了黑人的贫困程度，是媒体制造的一种偏见。

（3）有学者认为黑人持久贫困是因为个人努力不足

这是在保守派白人群体中占主导地位的观点。持这种观点的人从美国传统的个人主义价值观出发，认为黑人持久的贫困问题是因为黑人没有为克服他们所面临的困难做出足够的努力，却从社会和政府那里得到了照顾和优待；这是一个道德问题，也是一个文化问题。皮尤研究中心于2014年在全球44个国家就贫困问题做过一次调查，认为贫困是由于个人所做出的努力不够而造成的占10%；但在美国和英国这样有着历史和文化渊源的国家，认为持续扩大的贫富差距是由于个人原因造成的占比达24%。这凸显了美国社会传统上个人奋斗的价值观仍然是帮助黑人消除贫困的重要抑制因素。[②] 新保守主义者在这方面的观点尤其突出，他们认为黑人的贫困问题是自由派实施“福利国家”和“向贫困宣战”等政策或者说是20世纪60年代“民权运动”所

① Martin Gilens, “Race and Poverty in America: Public Misperceptions and the American News Media ,” *The Public Opinion Quarterly,* Vol.60, No.4 (Winter 1996), pp.515–541.

② Bruce Stokes, “Is Laziness the Cause of Economic Inequality?” *Foreign Policy*, http://foreignpolicy.com/2014/10/22/is-laziness-the-cause-of-economic-inequality/.

造成的结果；黑人因此丧失了"个人责任"，养成了一种"福利心态"。为此，他们支持对黑人实行"善意的漠视"政策或者采取"胡萝卜加大棒"的教化政策，让少数族裔群体接受"正确"的价值观教育。[①]

这种"贫困文化论"（Culture of Poverty）在21世纪更多地将黑人持久的贫困现象与他们的家庭文化联系起来，尽管这种联系已经引发了多种争议。一些学者所做的调查显示，只有40%的黑人生活在正常的婚姻家庭（白人为68%），这些黑人的贫困率只有6%；而45%的黑人生活在以女性为主（无丈夫或父亲）的家庭（白人为20%）。这就造成了黑人家庭的一个特殊现象（即70%的黑人孩子出生在未婚家庭，约一半的黑人孩子与单亲母亲生活）。此外，黑人家庭成员中受过高等教育的家庭只有18%，而相应的白人家庭则占33%。2006年的统计数据显示，有超过11%的25—34岁黑人男性因各种罪行而被监禁。[②]所有这些"家庭因素"都被认为是造成美国黑人贫困现象的主要原因。

2020年在美国蔓延的新冠肺炎疫情同样凸显了黑白的不平等现象。据英国《卫报》网站5月20日报道，无党派机构APM研究实验室编撰并在当地时间周三发布的《新冠病毒的颜色》报告显示，美国黑人和美国其他人种的死亡率存在巨大差距，其中非洲裔美国人的死亡率为每10万人有50.3人死亡，白人为20.7；超过2万名非洲裔美国人——约占美国全部黑人人口的1/2000——死于这种疾病。从各州的层面看，统计数字更加令人震惊：在堪萨斯州，那里的黑人居民死亡率是白人的7倍。[③]对此，美国白宫和医疗官员给出的解释是黑人的"风险较高"，因为黑人当中糖尿病、高血压和肥胖等基础病高发。[④]显然，这又是一种批评指责受害者的做法。

当然，很多黑人和自由主义派学者反对以上这些观点，称它们为"文化

---

① Eduardo Bonilla-Silva, *White Supremacy and Racism in the Post-Civil Rights Era* (Boulder: Lynne Rienner Publishers, Inc., 2001), p.4.

② Carlos Gradin, "Poverty among Minorities in the United States: Explaining the Racial Poverty Gap for Blacks and Latinos ," *Applied Economics*, Vol.44, 2012, pp.3793－3804.

③ 《美国黑人新冠肺炎死亡率接近白人三倍，有的州高达七倍》，《参考消息》2020年5月21日。

④ 同上。

种族主义”，并坚持认为，造成黑人贫困现象的原因主要还是与黑人历史上遭受的奴役有关，与美国社会中持续存在的种族歧视观念有关。正是由于上述原因，黑人从来就没有能够与白人站在同一个起跑线上享受真正的机会均等，并在社会各个领域与白人进行公平的竞争。针对黑人在新冠肺炎疫情中的高死亡率问题，哈佛大学 FXB 健康与人权研究中心的学者玛丽·T. 巴西特指出：“这个问题不是基因问题，而是一个与社会体制相关的问题。……它反映的是我们这个国家就是这样一个按照种族结构来确定机会和价值的社会，我们称之为种族主义。”[①]

3.“肯定性行动计划”与“反向歧视”之争

“肯定性行动计划”是美国种族问题中争议最为激烈的热点问题，涉及一系列政府针对黑人（后来扩大到妇女和其他少数族裔群体）的优待政策领域（涵盖教育、就业及政府劳务合同几个方面）。它最初由美国前总统约翰·肯尼迪为保障就业的公平性于 1961 年颁布并实施的第 10925 号行政令。其要求获得政府合同的企业务必采取“肯定性行动，保证工作竞聘者不因种族、信仰、肤色或祖籍国而受到歧视”。[②]后来，随着 20 世纪 60 年代民权运动和妇女解放运动的深入，约翰逊总统签署了相关行政令与人权法案，最高法院也做出了一系列相关的判决。这一计划最终作为公共政策得以逐步在美国实施，并把优惠的对象从黑人扩大到妇女和其他少数族裔群体（亚裔、西班牙裔及印第安人），具体包括与政府有业务合同的企业在招聘工人时、大学招收学生时以及政府在与企业签署工程项目时，需充分考虑黑人、妇女及其他少数族裔的申请者并留出一定名额来照顾他们。

要评判“肯定性行动计划”必须首先了解美国政府实施该计划的初衷。这一点我们可以从约翰逊总统于 1965 年 6 月 4 日在霍华德大学[③]为毕业生所做的一次演讲中找到其中的逻辑。演讲中，他首先提到了黑人民权运动以来

① Erin Schumaker, “How Covid-19 Is Exposing —and Widening —Cracks in the US Health System ,” *ABC News*, https://abcnews.go.com/Health/covid-19-exposing-cracks-us-health-system-experts/story?id=70408044.

② Civil Rights Movements, “Important Court Cases of the Civil Rights Movement ,” http://civilrightsmovement.blogs.wm.edu/category/beginnings-of-affirmative-action/.

③ 传统上以招收黑人为主的大学，坐落在首都华盛顿。

联邦政府所做出的一系列努力（包括1964年他签署的《民权法案》以及他即将要签署的《选举权法案》）。但他指出，这些成就还远远不够，也许还只是一个开端，因为这些成就给黑人所带来的只是自由而非平等。他说："如果你仅仅只是说'你可以到任何你想要去的地方自由行走，做你所希望做的事情，选择你喜欢的领导人'，那是不可能消除我们几个世纪留下来的劣迹；如果你解救了一个因常年被铁链锁身而受到极大创伤的人，并将他带到一条起跑线前，然后对他说'你可以自由地与其他人竞赛了'，坚信这样是完全公平的，那就错了。仅仅只是打开机会的大门是不够的，我们所有的公民还必须具备走过这些门的能力。这才是我们的民权斗争下一个更具意义的阶段。我们追求的不仅仅是自由，还有机会——不仅仅是法律平等，还要有人的能力——不仅仅是理论上的作为权利的平等，还应该是实实在在的作为结果的平等。"①这便是为什么要实施"肯定性行动计划"政策的最初的解释，其中最突出的意义就是除了要让黑人获得人身自由外，还要帮助这些过去长期遭受过白人奴役的人具备与白人在同一个起跑线进行竞技的能力，这些政策就是一种补偿，目的就是寻求一种结果的平等。

随着相关法令的逐渐实施，黑人和后来的妇女及其他少数族裔群体开始接受教育、就业、住房及政府合同承包等方面的优待，并取得了令人瞩目的进步。一些企业、工会和聘用机构在其章程中明确删除了"只招聘白人"或"基督徒"的条款，并彻底摒弃了招聘中那些明显带有种族歧视性的做法。在教育方面尤为显著的是，许多黑人学生可以到美国著名的大学和有影响的专业领域学习，并因此进入美国的精英阶层；相应地，在就业领域，特别是高收入行业，黑人也有了显著的进步；一些黑人企业在获得政府业务合同方面因此获益。

然而，从这些政策开始实施起，美国社会就有强烈的反对声音，特别是因此而受到影响的白人群体反应一直强烈，使这一问题逐渐成为美国社会最为突出的热点问题之一。在公平就业方面，反对者攻击这些政策普遍给白

① *Public Papers of the Presidents of the United States* (Lyndon B. Johnson), 1965, Volume II, Entry 301, (Washington, D. C.: Government Printing Office, 1966), pp.635-640.

人带来了“反向歧视”，损害了美国传统的功绩原则并降低了生产效率。在大学招生中白人学生的反对情绪更加激烈，受到影响的白人学生甚至提出上诉，声称受到了“反向歧视”，要求停止实施“肯定性行动计划”的招生政策。通过法院的审理及对一些相关案例的判决司法解释，我们看到争议的焦点主要围绕着宪法第 14 条修正案的“同等保护”条款，即在大学招生中，学校根据“肯定性行动计划”政策的要求，用种族标准（而非学生的成绩和表现）来招收学生并预留一定名额给这些少数族裔学生。这是否违反了宪法修正案的“同等保护”条款。而最高法院在 1978 年 6 月 28 日对一起涉及此项政策的诉讼案——《加州大学董事会诉巴基案》（Regents of the University of California v. Bakke）进行具有里程碑意义的裁决时给出的答案是，学校在招生中考虑种族因素并不违反宪法，因为这有利于促进学生构成的多元性，但预留一定名额给少数族裔学生则既违反了 1964 年的《人权法案》，也违反了第 14 条宪法修正案的同等保护条款。[①] 到 20 世纪 80 年代，随着里根当选总统和美国社会新保守主义的兴起，有关“肯定性行动计划”政策的争议更加激烈，白人与其他少数族裔群体之间以及各少数族裔群体之间都有极大的差异。如盖洛普 2005 年 8 月 23 日发布的民调显示，有 44% 的美国白人反对“肯定性行动计划”政策，而支持这些政策的黑人则高达 72%。[②] 2008 年金融危机以来，虽然总体上支持这些政策的美国人超过了一半，但黑人和白人在这一问题上的分歧依然明显。盖洛普 2015 年 6 月 15 日至 7 月 10 日进行的一次民调显示，支持“肯定性行动计划”的白人为 53%，黑人支持者仍高达 77%。[③]

被称为“新种族主义”的“色盲论”在这个问题上比较典型地代表了白人在这一问题上的态度，突出强调当前美国社会的“色盲”性：A.“过去

① “Regents of the University of California v. Bakke,” https://www.encyclopedia.com/reference/encyclopedias-almanacs-transcripts-and-maps/regents-university-california-v-bakke.

② Jeffrey M. Jones, “Race, Ideology, and Support for Affirmative Action ,” http://www.gallup.com/poll/18091/Race-Ideology-Support-Affirmative-Action.aspx?g_source=affirmative%20action&g_medium=search&g_campaign=tiles.

③ Rebecca Riffkin, “Higher Support for Gender Affirmative Action than Race ,” http://www.gallup.com/poll/184772/higher-support-gender-affirmative-action-race.aspx.

的事情就让它过去了吧”；B.“我又不曾拥有过奴隶”；C.“如果犹太人、意大利人和爱尔兰人能够取得成功，为什么黑人就不行呢”；D.“由于某个少数族裔的人，我没有能够得到某项工作（或晋升），或者没有能够被某所大学录取”。[①]这些观点割裂种族问题的历史成因，强调个人主义的自我奋斗精神和平等（这显然与黑人的观点和期盼相去甚远）。美国皮尤民调研究中心于2016年6月27日在其网站上发布的一份调查报告揭示了美国白人和黑人在种族和不平等问题上依然存在着的差异。在有关美国是否应该继续为黑白种族平等而继续做出改变的问题上，88%的黑人选择了“是”，而只有53%的白人选择了“是”；认为这个国家在种族平等方面已经做出了必要改变的黑人只有8%，而持有相同观点的白人则达到了38%；认为对种族问题过于关注的白人则高达41%，相较于黑人的22%则又高出了近1倍。[②]这就是说，相当比例的白人认为美国社会为解决种族问题已经做出了足够的努力，而黑人则认为还远远不够。

相反，越来越多的白人认为他们的利益受到了侵害，原因是越来越多的新移民以及民权运动以来政府对少数族裔群体实施的优待政策导致白人的许多工作机会被夺走，而靠自身奋斗实现自我价值的“美国梦”也因为对少数族裔不公平的照顾而受到严重影响。要说美国社会是否有种族歧视问题，那也是白人遭受不公平对待的“反向歧视”问题，白人群体中因而出现了越来越强大的白人民族主义情绪，有人则将此称作白人至上主义（White Supremacy）。这种情绪通过政治选举表现为一种暗流涌动的白人民粹主义浪潮，并在2016年的大选中达到高潮（即所谓的“特朗普现象”）。

2016年大选中获胜的美国总统唐纳德·特朗普在很多人眼里是一位种族主义者。他们认为特朗普在移民、“肯定性行动计划”和穆斯林等问题上用一些煽动性的语言表达了极端保守主义的观点。如在竞选中，他表示不反对“肯定性行动计划”，但却质疑奥巴马当年进入哥伦比亚大学和哈佛大学学

① Eduardo Bonilla-Silva, *Racism without Racists* (Lanham, Md.: Rowman & Littlefield Publishers, Inc., 2014), pp.125–134.

② Pew Research Center, “On Views of Race and Inequality, Blacks and Whites Are Worlds Apart ,” http://www.pewsocialtrends.org/2016/06/27/on-views-of-race-and-inequality-blacks-and-whites-are-worlds-apart/.

习并非因为他成绩优秀，而是受到了“肯定性行动计划”的照顾。当选总统后，特朗普政府于2017年5月提出的第一个联邦预算就包括了大幅削减联邦在医疗、食品券及保险等方面的社会救济开支，从而使生活在最底层的黑人遭受了又一次冲击。在高校招生问题上，特朗普政府通过司法部对一些大学的招生政策展开调查，并对招生中有歧视白人和亚裔现象的大学提起诉讼，其中主要指向哈佛、耶鲁和普林斯顿大学。① 不过，在2019年10月1日的相关裁决中，美国联邦法院认定哈佛大学本科生招生程序并未有歧视亚裔申请人的现象。但美国司法部继续其对耶鲁大学和普林斯顿大学进行调查，并于2020年10月8日正式起诉耶鲁大学在招生中非法歧视亚裔和白人申请者。显然，这些具有很强针对性的观点和政策措施都是为了迎合支持特朗普的白人基础选民的诉求。与奥巴马时期尽量避开种族问题的“去种族化”策略完全不同，② 特朗普毫无顾忌地将“新种族主义”之争引入到了美国政治进程，并将对美国种族关系在未来一个时期的发展产生严重影响。

有关“新种族主义”的争论，实际上就是对美国社会仍然存在着许多社会问题是否应该戴着“有色眼镜”去审视的问题。主流观点（包括主流媒体、白人及一部分黑人和少数族裔）认为，美国通过黑人民权运动及后续的一系列多元文化主义的政策逐渐使白人接受了美国多民族多种族的多元文化认同；美国已不存在白人至上或种族歧视的现象；奥巴马的当选和他的八年总统任期即是这一“后种族主义时期”到来的象征，他给美国留下的历史遗产并不是他作为美国历史上第一位黑人总统的象征意义，而是他所体现的美国社会普遍接受的超越肤色和种族群体认同的多元文化认同。至于那些依然存在的与种族相关的社会问题（如对黑人与少数族裔群体的歧视行为、黑白经济地位与状况的巨大差异等）则都是已经过去的历史，是非种族性的，是个人的而非体制性的行为。多数情况下，个人或个人所属的群体及其文化应该为此负责，具有阶级性，而不能将其归咎于白人的种族歧视。因此，政府

① “Justice Dept. to Take on Affirmative Action in College Admission,” *New York Times*, Aug. 2, 2017, https://www.nytimes.com/2017/08/01/us/politics/trump-affirmative-action-universities.html.

② 参见朱全红：《“去种族化”：奥巴马的种族政治策略》，《历史教学问题》2017年第1期。

对待这些问题应该超越种族，一视同仁，为每个人提供均等的发展机会，而不应该牺牲白人的利益。

然而，这些观点与黑人所处的社会和经济现实以及他们希望政府和社会对他们给予更多帮助的期盼距离太远。忘却他们的历史、漠视他们不平等的社会现实、反对他们的正当诉求无异于是对他们实施新的种族主义。其实质就是"要人们忽视少数族裔的劣势地位，同时否认白人享有任何特权"。[①] 相较于传统种族主义，这种"新种族主义"被认为具有更大的危害性，黑人与白人的真正平等也将更加难以实现。主要代表白人群体利益而当选总统的特朗普为迎合其基础选民而发表的那些过激言论和所实施的一系列保守主义政策措施，不仅未能平息有关"新种族主义"的争论，反而使美国的种族关系被进一步激化，导致白人种族主义思潮在美国社会的复燃。2020 年弗洛伊德事件的迅速蔓延及其引发的大规模暴力事件便可看出这种紧张关系的程度。

二、民粹主义与"特朗普现象"

美国紧张的民族种族关系也在 21 世纪初出现的民粹主义浪潮中强势地表现出来，并以"特朗普现象"为标示，使美国进入了一个政治动荡和不确定的时期。

1. 民粹主义的界定及其在美国的演进

民粹主义的概念比较宽泛，也很模糊，要给出一个确切的定义十分困难。根据《大英百科全书》的解释，民粹主义是指"一种捍卫普通人权力的政治活动或运动，通常与精英人群相对；它包含左翼民粹主义和右翼民粹主义两大类，一般反对大的商业和经济利益集团，并且敌视社会主义建制派和工人劳动党"。[②] 在英国政治学教授保罗·塔格特看来，民粹主义的概念模糊不清，"因为它本身就没有一个清晰的内涵，多变和易变是它突出的特点；但它又具有丰富的内涵，可以是一种政治心态、一种政治思潮、一种社会运动，同

① Ashley Jardina, *White Identity Politics* (Cambridge: Cambridge University Press, 2019), p.154.

② *Encyclopedia Britannica* (Encyclopedia Britannica, Inc. 2006), p.1530.

时也是一种政治策略。”[①]

作为一种宽泛而又模糊的概念，民粹主义最初出现在19世纪俄罗斯的政治思想术语中，从俄文直接翻译过来即指一场政治运动。这场运动将一批知识精英与农民联合起来，认为理想社会的真正价值只能存在于乡村和简朴的生活之中；而作为一种社会运动，民粹主义一词最早用来描述19世纪末美国的一场有关土地问题的社会运动，以此表达那些债务缠身的美国农民因对政治精英的不满而产生的政治怨愤。[②]所以，从一开始，民粹主义就将普通民众当作政治改革中独一无二的因素。从这个意义上说，民粹主义的本质即为由普通民众发起的社会政治运动。平民化是民粹主义的基本含义；它强调所有人都是民粹主义的共同目标，因此，民粹主义也被称为平民主义。也正因为此，普林斯顿大学政治理论教授缪勒在其出版的《什么是民粹主义？》一书中就强调指出，民粹主义可能表现出反建制、反精英、非理性、愤怒等，但界定它的最本质特征是对“人民”代表性的垄断，因为民粹主义者总会宣称，他们是唯一能够代表人民意志和利益的力量。[③]

有关民粹主义的种类，有学者根据世界各地民粹主义的表现概括出了四种类型：政治上的左翼和右翼；经济上的左翼和右翼。政治上的左翼坚持平民主义、民族主义和社会主义；政治上的右翼认同本土主义或分裂主义、种族主义的理念；经济上的左翼倡导福利主义、平均主义和社会主义；经济上的右翼鼓吹孤立主义或排外主义、贸易保护主义。[④]其中政治上的左翼以拉美民粹主义为代表，右翼则以西欧新民粹主义为代表；而经济上的左翼则以北欧福利国家挪威和城乡矛盾尖锐的国家——泰国——为代表，右翼以英国独立党和中国台湾的民进党为代表。在美国，民粹主义往往就用左翼和右翼来区分，在理念上更多从民族主义、种族主义、福利主义、孤立主义或排外主义、贸易保护主义等方面的内容来加以判定。

---

① 〔英〕保罗·塔格特：《民粹主义》，袁明旭译，吉林人民出版社，2005，第1－2页。

② Rodney P. Carlisle, *Encyclopedia of Politics: The Left and the Right* (Thousand Oaks, CA: SAGE Publications, Inc., 2005), pp.349 – 350.

③ Jan-Werner Muller, *What Is Populism*? (Philadelphia: University of Pennsylvania Press, 2016), p.3.

④ 郭正林、李镇超：《当代世界的民粹主义：四种主要类型》，《学术前沿》2016年5月号，第68页。

美国的民粹主义历史悠久，最早可以追溯到美国的独立革命。那时的民粹主义将人民定义为平民，而将君主和贵族排斥在人民的范畴之外，并高举反封建君主和贵族的大旗。美国独立运动即是一场民粹主义的风暴所带来的结果。托马斯·杰斐逊起草的《独立宣言》首先宣示了殖民地人民起来反抗英国统治、争取独立的正义性："政府的正当权力，是经被统治者的同意而产生的，当任何形式的政府对这些目标具有破坏作用时，人民便有权力改变或废除它，以建立一个新的政府。"① 独立之后，美国的国父们根据自己的革命经历和体验，在创立美国宪政体制时又提出了相关的政府治理理念。如乔治·华盛顿的"人民治理"理念，强调国家主权在于人民。后来林肯将这一思想发展为"民有、民治、民享"的著名论断。麦迪逊在承认人民在管理政府中的重要作用的前提下，提出"必须首先使政府管理被统治者，然后再使政府管理自身"。这就是所谓的"麦迪逊民主"，它强调精英统治，防止"暴民"对政府的颠覆。此外，麦迪逊也主张通过起草和推动通过《民权法案》来保障人民不可被剥夺的公民权力。这些观念后来都不同程度地体现在美国的宪政设计与实践中，并成为美国民粹主义赖以生存和发展的理论根源与宪政依据。

民粹主义一词在美国建国之后最早是用来描述 19 世纪末美国的一场有关土地问题的社会运动，以此表达那些债务缠身的美国农民因对政治精英的不满而产生的政治怨愤。因此，19 世纪的美国民粹主义运动旨在为人民尤其是贫困农民争取利益。在随后的一个多世纪里，随着美国社会的变迁及所引发的各种利益冲突，民粹主义在美国也不断出现，成为推动社会发展的重要政治和社会力量，其中 19 世纪末的"人民党运动"、乔治·华莱士的 1968 年总统选举以及 20 世纪其他一些周期性出现的民粹主义高潮都表现了美国政治中民粹主义的重要影响和作用。

"人民党运动"最先发端于"农民党"（Grangers）和"绿纸背党"（Greenback）的农民运动，并得到一些城市民众的支持。"农民党"是美国内战后第一个全国性农民组织，它的成立促成了农民运动的第一次高潮；而

① George McKenna, *American Populism* (Halifax: Capricorn Books, 1974), p.9.

“绿纸背党”则是第一个参加1876年总统选举的亲民党，其目的是废除硬币，要求用纸币取代。1882年，南北方农民联合聚会，成立了人民党，并于1892年第一次参加了大选。人民党的总统候选人詹姆斯·韦弗虽然没有赢得选举，但赢得了104万张选票，而4个州的州长职位也由民粹主义者夺得。这一事件在当时震惊了其他两个主要政党。这意味着人民党成为了两党之外在国家政治问题上获得话语权的第三大政党。由此，人民党获得了广泛的政治权力，甚至民主党的竞选计划也变得与人民党的奥马哈计划相同，目的就是要在1896年的大选期间与人民党争夺选民。

不出所料，1896年的选举标志着人民党势力的落败，窃取了人民党纲领的民主党将大部分人民党支持者吸纳进民主党。虽然民主党候选人布莱恩被共和党候选人麦金莱所击败，但民主党通过改革维持了大党的地位，而人民党的思想和社会实践也通过民主党对美国政治产生了长期的影响。作为一个具有民粹主义思想的政党，人民党的出现直接导致了美国两大主要政党的改革，从而实现了美国历史上的一次重大政党重组。这标志着自由竞争时期的美国两党政治转变为垄断时期的两党政治，与1893年经济危机、1898年美西战争一起，共同成为美国现代历史的开端，人民党举足轻重的作用由此凸显出来。[①]

在人民党运动之后，20世纪美国的政治时常充满了民粹主义。一到竞选季，自由派和保守派就都可能声称是为中产阶级而斗争。这种现象已经成为了民粹主义风格。随着20世纪50—60年代美国黑人民权运动、学生运动、反战运动等一系列社会运动的风起云涌，美国社会经历了一次前所未有的政治与文化洗礼。这直接导致了60年代末美国政治中的又一次右翼民粹主义的高潮并以乔治·华莱士的1968年竞选为主要标识。民粹主义从此也与美国族裔政治如影随形。

20世纪60年代，亚拉巴马州州长乔治·华莱士是当时最具争议的民粹主义者之一。他不仅善于激发和利用广大政客与煽动者的公愤，而且他还因为种族歧视得到了美国许多白人保守派的大力支持。面对美国黑人民权运动的斗争更加激烈，他站在南方白人种族主义者的一边，坚持种族隔离制度，坚

① 黄仁伟：《论美国人民党运动的历史地位》，《世界历史》1989年第1期。

决反对公民权利运动。最为典型的是 1963 年 6 月 11 日他站在亚拉巴马州立大学校门口，反对联邦法院的裁决并试图阻止那些想要进入大学登记入学的黑人，声称联邦政府是在企图剥夺州政府在教育方面的权力。最后在联邦政府动用国民警卫队出面后他才做出让步。此外，1965 年当马丁·路德·金在亚拉巴马州的塞尔玛（Selma）领导黑人民权运动举行声势浩大的向首府蒙哥马利大游行中，华莱士作为州长不仅拒绝为"塞尔玛游行"提供保护，反而派遣亚拉巴马州的军队来侵扰游行。这些都使他成为了全国反对民权运动的标志性保守派人物并给公众留下了恶劣的印象。

乔治·华莱士的表现背后揭示的是他个人的政治抱负与民粹主义的政治姿态。华莱士担任过亚拉巴马州的议员和州长，从 20 世纪 60—70 年代，他还参加了 4 次总统大选，结果都与总统宝座无缘。而 1968 年的总统竞选，比较突出地揭示了他的民粹主义形象。当时，华莱士作为"美国独立党"候选人参加大选，与尼克松对阵。最开始，他在种族问题上的立场比较温和，目的是配合其政治选举。后来，他发现他的主要选民来自南方，尤其是农村的白人，因此，他改变了竞选策略，成为了一个维护白人种族利益的民粹主义者，支持种族隔离政策，反对民权运动，以迎合南方白人民粹主义。他就像是一个政治搅拌器，摸索和利用广大选民的不满与恐惧心理。他一方面敌视少数族裔，另一方面要求改善普通白人的福利，并激烈地攻击自由派政治精英、银行家和富裕阶层。他凭借其坚持种族隔离、反对民权运动的立场和话语来赢得南方普通白人选民的支持。最后，华莱士获得了 13.5% 的选票，而他在竞选期间不断变化战略，极大地反映了民粹主义的巨大社会吸引力。从族裔政治的视角来说，华莱士所体现的是美国 20 世纪 50—60 年代黑人民权运动所引发的白人种族主义的强烈反弹和抵制，与我们在 2016 年所看到一样，民粹主义在美国族裔政治中所扮演的作用有时会十分强大，因为左右翼发现在这一领域都有其发挥空间。

2.“特朗普现象”与 21 世纪民粹主义的复兴

进入 21 世纪，在全球化浪潮中美国社会也在经历重要的社会转型期。

时下美国社会、经济和文化矛盾突出以及政治极化严重，为酝酿和铸就一次新的民粹主义复兴提供了社会基础。这一复兴虽然以2016年特朗普成功当选总统为主要标识，但它的过程可以追溯到后民权运动时期美国社会的种种变迁。冷战后全球化进程的加剧及其所带来的全球经济结构的调整，特别是这种调整给美国经济和社会带来的深刻影响，最终集中在21世纪初显现出来。因此，从一定意义上来说，这既是上一次民粹主义运动的延续，也是美国社会矛盾日益激化、人民危机意识和对奥巴马政府政策不满情绪不断上升的结果，其中较为突出的就是两个引人注目的“草根行动”：“新茶党运动”与“占领华尔街”运动。其中前者代表了右翼，后者代表了左翼，而最后这两种运动所反映的思潮都在2016年的大选中通过极端左右翼民粹主义候选人桑德斯和特朗普表现出来，其中右翼民粹主义以白人为主体，其候选人特朗普笑到了最后。

特朗普充分利用了美国的民粹主义情绪，以一个政治素人和外来者的形象博取了民众的支持。这与华莱士在1968年大选中的表现有诸多相似之处。而让“特朗普现象”在白人选民中十分受欢迎的根源是美国的现状。中产阶级正在迅速萎缩，穷人变得越来越穷，富人变得越来越富有。因此，与其说许多美国选民支持特朗普，不如说他们憎恨精英和强大的政府。在一定程度上，美国的间接民主原本优于直接民主，但那些再也无法忍受精英阶层的人现在开始渴望更直接的民主，“特朗普主义”也就应运而生了，并让民粹主义重回政治舞台。

在2016年美国大选中，特朗普扮演了一个主要来自中产阶级的美国白人代言人的角色。这些人都有一个共同的特点：他们都是普通工人，尤其是那些对现状不满的白人男性。他们的生活条件越来越差，认为社会上的大部分财富都是由富人控制的，而世界各地的移民来到美国也和他们竞争工作。这些人中的大多数曾经参加过“占领华尔街”运动，反对不公平的财富分配。因此，美国白人对特朗普表达出强烈的支持。特朗普的口号是“让美国再次伟大！”为此，他提出了若干特别政策，例如禁止外国穆斯林进入美国、将叙利亚难民遣返回他们饱受战争蹂躏的国家并废除自由贸易协定。在所有这些政策中，在美国与墨西哥边界建立一座“长城”是让许多美国白人中产阶级最高兴的政策。因为他们认为墨西哥人民一直在从边境偷渡到美国，并与美国中产阶级争抢工作机会。特朗普的新政策旨在将海外制造业工作岗位带回美国，并将联邦企业所得税从 35% 降至 15%。此外，他还建议美国将 10% 的海外利润用于税收，并将所有所得税用于对落后地区的经济扶持。人们相信，随着所有新政策的出台，美国将有成千上万个新的就业机会。

此外，导致美国民粹主义兴起的另一个重要原因就是后民权时期一直持续的美国社会文化冲突（包括价值观和国家认同的分歧），而文化冲突又和美国的种族多样性不可分割。国家认同（National Identity）是一个国家区别于其他国家的重要特质，正如美国著名政治学家塞缪尔·亨廷顿（Samuel P. Huntington）所提出的“我们是谁”这个问题。① 其出版的《我们是谁？》一书引发了美国社会对国家认同的大讨论。塞缪尔认为，盎格鲁 - 撒克逊新教文化的核心元素（如“英语、基督教、宗教、敢于持异议的新教价值观等”）是美国国家认同的核心，但它正面临来自拉丁美洲和亚洲的移民浪潮、学界和政界流行的多元文化主义、少数族裔的身份认同政治的挑战。他认为要使盎格鲁 - 撒克逊新教文化重现活力必须强调白人中心主义，也就是“白人”对“有色人种”的偏见，把“有色人种”定义为“他者”。②“政治正确”之争也涉及了国家和族裔认同问题。少数族裔群体利益和族裔文化、价值观等受到尊重和认可，“白人至上主义”和“本土主义”被认为有违“政治正确”，但这并不代表美国白人群体从心底里接纳了少数族裔及其文化和价值观。相反，全球化背景下非欧裔移民的涌入带来了一系列社会问题。虽然学者和精英界强调和推崇多元文化主义，但隐藏在美国社会的根深蒂固的种族主义、本土主义、面临挑战和威胁的盎格鲁 - 撒克逊新教文化等反而激化了美国保守派白人群体的不满。在 2016 年美国大选中，这一群体极力推选特朗普为总统就是他们一次成功且响亮的发声。

---

① Samuel Huntington, *Who Are We? The Challenges to America's National Identity* (New York: Simon & Schuster, 2004).

② 谢韬：《美国国家认同的危机——民主、种族和霸权视角》，《现代国际关系》2017 年第 12 期。

总之，21 世纪初美国爆发的“新茶党运动”“占领华尔街”运动以及 2016 年大选中涌起的“特朗普现象”，标志着美国民粹主义的兴起。从美国民粹主义的历史来看，我们很容易得出这样的结论：民粹主义运动在美国政治和社会中的反复出现说明其在美国很有市场，尤其在美国政治生活中永远不会消亡。特朗普以一系列新的措施开始他的总统任期，以兑现他在 2016 年大选期间所做的承诺。这为美国政治带了新的变数。无论从特朗普执政的短期来看，还是从美国政治的意识形态变化的长期趋势来看，美国都会呈现保守主义的新变局。

哈佛大学著名教授弗朗西斯·福山在《金融时报》发表评论指出：“我们似乎正在进入一个新的民粹主义的民族主义新时代。20 世纪 50 年代建立的以自由主义为主导的秩序正面临来自那些愤怒和冲动的民主多数的攻击，世界因而滑向一个高度竞争的、同样是愤怒的民族主义世界的危险是巨大的。”[①] 也就是说，在 21 世纪民粹主义面临再次回归，特朗普在大选中的胜利即可被视为是民粹主义的民族主义的胜利。民主不仅充分反映在政治议程上的民意多样性，而且其正常运作也取决于最低的政治共识。这对于族裔政治来说可能也不是一个好的兆头，因为它预示着族裔力量的博弈可能会更加激烈，民族种族关系有可能面临再一次的动荡和挑战。

3. “特朗普主义”与美国政治的新变局

唐纳德·特朗普“意外”当选后，美国政治随即真切感受到了这位通过利用美国右翼民粹主义思潮而当选的总统所带来的巨变，让美国和国际社会震惊且措手不及。他为了兑现其竞选承诺，不遗余力地推行了一系列极端保守的国内外政策，其核心理念与其竞选期间鼓吹的那些思想一脉相承，即所谓的“特朗普主义”(Trumpism)。在中国人民大学教授杨光斌的观点来看，“特朗普主义”包含四重政策取向：A. 反对全球化和自由贸易，重建本土制造业，重新进行区域贸易协定的谈判，实行贸易保护政策；B. 反对非法移民、革除少数族群，重构美国白人主体地位；C. 貌似孤立主义的不干涉政策，不再为

---

① Francis Fukuyama, “U.S. against the world? Trump’ s America and the New Global Order ,” *Financial Times*, Nov. 11, 2016.

战略联盟或意识形态而损害美国利益；D. 明确指向资本和社会贫富分化，通过反移民、反全球化和自由贸易等满足美国中下层民众的经济利益。[①]实际上，“特朗普主义”的核心思想就是“美国优先”，或称“美国主义”。这让美国政治和国际格局面临诸多挑战。从执政以来的情形看，美国政治已经呈现出具有“特朗普特质”的新变局，从族裔政治的视角来看，就是将维护白人群体利益特别是满足让他成功当选的那些白人中下层选民的诉求作为其执政的核心目标。

（1）国内政策上的极端保守主义

致力于废除奥巴马的医改计划

在国内政策上，特朗普上任之后首先急于要做的就是致力于废除奥巴马医改计划，因为他把废除奥巴马医改法作为其重要的竞选承诺之一，这也一直是共和党要求废止的奥巴马执政时期的一项重要立法，因为它违背了共和党的“小政府”和依赖市场机制来完善医保体系的理念。所以，在入住白宫后不满 24 小时，特朗普就签署了他的第一道行政命令，要求卫生与公共服务部和其他相关政府机构“减轻奥巴马医改的负担”，实际上是叫停“奥巴马医改计划”。然而，美国医保制度十分复杂，要废除和颁布新的医改法并不是特朗普所想像的那般容易。加上该法已经实施多年，受益的群体已经形成巨大的利益集团，其中也包括许多共和党的支持者，因此，特朗普的这一努力便屡屡受挫。作为“逢奥（巴马）必反”的共和党，虽然可以纯粹为了两党竞争而反对民主党，却无法提出切实可行的替代方案。这在美国国内甚至共和党内部都质疑声四起。然而，即便困难重重，特朗普对于废除奥巴马医改却立场坚定。2017 年 7 月 25 日，在国会进行的有关启动废除和取代奥巴马医改法的辩论中，众议院以 1 票之差获得通过，这是特朗普新医改议程取得的艰难收获，但后来在参议院却没有能够获得通过。10 月 12 日，特朗普在白宫签署了名为“促进全美医保选择和竞争”的行政命令。这是特朗普政府迂回废除奥巴马医改法的又一新招，目的是在不能直接废除奥巴马医改

① 《美政治传统的回光返照，专家解码特朗普主义》，新华网，http://www.xinhuanet.com/world/ 2017-01/26/c_129461103.htm。

的情况下试图削弱其法律效力。不过，要推出真正“新医改”的困难程度有目共睹。虽然特朗普后来利用税改法案成功地废除了奥巴马医改法案中有关强制性纳保的条款，但用前述 BBC 网站上同一篇文章开头的一句话来形容特朗普全面废除奥巴马医改的“任重而道远”最确切不过了：“这么近，却又如此遥远——不过只是几张参议院选票站在共和党人和他们废除奥巴马医改的目标中间而已。”[①]就是说要真正废除奥巴马医改除了遭到民主党人的坚决反对之外，共和党内部也有强烈的抵制声音。从族裔政治的视角来看，奥巴马医改惠及的不只是那些长期生活在美国底层的少数族裔，还包括那些坚定支持特朗普上台的蓝领白人阶层，他们才是抵制废除奥巴马医改的真正力量。

“废止童年抵美者暂缓遣返”计划

特朗普在竞选期间承诺要采取行动的第二项重大国内政策议题是非法移民问题。这也一直是共和党选民特别是那些白人蓝领阶层要求政府采取强硬措施的政策议题。他们认为这些非法移民在美国夺走了他们的工作和福利，因而坚决要求政府采取强硬措施遣返非法移民。特朗普就任之后迅速出台了相关的政策，其中特别引人注目的是有关“废止童年抵美者暂缓遣返”计划的决定。该计划 2012 年由奥巴马签署实施，目的是让年幼时被父母带入美国的青少年非法移民免于被遣返，并允许他们合法地获得工作资格。这部分人后来被称为“追梦人”，人数约有 80 万，其中大部分来自墨西哥和其他拉美国家。2017 年 9 月 5 日，司法部长杰夫・塞申斯在特朗普的要求下，宣布废除奥巴马签署的“童年抵美者暂缓遣返”计划。这意味着这些“追梦人”将失去免遭遣返的特殊照顾。这一决定迅速在美国国内引发了极大的争议。根据大卫・中村在《华盛顿邮报》发的“特朗普政府宣布终止‘追梦人’保护计划”一文指出：特朗普及其支持者认为“追梦人”计划违宪；“追梦人”计划的出台本身就是奥巴马政府滥用职权的结果，在法律上行不通。[②]而另

---

① BBC, “Why Is Obamacare So Controversial?” http://www.bbc.com/news/world-us-canada-24370967.

② David Nakamura, “Trump Administration Announces End of Immigration Protection Program for ‘Dreamers’,” *The Washington Post*, https://www.washingtonpost.com/news/post-politics/wp/2017/09/05/trump-administration-announces-end-of-immigration-protection-program-for-dreamers/?utm_term=.2e6778d5c850.

一方面，很多政治家、领导者、商业上的首席执行官（CEO）、墨西哥政府、脸书创始人马克·扎克伯格以及纽约天主教慈善机构等都公开反对特朗普这一举措。一些民主党的人士，包括纽约总检察长埃里克·T. 施耐德曼（Eric T. Schneiderman），发誓将采取法律措施来保护这些“追梦人”。前总统奥巴马也在脸书上发表长文，指责特朗普的这一举措是“残忍的”，称这个“政治决策”显示其“道德上的问题”。①

为中产阶级减负

特朗普执政以来在国内议题上推行的一项最重大也被认为是最成功的政策便是他的税改法案。减税也是特朗普竞选期间向选民许下的又一项主要承诺。他声称要通过减税和简化税制来为美国中产阶级减负，恢复美国的经济活力，使美国经济能够更快地增长。这也符合共和党长期的执政理念，历史上重大的减税计划主要都由共和党总统推动实现，如 20 世纪 80 年代里根和 20 世纪初小布什政府时期的大规模减税计划。2017 年 12 月 1 日，美国参议院继众议院之后以 51 : 49 通过了特朗普提出的税改法案。根据该法案，美国企业所得税从 35% 下调至 20%，个人所得税从 7 档减至 4 档，分别为 12%、25%、35% 和 39.6%。该税改号称减税 1.5 万亿美元，是美国 30 多年来最大规模的税制改革。

这次税改除了特朗普所说的是要兑现其为美国中产阶级减轻税负的承诺外，它也充分体现了特朗普的“美国优先”原则，即让美国在发达国家中从企业税最高的国家之一变为企业税最低的国家之一，使美国直接跻身同类发达国家中企业税率最有竞争力的行业，从而改变了过去 10 多年美国企业因为企业税太高而缺乏竞争力的现状。② 同时，税改还鼓励美国的海外企业将它们在海外的利润转移至美国国内。特朗普在税改通过后的白宫庆祝活动上表示，“这是我国历史上最大的减税举措”，未来将会有 4 万亿美元回到美国。③

① 奥巴马：《废除“追梦人计划”是“错误和残忍的”》，微天下网，http://overseas.weibo.com/media/4148821686120290。

② 南方略咨询：《特朗普税改法案终获通过会带来什么影响？》，搜狐网，https://www.sohu.com/a/208314944_479829。

③ 《特朗普对税改发表讲话：意味着企业会重新回到美国》，（财经）凤凰网，http://finance.ifeng.com/a/20171221/15881251_0.shtml。

然而，税改也引发美国社会的极大争议。税改在国会通过时，投票基本上以党派划线，共和党主要依靠其多数党的优势赢得了税改法案的通过。众议院民主党领袖佩洛西痛批这一税改法案无法创造就业、提高工资，而只会造福“政治捐款者的金库和肥猫”。还有人担忧这一法案将在未来10年给美国带来1.5万亿美元的额外赤字，同时，减税法案主要让富裕阶层受益，其负面后果如医保负担加重、退休金停滞不前等将由中下层人民承担，其结果将是贫富差距的继续扩大。① 显然，特朗普的这一引以为傲的大规模减税措施并没有弥合美国社会的分歧和矛盾，相反给美国经济的发展和政治的稳定带来了更多的挑战和不确定性。尤其是生活在底层的黑人和拉丁裔，他们从中获得的利益相较于白人富裕阶层来说是微不足道的。

（2）外交政策上的极端民族主义

在外交政策方面，特朗普的“美国优先”理念表现得更加突出，一些政策甚至颠覆美国长期奉行的外交传统。用极端民族主义来形容他的外交理念一点也不为过。

退出“跨太平洋伙伴关系协定”

2017年1月23日，特朗普在就任总统后的第三天就签署行政命令，正式宣布美国退出“跨太平洋伙伴关系协定”（TPP），以此兑现他竞选期间做出的承诺，颠覆了共和党几十年来所秉持的自由贸易观念。TPP是奥巴马政府大力倡导的一项旨在遏制中国的贸易协定，其主要目的是在包含美国在内的日本、加拿大、墨西哥、智利等12个太平洋沿岸国家之间建立一个单一市场，削减对美国进出口的关税，以便各国能够进行商品的低成本自由流通，而美国则为这些国家的商业发展提供便利。然而，作为“反全球化”和“反自由贸易”的民粹主义代表，特朗普认为自由贸易导致美国制造业“空心化”，“跨太平洋伙伴关系协定”将会“摧毁”美国制造业，给本就受到全球化冲击的中产阶级和蓝领工人以致命一击。他在竞选时强烈表示，美国应该实行贸易保护主义，把工作机会带回美国。退出TPP是他给其支持者承诺的回应，

① 《特朗普税改法案众议院闯关成功》，新华网，http://www.xinhuanet.com/world/2017-11/18/c_129744083.htm。

也是其重建美国制造业的重要举措。

退出“巴黎协定”

特朗普就任后采取的第二项外交举措就是在 2017 年 6 月初宣布美国将退出《巴黎协定》。这立即引发了世界各国对原定启动“巴黎气候进程”的普遍担心和热议，其中不乏对特朗普政府表现出失望、无奈、不解、批评甚至愤怒的情绪。二战后美国在经济和军事上的绝对强势地位以及其影响力，世界各国有目共睹，但美国在《巴黎协定》问题上的动摇让各国认为全球应对气候变化的意愿减弱，对美国退出后的资金缺口感到担忧。这一决定无疑对“美国形象”造成了一定的负面影响，也在美国国内引发争论。[①]根据美国《公共外交杂志》的报道，特朗普的这一决策触发了美国国内支持者们举行支持《巴黎协定》的宣誓游行，也使美国再一次兴起气候行动。[②]但不管怎么说，特朗普这一举措其实也是遵循了“美国优先”的原则，退出《巴黎协定》为其调整能源政策、开发国内的化石能源铺平了道路。

退出联合国教科文组织

除了退出“跨太平洋伙伴关系协定”和《巴黎协定》，2017 年 10 月 12 日，特朗普又继续宣布退出联合国教科文组织。美国曾在 1984 年以教科文组织内存在腐败和管理混乱为由一度退出，但在 2003 年重新加入。美国《外交杂志》认为，美国此次退出的部分原因是为了消解拖欠巨额会费的压力，但更深层次的原因或许是因为其在该组织内影响力不大，无法掌控局面。如 2011 年联合国教科文组织接纳巴勒斯坦为会员国，美国和以色列除了表示不满，似乎找不到其他办法。此次退会被认为也是美国调整中东政策，拉紧与以色列的关系，加强压制伊朗的手段。[③]

---

① 潘家华:《负面冲击—正向效应—美国总统特朗普宣布退出〈巴黎协定〉的影响分析》,《中国科学院院刊》2017 年第 32 期。

② Emmanuelle Pinault & Agathe Cavicchioli, “Trump’ s Withdrawal from the Paris Agreement Shines Light on City Climate Leadership ,” *Public Diplomacy Magazine,* Octorber, 2017, http://www.publicdiplomacymagazine.com/trumps-withdrawal-from-the-paris-agreement-shines-light-on-city-climate-leadership/.

③ 《美国为何再次退出联合国教科文组织？》，新华网，http://www.xinhuanet.com/world/2017-10/13/c_1121799652.htm。

退出世界卫生组织

特朗普的“退群外交”还在2020年新冠肺炎在美国肆虐之时再次上演，让世界瞠目结舌。这就是其决定于2021年7月6日退出世界卫生组织。[①]疫情蔓延之时，也正是世界各国在世界卫生组织的指导下团结协作、共同应对疫情的关键时刻。然而，特朗普政府却置疫情对世界造成的生命威胁于不顾，无端指责世卫组织，决意退出，再一次表现了特朗普我行我素，“美国第一”的极端民族主义风格，受到包括许多美国政要在内的各方批评。

特朗普在外交政策上采取的最大举措还是在对外贸易问题上。除了前述退出“跨太平洋伙伴关系协定”外，他利用各种场合强调各国要“公平贸易”，认为美国受到世界主要贸易伙伴的不公平对待，甚至包括美国的西方盟友。因此，他利用各种手段要为美国争取最大利益，甚至不惜发动贸易战。这同样也关系到他对选民的“让美国再次伟大”的承诺，要把美国工人阶级特别是白人蓝领工人失去的工作从海外夺回来。如果不能让他的这部分基础选民感到满意，他就会失去选民的信任，要谋求下一届任期的努力就可能成为一句空话。2018年3月，他在执政一年后不久终于掀起了一轮贸易保护主义的风暴，搅得世界顿时不得安宁。

2018年3月8日这一天，特朗普正式签署将对进口钢铁和铝分别征收25%和10%的关税法令，且宣称法令不针对特定国家，是全球性的。该法令一经宣布，马上遭到世界各国和世界贸易组织的反对，向美国出口钢铝的主要国家纷纷表示将采取对等报复措施，全球贸易战一触即发。不过，特朗普政府在首先豁免了加拿大和墨西哥之后，又陆陆续续豁免了澳大利亚、欧盟和韩国的钢铝关税，其目的十分明显，就是利用这一关税法令作为大棒，谋求其他国家在贸易谈判中的让步。比如，特朗普暂时豁免加拿大和墨西哥的钢铝进口关税，就是希望以此逼迫这两个国家在他一直威胁要重新谈判的北美贸易协定问题上做出让步。而这一手段也首先在与韩国的钢铝豁免谈判中取得了显著效果。特朗普一直指责美国和韩国的自由贸易协定对美国来说就

① 《美国决定退出世界卫生组织》，《澎湃新闻》网，https://www.thepaper.cn/newsDetail_forward_8174975。

是“就业杀手”，导致贸易赤字不断增加，因此他早就威胁要废除或重新谈判双边贸易协定。而这一次特朗普通过征收钢铁进口关税的大棒，让韩国最终屈服。3 月 28 日，韩国和美国发表联合声明，正式宣布两国就自由贸易协定的修订达成协议。根据新的贸易协议，韩国将降低美国汽车准入韩国市场的门槛，并最终将关税降至零；每家美国车企出口韩国车辆的上限提高至 5 万辆（较以往提高 1 倍）；而作为美国的第三大钢铁进口国的韩国将免于交纳高额关税，但是韩国对美国的钢铁出口每年不得超过 270 万吨（这相当于韩国 2015—2017 年出口美国钢铁平均量的 70%）。此外，美国财政部与韩国制定一项协议，以防止韩国故意压低本币汇率，让韩国出口商获得竞争优势。[①]

不过，在贸易保护方面，特朗普最大的目标还是中国。早在竞选期间，特朗普就曾宣称要对中国的进口货物抽取 45% 的关税，以减少美国对中国的贸易逆差。这一次针对美国进口钢铝的关税并没有给中国带来实际威胁，因为美国从中国进口的钢材只占其进口量的 2%。不久，特朗普在 2018 年 3 月 22 日签署总统备忘录，宣布将对从中国进口的商品大规模征收关税，数额高达 600 亿美元。中美为世界上最大经济体，相互贸易额 2017 年已经高达 3.97 万亿元人民币。[②] 特朗普这种蛮横不计后果的决定立即震惊世界。全球金融市场应声大跌，道琼斯指数一度狂跌 700 点。[③] 而针对美国的决定，中国 23 日也随即宣布将对从美国进口的部分产品加征关税，虽然金额只涉及约 30 亿美元，但充分表达了中国要维护自身利益的决心。双方一时间态度都很强硬，贸易战似乎已经鸣锣开始。2018 年 9 月 18 日，特朗普政府宣布进一步对 2000 亿美元的中国商品加征关税，税率为 10%，并自 2019 年 1 月 1 日起将税率提高到 25%，而中国政府也被迫进行反击。双方你来我往，贸易争端

---

① 《美韩就修订自贸协定达成协议》，新华网，http://news.china.com/internationalgd/10000166/ 20180329/32245203.html。

② 海关总署：《2017 年中美贸易总值同比增长 15.2%》，新华网，http://finance.sina.com.cn/roll/2018-01-12/doc-ifyqqciz5819498.shtml。

③ 《特朗普宣布对中国进口商品征收高额关税后，道指一路狂跌逾 700 点》，人民网，http://world.people.com.cn/n1/2018/0323/c1002-29885817.html。

越演越烈。不过，商人出身的特朗普当然也很清楚，贸易战没有赢家，他的目的同样也只是希望中国在对美贸易中能够做出更多的让步。最终，中美双方的经贸磋商在2019年12月10日取得实质性的第一阶段成果，美方宣布暂缓进一步加征关税，中国也承诺大幅度增加采购美国农产品。

除了对中国产品加征关税外，特朗普政府还对中国企业肆意进行打压。从最开始的中兴，到后来的华为、紫光、大疆等，甚至包括抖音和微信这样的社交和影音媒体。美国打压中国企业的目的十分清楚，即试图阻止中国高科技企业的发展，保持美国在芯片等制造方面的技术垄断，打击中国在5G领域的领先发展势头等。

特朗普发起的贸易战和对中国科技企业的打压无疑是他“特朗普现象”的延续。我行我素，不按常理出牌，对中国采取霸凌主义的极限施压。2017年11月，特朗普访问中国时受到中方的高规格接待并与中国签署了34项合作项目备忘录（金额高达2000亿美元），还表示中美合作符合两国的利益。然而，2018年伊始，特朗普从中国拿到好处后就翻脸，开始对中国采取单边主义的贸易保护措施。这凸显了“特朗普特质”对中美经贸关系和世界经济产生的极其恶劣影响。①

显然，特朗普的对内对外政策，主要是要践行他的“美国优先”思想，让美国利益得到最大化，民族主义意味强烈。作为世界唯一超级大国的美国，推卸国际责任，不顾他国利益连连退出国际组织，同时高举贸易保护主义的大棒奉行单边主义的贸易政策，让世界各国措手不及的同时也避免不了遭受各方指责。甚至有些评论家发出指责，认为特朗普的“美国优先”原则更像是“只限美国”原则。不管是对外政策也好，还是对内的政策也好，特朗普的“我行我素”、出尔反尔和真真假假的言论延续了其竞选时的那种试图煽动极端民粹主义的手段和风格，在美国政治和社会的“乱锅”内一次次引起轩然大波，同时也对世界贸易体系带来极大的冲击。

① 有关“特朗普特质”包含三个方面的内容：商人思维、“政治思维”以及个人性格特点。参见赵树迪、黄任望：《“特朗普特质”与中美关系前景初探》，《太平洋学报》2017年第6期。

（3）执政风格上的极端“个人主义”

在特朗普的个人执政风格上，特朗普我行我素，自我意识强大，决策大刀阔斧，雷厉风行，没有传统政客们那么多的小心和谨慎，有时甚至不计后果。这导致他与其执政团队、国会、共和党建制派经常出现各种矛盾，“明争暗斗”激烈，进而使其政府内部权斗尤为突出。这种内斗表现在两个层面：A. 特朗普白宫核心决策圈内部的斗争；B. 特朗普及其核心圈与专业决策精英之间的冲突。①

特朗普核心决策圈自始至终存在此起彼伏的“明争暗斗”

特朗普一开始的核心决策圈是随着 2016 年竞选的不断换血、妥协，并最终得到共和党内建制派主要成员的认可而逐步形成的。这意味着特朗普核心决策圈内难免存在持有不同治国理念、代表不同群体利益的人。他们在为特朗普出谋划策过程中，不可避免地会产生相互冲突和争权的情况。

居于核心决策圈最核心位置的是家庭成员，也就是特朗普的女婿贾瑞德·库什纳和女儿伊万卡·特朗普。从特朗普参与竞选开始到上台执政，家庭成员对特朗普决策始终发挥着关键影响力。除了家庭成员之外，特朗普核心决策圈还包括与特朗普意识形态和政策主张相近的成员，如前白宫总战略师史蒂芬·班农（Stephen Bannon）、史蒂芬·米勒（Stephen Miller）等激进保守派。而核心决策圈的第三部分组成人员则是特朗普为了团结和拉拢共和党建制派而带入圈子的成员，如白宫前办公厅主任莱恩斯·普利伯斯（Reince Priebus）和副总统迈克·彭斯（Mike Pence）等。此外，特朗普的朋友和商业伙伴凭借财富背景与思维能力，在总统竞选过程中，通过正式或非正式渠道向其提供政策咨询建议。特朗普上台后，商业精英并未远离决策中心，而是以外界更难察觉的方式继续影响总统决策。

特朗普核心决策圈内部，成员结构复杂，派系林立，充斥着矛盾和斗争。在特朗普上台执政以来，人事变动频繁并引发了好几轮因关键人物离职而导致权力重构的现象。2017 年 7 月 31 日，时任白宫办公厅主任莱恩斯·普利伯斯的离任引发了热议。以普利伯斯为代表的共和党传统建制派在与以史蒂

① 刁大明：《美国特朗普政府首年执政评估》（上），《美国研究》2018 年第 1 期。

芬·班农为代表的极端保守主义派别之间的斗争中失利，并因信息泄露一事彻底失去了特朗普的信任。普利伯斯的下台表明以其为代表的传统建制派在特朗普核心决策圈被架空，因此连接特朗普与共和党建制派的纽带作用也失效了。传统建制派疏离特朗普核心决策圈将使其未来与国会的沟通显得更加困难。

2017 年 8 月 18 日，时任白宫高级顾问兼首席战略师史蒂芬·班农的离任表明极端保守主义也逐渐被边缘化。班农在竞选时曾被认为是特朗普竞选顾问，但其高调的言论及行事风格令其不仅与以普利伯斯为代表的传统建制派分歧严重，还与库什纳为代表的家庭成员以及其他高级顾问之间矛盾重重。同年 8 月 11 日爆发的夏洛茨维尔事件遭到了来自各界的批评。该事件之后，特朗普宣布辞退班农。此举不仅是出于平息舆论压力，而且也是班农个人在白宫“明争暗斗”中失势的反映。

2018 年 3 月 13 日，特朗普通过推特宣布解除雷克斯·蒂勒森（Rex Tillerson）的国务卿职务，并提名中情局局长迈克·蓬佩奥（Mike Pompeo）为新任国务卿。特朗普坦言他和蒂勒森在伊核等问题上“不对路”，而蓬佩奥和他“更能想到一块去”。① 蒂勒森的离职被认为是新一轮特朗普核心决策圈换血的前奏。布鲁金斯研究所报告指出，特朗普政府的成员交替率高于他之前的五任总统，是奥巴马的三倍以上，也是里根的两倍；该报告认为，特朗普内阁成员之所以交替频率会这么高，是因为特朗普把忠诚度看得比能力更重要，而白宫运作的混乱局面不仅加速了成员更换速度，也增加了特朗普管控政府的难度；该报告还提到，根据历史经验，总统任期第二年内的成员补充和保留能够证明其面临的挑战。② 的确，特朗普的个人特质与历史上的绝大多数总统不同，管理政府在他的心目中就如同管理自己的公司，希望可以随心所欲。这往往使其对总统权力在美国政府架构中所受到的限制以及

---

① “A List of Officials Who Have Left the Trump Administration ,” *ABC News*, http://abcnews.go.com/Politics/list-officials-left-trump-administration/story?id=49334453.

② Kathryn Dunn Tenpas, “Why Is Trump’s Staff Turnover Higher than the 5 Most Recent President,” Brookings, https://www.brookings.edu/research/why-is-trumps-staff-turnover-higher-than-the-5-most-recent-presidents/.

这一行政职位的传统运作模式感到无所适从。如他对才上任不久的白宫办公厅主任凯利严厉整顿白宫官僚体系就感到不适，他们之间一直有不和谐的声音传出，凯利甚至威胁要辞职。而根据美国全国广播公司 2018 年 3 月 22 日报道，特朗普曾对一些白宫外部人士称，在免去凯利的白宫幕僚长职务后，他将让这一职位空着，并由自己直接从众多白宫高级助理那里获取报告。这样的操作方式类似于他从前运营自己公司的习惯。[①]

从一定程度上说，特朗普执政第一年频繁更换其高级官员不仅反映了特朗普的个性特质，也反映了他的政策取向。如特朗普在 2017 年 1 月 20 日宣誓就任总统数小时内就下令美国环境保护署冻结所有拨款与合同，并要求环保署暂停对外发布消息。而他 2017 年 2 月 28 日提名获国会批准的新任美国环境保护署署长普鲁伊特是一位气候变化的怀疑论者，曾坚决反对奥巴马遏制气候变化的各种努力，还多次就燃煤电厂排放将环保署告上法庭。[②]让他担任环保署署长，无疑是“让纵火犯负责救火”，令许多环保人士感到担忧。[③]特朗普用麦克·蓬佩奥替换蒂勒森担任国务卿也是一个明显的例证，因为他相信蓬佩奥更能够贯彻他的政策意图，而不是像蒂勒森那样和他有太大的差距，偶尔还要被他骂个“白痴”。这一点在其任命美国前驻联合国大使博尔顿为新的国家安全事务助理一事上也有所反映。这说明他在对外政策上有与表现极端强硬的鹰派共事的愿望。

特朗普与专业精英之间的矛盾也从竞选之初一直延续到其任期结束之际。自特朗普上台后，他拒绝接纳曾反对他的共和党政策专才，反而依赖由家人、竞选团队和与其意识形态相近的群体构成核心决策圈。在此可以看出布鲁金斯研究报告中所指的“特朗普认为忠诚度比专业度重要”这一点。他认为自己能够掌控一切，容不下与自己在行事风格和政策理念不同的官员。到 2019 年 9 月，他最终不仅赶走了白宫办公厅主任凯莉，还将仅仅上任一

① 《上任八个月的白宫幕僚长在被曝要辞职》，美国中文网，http://news.sinovision.net/politics/ 201804/00435406.htm。

② 温宪:《特朗普评传 —— 中国驻美资深记者的全面观察与深度解析》，世界知识出版社，2017，第 412 页。

③ 《美新任环保局长气候变化言论遭痛批》，新华网，http://www.xinhuanet.com/world/2017-03/10/c_1120603375.htm。

年半的博尔顿解职，替换的和剩下的大都是那些唯唯诺诺、阿谀奉承的投机者。正如刁大明的文章所分析的，特朗普经过首年执政磨合期已经开始调整其对专业政策精英的态度。但这可能仅限于一种姿态，因为专业精英进入其核心决策圈后也可能引发新一轮矛盾的产生。[①] 特朗普上任伊始，关于他如何组阁用人以及建立政府的问题一直备受关注，因为这是判断特朗普政府执政走向的关键因素之一，也关系到各国对特朗普拟出台对外政策的及时应对。特朗普上台一年多以后，其政府内核心决策人员仍然在频繁更换，而 2016 年大选后延续的两党极化斗争更使得美国政治呈现出一片“乱象”。“能成事者必须能用人，对于政治资源相对短缺的特朗普而言，能否用人则成为其‘美国优先’目标能否实现的一个挑战”。“美国优先”政策的施行将不仅加剧美国与全球化进程的碰撞，还会搅动国内不同利益集团之间的差异与冲突。[②]

特朗普政府与“建制派”一直“水火不容”

这同样可以从两方面来叙述: A. 特朗普政府与共和党建制派之间的矛盾; B. 特朗普政府与民主党之间的矛盾激化。“‘反建制派’倾向即对具有专业经验、政策积累及社会资源的政治精英的反感与不信任，希望与政治精英无关的‘圈外人’改变现行政治规则与政策议程。”[③] 特朗普作为“反建制派”代表，他与国会共和党相处的方式已经引起了学者们的广泛关注。一个引人注目的现象是，特朗普以其忠实的白人选民支持者和手中所掌握的强大行政资源为筹码，将其自我为中心的行事风格延伸到与共和党精英的关系处理中。这使一些共和党人感觉到这个党似乎已经被他“绑架”或“改造”成了特朗普主义的政党。为此，共和党内部不可避免地出现了明显的裂痕。2020 年大选前夕，一些共和党前官员、学者和大佬等都公开反对特朗普的政策和执政风格，公开背书民主党总统候选人拜登。这便是这种裂痕的一个显著标志。

与民主党的关系也充分反映了美国政治极化的现状。自 20 世纪 70 年代以来，政党极化在美国愈演愈烈，民主党和共和党的“党争”在 2016 年大

① 刁大明：《美国特朗普政府首年执政评估》（上），《美国研究》2018 年第 1 期。

② 温宪：《特朗普评传》，世界知识出版社，2017，第 431 页。

③ 刁大明：《2016 年大选与美国政治未来走向》，黄平等编《2016 年大选与美国内外政策走向》，中国社会科学出版社，2017，第 29 页。

选中更是进入“白热化”阶段。政治极化是指“以民主党和共和党为代表的美国主要政治力量在意识形态上的分歧日益明显，同时阵营内部的同质化不断增强，导致双方的政治倾向各自趋向两个极端，温和中间派力量不断缩水，并造成双方在国会立法和选举等政治行为中日益对立”。[①]从特朗普参与2016年总统竞选以来，民主、共和两党便“针尖对麦芒”，在竞选演讲中各种互相谩骂、互相诋毁，使民主党总统候选人希拉里陷入“邮件门”和共和党总统候选人特朗普陷入“通俄门”的泥潭。特朗普上台后，在民主党和国会共和党建制派的力推下以及主流媒体的渲染下，“通俄门”事件不断发酵，并困扰着特朗普政府对俄政策的执行。

一波未平一波又起。美国国家情报总监办公室于2019年9月25日向国会提交的一封匿名举报信又将特朗普推向两党斗争的风口浪尖。该举报信指称，特朗普在2019年夏天曾在与乌克兰总统泽连斯基的一次电话通话中向乌克兰施压，要求其调查美国前副总统拜登之子的非法行为，并将此与美国对乌援助挂钩。这被认为是特朗普希望以此试图抹黑民主党2020年总统大选的主要参选人，从而影响大选。为此，民主党控制的众议院发起了对特朗普的弹劾调查，使他成为美国历史上遭此“特别待遇”的第三位总统。虽然弹劾最终没能在共和党控制的参议院获得定罪，但这给美国两党争斗增添了新的“火药”，并对2020年总统大选产生重要影响。

（4）“特朗普现象”的启示

特朗普政府核心决策圈的内斗、特朗普政府核心决策圈和国会共和党建制派的斗争以及政治极化带来的民主党和共和党之间的争权僵局，令美国政治呈现出许多混乱景象。特朗普执政团队成员变动频率之快令人乍舌，突出“忠诚”，也充分显示了特朗普以个人为中心、不按常理出牌的“政治素人”形象。这在一定程度上搅乱了华盛顿传统意义上的政治生态。英国政治学教授塔格特在总结19世纪人民党运动的遗产时强调，“民粹主义是即将到来的变化的警示器”。[②]的确，从美国历史上几次民粹主义运动发生后美国政

① 何维保：《“通俄门”事件的起因、发展及影响》，《美国研究》2017年第5期。

② 〔英〕保罗·塔格特：《民粹主义》，袁明旭译，吉林人民出版社，2005，第49页。

治与社会的发展变迁来看，民粹主义所表达的各种诉求都在不同程度上和不同领域内得到了统治利益集团的关注，并最终导致美国政治的一系列连锁反应。本次主要以“特朗普现象”表现出来的强大的右翼民粹主义思潮也不例外，并在特朗普执政以来的政策走向上显现无遗。从族裔政治的视角来看，民权运动之后，美国社会经历了一场场激烈的“文化战争”，其中以多元文化主义者为主流的左翼和以“新保守主义者”为主的右翼就“认同政治”展开了厮杀，并最终以多元文化主义者在平权、堕胎、同性恋等政策问题上获得的实质性成果而告一段落。但与此同时，在经济全球化所带来的经济转型背景下，倡导自由贸易的全球主义者与倡导贸易保护的反全球化主义者逐步成为了意识形态博弈的焦点。其中因经济、就业和移民等问题而成为全球化和自由市场体系失意一端的白人蓝领，对民主党致力于强化政治平等而弱化经济不平等的政策感到不满，并逐渐开始反对激进的、以民主党为代表的东西海岸精英和外来移民，进而在特朗普2016年大选中以反建制、反精英、反“政治正确”以及反对外来移民等民粹主义的民族主义号召下，彻底倒向共和党。这就形成了以经济政策调整和“边境战争”（以特朗普政府所修筑的边境墙为象征）为焦点的两大意识形态的斗争，其中一边是右翼民粹主义的民族主义（Populist Nationalism），强调白人民族主义和基督教宗教民族主义；一边是“中—左翼”多元文化主义的全球主义者，强调少数群体认同和超国家的世界公民身份。[①] 而由于白人在未来较长一段时间内仍然占据美国人口的多数，[②] 全球化和移民问题又在短时期内不可能消除白人民族主义者的担忧，因此，在今后一段时期，美国保守的本土主义思潮会占据美国意识形态的主导地位，从而有利于共和党及其政治联盟的政治格局。可能的发展前景有如复旦大学美国研究中心学者王浩所描述的，“一种更为接近古典自由主义理念的发展路径会再一次成为美国意识形态的主流，包括经济政策中的小政府、自由市场以及工业化，连同以白人盎格鲁-撒克逊新教为主流的精英主义社

① Michael Lind, “This Is What the Future of American Politics Looks Like ,” *POLITICO* Magazine, May 22, 2016.

② 有关未来美国人口变化的趋势，美国媒体一向夸大几大少数族裔群体的人口增长数字，并且具有一定的误导性。参见 Michael Lind，“This Is What the Future of American Politics Looks Like ,” *POLITICO* Magazine, May 22, 2016。

会文化”。[①]

总之，以特朗普竞选为标识的又一次民粹主义运动高潮给美国社会带来了强大的震动。特朗普的当选使美国政治力量完成了它自 20 世纪 90 年代开始的重新洗牌进程，美国政治因而开启了一轮新的周期。这一周期将以美国白人民族主义为特征的右翼保守主义（Nationalist Conservatism）为主要政治力量，并在未来一段时间内会主导美国政治进程。这意味着无论是民主党还是共和党在 2020 年的选举中获得优势，都将会吸纳这次通过民粹主义运动的复兴所表达的政治诉求，并奉行经济上偏向小政府、低税收的经济政策；文化上崇尚白人传统文化价值观念；对外政策上倾向于美国优先的本土主义、贸易保护主义和单边主义。当然，由于美国政治中自由主义和保守主义之间政治博弈的传统以及由于社会转型带来的政治极化现象，特朗普任期内所能取得的成果有着相当的不确定性，其后的发展趋势也有可能会不时被打破，但美国政治进程中总的力量对比和发展趋势将会在一定时期内大致保持稳定。

三、白人的“愤怒”与白人民族主义的复兴

无论是前述黑人与白人的“新种族主义”之争，还是以民族主义的民粹主义为背景的“特朗普现象”，很大程度上反映的都是后民权运动以来美国白人社会对种族和移民等一系列问题的激烈反应。对于这种反应，美国学界往往用英文单词“Backlash”来形容。英语中“Backlash”的意思是“一种向后突然剧烈的运动或反应”，[②]通俗的说法就是“反弹”。“White Backlash”或“Whitelash”是一个近几年在美国媒体上流行的词，其引申意义在有些词典上解释为“白人种族主义者对黑人民权状况获得进步的强烈反应”。[③]2016 年总统大选结果出来之后，美国有线新闻网著名撰稿人凡·琼斯（Van Jones）曾发表感叹说，“这是一次白人的‘Whitelash’，是对一个正在发生变化的国家的‘Whitelash’，某种意义上是对一位黑人总统的

① 王浩：《“特朗普现象”与美国政治变迁的逻辑与趋势》，《复旦学报》（社科版）2017 年第 6 期。

② *Merriam-Webster Dictionary*, https://www.merriam-webster.com/dictionary/backlash.

③ “有道词典”的解释为：backlash by white racists against black civil rights advances。

'Whitelash'，这就是痛苦的根源"。[①] 这里的"whitelash"显然是指白人对国家的种族问题现状和一位黑人总统的不满，并通过投票选举特朗普为总统做出的强烈反应。

在学术研究领域，"White Backlash"较早被学者们用来描述白人对黑人在内战后获得解放并拥有与白人平等权利的反应。美国马里兰州塞勒姆州立大学社会学教授罗杰·休伊特（Roger Hewitt）在其著述《白人的反应与多元文化主义政治》（*White Backlash and the Politics of Multiculturalism*, 2005）中对此做过梳理，并对其在当代美国社会中的使用解释为"20 世纪 60 年代以来部分社会领域对有关平等权利话语的反应"。[②] 加利福尼亚大学两位政治学教授——玛丽莎·阿布拉加诺（Marisa Abrajano）和佐尔坦·L. 哈伊纳尔（Zoltan L. Hajnal）——2015 年也以"White Backlash"为题出版了他们的专著《白人的焦虑：移民、种族与美国政治》（*White Backlash: Immigration, Race, and American Politics*）。他们在讨论这一主题时则使用了"焦虑"（Anxiety）一词："随着移民人数的增加，越来越多的美国人开始感觉到了正在发生的人口、经济和文化的变化。对于很多人来说，这种感觉让他们产生了实实在在的焦虑感。……随着这种焦虑的增强，白人的党派认同和政治态度越来越受到这一问题的影响，越来越多的白人对那些比较狭隘的和带有更多怒气的政策表现出支持，努力想要取消那些让移民受惠的服务和公共福利。"[③]

由此我们可以看出，"White Backlash"或"Whitelash"在这里是一个与种族和移民问题相关的术语，主要用来表达美国白人社会针对移民、黑人和其他少数族裔群体因一些公共政策而受益所做出的反应；这种反应往往是一种焦虑和不满的情绪，有时候会比较温和和理性，有些时候则会比较激烈甚至暴力，表达方式也会各式各样。例如，内战后南方重建时期，南方白人

① Kenza Moller, "What Does 'Whitelash' Mean? CNN's Van Jones Said It's What the Election Is Really about ," *Romper*, https://www.romper.com/p/what-does-whitelash-mean-cnns-van-jones-said-its-what-the-election-is-really-about-22274.

② Roger Hewitt, *White Backlash and the Politics of Multiculturalism* (Cambridge: Cambridge University Press, 2005), p.4.

③ Marisa Abrajano & Zoltan L. Hajnal, *White Backlash: Immigration, Race, and American Politics* (Princeton: Princeton University Press, 2015), p.27.

对于黑人拥有与他们一样的投票权感到不满，做出的反应就很暴力。当时出现的白人种族主义组织“三 K 党”对黑人甚至采取恐怖主义的私刑手段。20 世纪后半叶，对于民权运动后黑人和其他少数族裔群体所享受到的优惠政策，白人的反应则较为理性和温和。例如，20 世纪 80 年代他们用手中的选票将罗纳德·里根送上了总统宝座，开启了美国几十年的新保守主义政治，凸显了当时“沉默的多数”的力量。2016 年美国总统大选中，白人通过将特朗普送上总统的宝座，再一次表达了他们压抑许久的不满情绪。

1. 对“多元文化主义”政策的抵触

白人不满情绪的根源首先在于 20 世纪 50—60 年代的黑人民权运动，特别是对民权运动一系列诉求变化的反应。我们知道，黑人民权运动的诉求最初是要求保障非洲裔美国人和白人一样的基本公民权利（如投票权），同时要求废除种族隔离制度，这也得到了许多白人的支持和拥护。60 年代中期，一系列民权法案和投票权法案通过后，民权运动的诉求又集中变成了要求实现结果平等，以纠正过去白人因奴隶制和种族主义所犯下的错误，最为突出的便是对黑人实施的“肯定性行动计划”优惠政策。这就是说，民权运动的诉求从 1965 年已经建立的法律意义上的平等，提升到要实现现实意义上的平等（涉及诸如住房、教育和就业等主要的种族隔离领域），以改变黑白种族之间的巨大差异。这些变化很快导致白人对民权运动的不满情绪，并在 20 世纪 80—90 年代开始蔓延出来。对此，罗杰·休伊特教授做了一个较为清晰的梳理。[①]

（1）白人认为 20 世纪 50—60 年代民权运动强行或通过司法途径推动的社会变革速度过快

因为在白人眼里，这些变革应该是渐进的和自愿的。例如，有关废除学校中的种族隔离制度问题。1954 年最高法院对《布朗诉托皮卡教育局案》（Brown v. Board of Education of Topeka）的一纸判决，让白人对这突如其来

① Roger Hewitt, *White Backlash and the Politics of Multiculturalism* (Cambridge: Cambridge University Press, 2005), p.18.

的变化难以接受，导致南方多次出现大规模的白人抗议，最后艾森豪威尔总统甚至派出了美国精锐部队 101 空降师去护送几个黑人学生就学，以强制执行最高法院所做出的黑白同校判决。这成为美国黑人民权运动时期一个经典的景象。

（2）20 世纪 60 年代中后期黑人城市社区出现的暴力事件影响了对黑人抱有同情心的白人的支持力度

这主要是指民权运动中那些支持黑人的白人自由主义者积极参与了由马丁·路德·金领导的一系列非暴力抗争（包括 1963 年有 25 万人参加的声势浩大的“向华盛顿进军”大游行）。然而，20 世纪 60 年代中后期后，黑人内部出现了分裂。激进的黑人民权运动分子对马丁·路德·金的非暴力抗争策略不满，从而发起了“黑人权力”（Black Power）运动，使民权运动后期出现了一些城市暴乱。虽然在反战的浪潮中很多白人自身也投入到了这一时期的大规模社会运动中，但那些保守的白人群体一直对此耿耿于怀，其不满情绪一直存在。

（3）白人对 20 世纪 70—80 年代“后民权运动时期”以来的多元文化主义政策不满

类似“肯定性行动计划”这样的政策侵害了美国一直以来所奉行的机会均等原则

白人虽然认同种族平等的原则，但很少有白人愿意为此而牺牲或伤害自己的福祉和利益。① 他们认为对黑人在就业市场的优惠就是对白人利益的歧视，就是对“机会均等”甚至是对“种族平等”原则的违背。许多白人在相关诉讼中都充分表达了这一观点。更让许多白人不能接受的是，这些为体现平等权利的优惠政策在 20 世纪 80 年代更扩大到了教育领域，特别是高等教育中的变革以及“肯定性行动计划”的推行，让许多白人感到愤怒并认为这是对白人的“反向歧视”。皮尤研究机构 2014 年对此进行的民意跟踪调查显示，相较于 84% 的黑人和 80% 的西班牙语裔的支持率，白人对“肯定性行动计划”

① Roger Hewitt, *White Backlash and the Politics of Multiculturalism* (Cambridge: Cambridge University Press, 2005), p.18.

的支持率只有 55%；而在以白人为主的共和党保守主义者中，只有 43% 的人支持大学招生中实施种族优惠政策，有 50% 的人反对这些政策；这一结果与该机构在 2003 年所做的调查结果几乎一致。[①] 正是对这些政策的不满，白人保守主义者在 20 世纪 80 年代初通过投票选举里根而将这种不满情绪表达出来。也正是在里根和老布什政府时期，一些反映白人诉求的限制措施得以实施，并使多元文化主义思潮一度得到“抑制”。此外，特朗普政府于 2018 年 7 月 3 日宣布撤销奥巴马时期的教育“肯定性行动计划”政策，不再鼓励大学在招生时将种族纳入考虑范畴。这引起了民主党和受此影响的少数族裔群体的强烈不满，但却受到了白人保守主义者的热烈欢迎。[②]

与多元文化主义思潮相伴而生的“认同政治”的流行

所谓“认同政治”（有时候也称作“承认政治”或“差别政治”）包括对妇女堕胎和同性恋权利诉求的承认。这种情况让一些白人尤为痛苦，因为其影响到了他们传统的家庭观念和宗教信仰。如在堕胎问题上，妇女要求生育的选择权，而传统的美国价值观念是要对生命的尊重。这个问题直到现在还是美国社会争议的一个热点问题。在同性恋婚姻问题上，同性恋者作为一个弱势群体要求社会承认自身的群体权利，就像黑人和其他少数族裔群体的民主权利一样应该得到尊重，但却颠覆了白人一直以来所认同的家庭观念，甚至违背了其宗教信仰。所有这些民权运动所带来的社会、文化和意识形态变革构成了后来美国的多元文化主义潮流。但是，由于多元文化对美国传统价值观念和国家认同带来了巨大冲击。因此，在 20 世纪 80—90 年代甚至在 21 世纪，美国许多白人保守主义者对这种文化纷纷予以指责。例如，哥伦比亚大学人文学教授马克·里拉（Mark Lilla）于 2016 年 11 月 20 日在《纽约时报》上发表的“认同自由主义的终结”（The End of Identity Liberalism）一文 [此文于 2017 年被扩展为一本篇幅不大的专著（The Once and Future Liberal: After Identity Politics）]，将 2016 年大选中民粹主义的表现和特朗普

① Bruce Drake, “Public Strongly Backs Affirmative Action Programs on Campus ,” http://www.pewresearch.org/fact-tank/2014/04/22/public-strongly-backs-affirmative-action-programs-on-campus/.

② Benjamin Wermund, “Affirmative Action Guidelines Dropped by Trump Administration ,” https://www.politico.com/story/2018/07/03/trump-end-obama-affirmative-action-692610.

的胜选归咎于自由派精英们一直所倡导和推动的“认同政治”，并指责它使美国失去了凝聚力，类似于塞缪尔·亨廷顿在其著作《我们是谁？》中所表达的美国认同的崩溃和美国社会的“巴尔干化”问题。然而，哈佛大学教授福山对此的评论则要理性一些。他说：“在身份政治的问题上，许多人转向种族认同可能存在相当复杂的原因。如果相信美国人口中有那么多人是种族主义者，这就是一个种族主义的社会，那么我们就会陷入无能为力的绝境。但如果种族意识在某些条件下是可以改变的，我们就需要建立某种联合来创造这些条件。美国已经是一个多元族裔的社会，在族群身份的冲突中，仅仅揭露非正义和歧视是不够的，我们需要有积极的建设性替代方案。”①

2. 对移民问题的焦虑

移民问题实际上也是民权运动的“遗产”，因为它的出现一切源于林登·约翰逊总统于1965年10月3日在自由女神像下签署的《1965年移民法》所带来的新的移民浪潮。该法案的通过和签署与当时自由主义的强势氛围密不可分，因为之前已经实施近半个世纪的移民配额制度被认为带有强烈的种族歧视性。正如约翰逊在签署此法案时所强调的，该法案就是要“纠正美国历史上的一个残酷和持久的错误”。②然而，该法案的通过在当时并没有引起人们太多的关注，其影响甚至在之后的几十年中也被多数历史学家所忽略。然而，这一法案给美国社会带来了巨大的变化，它彻底废除了国籍配额制度，特别是在人口数量和族裔结构上给美国社会带来了前所未有的变化。1966—2000年，入境美国的移民达到了2280万人；而从结构来看，黑人过去一直是美国最大的少数种群。到2000年，来自拉丁美洲和亚洲的移民迅猛增长，其中拉丁裔更是超过黑人而成为美国最大的少数族群。此外，非法移民也在持续流入，人数最保守估计已经超过1000万。和历史上的几次移民浪潮一样，所有这些变化，让美国白人群体对移民问题产生了严重的焦虑

① Francis Fukuyama, “Populism and Identity ,” https://fsi.stanford.edu/sites/default/files/populism_and_identity.pdf.

② 罗杰·丹尼尔斯（Roger Daniels）：《〈1965年移民法〉：20世纪预料与未料的后果》，载（美国国务院国际信息局电子图书）《历史学家谈美国》，http://blog.sina.com.cn/s/blog_67f297b00102dsgt.html。

心理，并认为它对白人种群构成越来越严重的威胁，不满情绪因此越积越深。

一般认为，移民对一个国家是一件利好的事情。美国的移民历史和许多社会学调查数据表明：移民对美国的发展是作出了独特贡献的。与此相对应的是：美国社会所付出的成本却很低。这对于土生土长的美国人来说，移民威胁论从来都是站不住脚的。那为什么白人会感到威胁呢？实际上对这一问题的回答是没有定论的。美国学者的观点有各式各样，大致来说可分为两个视角。

（1）“文化威胁论”

持“文化威胁论”观点的学者一般为美国白人主流社会的自我中心主义者。他们对于外来大规模移民的涌入感到焦虑，并对外来移民的宗教信仰、文化习俗、种族特征等抱有偏见。[①] 这在美国历次移民浪潮中都出现过。如在19世纪下半叶移民浪潮中，华人就是白人愤怒情绪的牺牲者，也是美国历史上针对一个少数族裔群体的第一个排外法案的受害者。20世纪60年代以来的这次移民浪潮所带来的移民数量史无前例，且与历史上主要来自欧洲的移民在文化特质上差别巨大，加上美国在后民权运动时期以来的多元文化主义思潮的影响，美国白人完全有理由对这一移民浪潮所带来的文化冲击感到威胁。

（2）“经济威胁论”

持“经济威胁论”观点的学者认为大规模的新移民对于美国人的工作带来了激烈的竞争。特别是在美国经济发展正经历去工业化（Deindustrialization）、传统产业外迁的情况下，本土白人蓝领工人尤其感到工作的安全性受到威胁，生活水平降低。由于大量移民的出现，美国公共财政支出大量增加，这使许多白人蓝领工人阶层对移民产生越来越强烈的敌意。[②] 当然，媒体对移民的负面报道、政治家和一些利益集团在政治竞选和其他一些特殊时期对选民情绪的煽动（如特朗普在2016年竞选中就将墨西

① Marisa Abrajano & Zoltan L. Hajnal, *White Backlash: Immigration, Race, and American Politics* (Princeton: Princeton University Press, 2015), p.50.

② Ibid p.51.

哥移民说成是毒贩和强奸犯）等也都对白人的不满情绪产生了推波助澜的作用。正如哈佛大学教授福山所指出的，“民粹主义的支持者或许并不反对移民本身，而是出于法治的理由反对非法和不受控制的移民；也可能是担心移民难以同化，无法融入主流文化，甚至抵触和改变主流文化的价值；也可能疑虑移民增长的节奏和速度过快，由量变导致质变；也可能担心移民享受的福利待遇远远超过他们对税基的贡献（这在欧洲一些高福利国家成为更严重的问题）。还有些选民的关切出于党派立场，担心自己反对的党派更有可能获得移民的投票支持。”①

不过，对于新移民的敌意，白人群体的主要对象还是来自拉丁美洲的移民及其后裔。实际上，正如我们在前面章节中所讨论的，拉丁裔在很长一段时期里是一个被美国主流群体所忽略、被“边缘化”的群体，只是在2000年美国人口普查局发布了各族裔群体的人口状况后，人们才意识到这一群体的迅速膨胀以及学者们对这一人口增长给美国社会和政治可能带来的影响力。白人对拉丁裔的敌意更多的是与这一群体在美国社会疏离的生活方式、语言以及对传统工作岗位的威胁有直接关联。再加上非法移民中，以来自墨西哥和一些加勒比海国家为主，因而使拉丁裔成为白人“愤怒”的主要对象。

相较于拉丁裔，白人对于亚洲移民的敌意就没有那么明显。首先，在美国族裔分层体系中亚裔高于拉丁裔，这与亚裔的社会经济地位有着直接的关联；其次，亚裔给美国社会的印象很多是正面的（比如勤劳刻苦、重视家庭、重视教育等），因而被美国社会视为“模范少数族裔”。有学者对此专门做过调查，近70%的白人认为拉丁裔对社会福利有更多的依赖性，近一半的白人认为拉丁裔的智商总体上不如白人；相反，只有不到15%的白人对亚裔有同样的负面印象。②

显然，这表明进入21世纪以来的美国社会在移民和种族关系问题上已

---

① Francis Fukuyama, “Populism and Identity,” https://fsi.stanford.edu/sites/default/files/populism_and_identity.pdf.

② Lawrence Bobo, “Racial Attitudes and Relations at the Close of the Twentieth Century,” in *America Becoming: Racial Trends and Their Consequences,* edited by Neil J. Smelser, William Julius Wilson and Faith Mitehell (Washington, D.C.: National Academy Press, 2001), pp.264–301.

经有了显著的新变化。传统意义上的黑白关系一直是美国种族问题的核心。如今虽然黑人问题依然重要，且时常会因为各种可能的种族歧视事件而引起社会的动荡和不安，但白人心中关注最多的是人口快速增长的拉丁裔美国人。这意味着，以黑人和白人为主轴的种族关系问题已经向以白人与拉丁裔关系为重心的方向发生转变。① 从族裔政治来看，这一转变具有重要的意义。它使移民问题成为美国政治中的核心问题之一，其中不仅包含了非法移民问题，而且还涵盖了要保持白人族群的多数和维持白人文化在美国社会的主导地位问题。它们在很大程度上将影响白人的党派认同，并决定白人群体的投票意向和在广泛领域里的政策取向，从而会改变美国的政治走向。2016 年总统选举似乎在很大程度上说明了这一点。从特朗普在竞选中就移民问题的各种极端表态来看，这一问题在决定白人选民的投票意向方面起到了重要的作用。这些白人至今仍然是支持特朗普移民政策的最坚定的基础选民。如就特朗普提出的在美墨边境修建隔离墙的政策，2018 年 2 月 6 日昆尼皮亚克大学（Quinnipiac University）发布的一项民意调查显示：高达 75% 的共和党选民仍然支持特朗普实施这项政策，而高达 89% 的民主党选民和 61% 的独立选民则反对实施这项政策。可见移民问题一直是白人所关注的重要议题，也是他们区别于民主党选民的主要政策领域。②

3. 极端白人民族主义的崛起

对多元文化主义和移民问题的不满情绪，很大程度上成为了白人民族主义不断崛起的土壤，并通过较为激进的民粹主义形式表达出来；同时，白人民族主义的涌动，反过来又进一步刺激了白人的不满情绪，并使之表现得更加强烈。

白人民族主义在意识形态上介于美国主流的保守主义右翼和更古老的种族主义右翼之间。有学者将其与传统上的白人至上主义和白人种族主义进

① Marisa Abrajano & Zoltan L. Hajnal, *White Backlash: Immigration, Race, and American Politics* (Princeton: Princeton University Press, 2015), p.86.

② William A. Galston, "Voters to Trump: You're on Thin Ice with Immigration Policy ," https://www.brookings.edu/blog/fixgov/2018/02/07/voters-to-trump-youre-on-thin-ice-with-immigration-policy/.

行了一定的区分，认为白人民族主义所要强调的就是要将美国社会维持为一个以白人占多数和占主导地位的国家，而不是白人至上和白人种族主义所强调的白人先天就比其他人种更加优秀的信念。[①]但这两种观点显然又有着密切的关联（即都强调和突出美国社会的纯白人种族特性），以至于在美国的媒体和公众的理解中两者并不被加以区分。在学术研究中，许多学者将白人民族主义视为一场运动，使用的术语也不尽相同 [如“白人至上”（White Supremacy）、“有组织的仇恨组织”（Organized Hate Groups）、“白人分离主义”（White Separatism）或“白人权力”（White Power）等]。事实上，白人民族主义组织更倾向于称自己为“白人分离主义者”（White Separatist）或“白人民族主义者”（White Nationalist），以突出他们要与其他非白人族裔群体在空间上的隔离，其中也包括犹太人。[②]在组织形式上，白人民族主义者并没有一个统一的族裔组织。其架构分散，且包括一些极端右翼民族主义组织 [如传统的“三 K 党”（Ku Klux Klan）、“新纳粹”（Neo-Nazis）、“光头党”（Skinheads）、“基督教认同”（Christian Identity）以及“新邦联”（Neo-Confederates）分子等]。2016 年大选中引起人们高度关注的“另类右翼”（Alt-right 或 Alternative Right）也被认为是白人民族主义组织的最新成员，虽然其领导人理查德 · B. 斯宾塞（Richard B. Spencer）一再否认他们是种族主义者，但这一组织受到许多白人至上主义者的追捧。[③]根据长期追踪仇恨组织的美国“南方贫困法律中心”（Southern Poverty Law Center）的数据，在美国境内活跃着超过 600 个“新纳粹”和白人至上主义组织以及几百个反政府的民间军事组织。他们要么明确宣称要推翻自由主义民主政府，要么在历史上曾经卷入过武装冲突。[④]

白人民族主义组织的成员来自美国社会的各行各业，很多人甚至受过良

① Eric Kaufmann, “Immigration and White Identity in the West: How to Deal with Declining Majorities,” *Foreign Affairs*, Sept. 2017.

② Richard T. Schaefer, *Encyclopedia of Race, Ethnicity and Society* (Thousand Oaks, CA: SAGE Publications, Inc., 2008), p.1408.

③ John Daniszewski, “ Writing about the ‘Alt-right’, ” *Associated Press*, Nov. 26, 2016.

④ Peter Byrne, “On the Origins of White Nationalism,” *New Scientist*, Vol.238, Issue 3181, Setp. 6, 2018, p.6, pp.34－39.

好的教育，但极端白人民族主义者多数情况下都是一些曾经在年轻时受到过某种刺激而在心理上存在某种障碍的人。根据美国查普曼大学社会学教授皮特·斯密（Pete Simi）和宾夕法尼亚州匹兹堡大学的人种学学者凯斯琳·布利（Kathleen Blee）通过与这些组织的成员或前成员的深度接触得出的信息，他们中许多人都曾经在孩童时代经历过感情创伤，心理上有犯罪动机。例如，在调查的103名对象中，有一半人声称在其生长过程中目睹过非常严重的暴力行为；或者在幼年时经历过身体上的虐待；或者被学校开除、辍学；有3/4的人声称在他们加入极右翼政治组织之前有过暴力侵犯他人的历史等。[①]对于参与极端组织所发起的行动，他们有的感到非常自豪："我当时相信我正在做某种高尚和对其他人有利的事情，我正在为我的人民和我的种族献出我的生命。""我们是在保卫上帝，保卫人民，而不是在欺压人民，不是要索取。"有的则有一种心灵的满足感："这不是种族主义，我自始至终也知道这不太对，但我有被接纳的感觉，有归属感。"[②]

学者们分析指出，从意识形态上来说，白人民族主义者将自己视为白人合法权利的捍卫者，反对那些他们认为损害白人利益的种族双重标准；对民权运动以来美国实施的"肯定性行动计划"政策十分抵触；对主流新闻媒体在报道黑人对白人的犯罪方面刻意低调的做法不满。[③]更确切地说，他们不只是那些怀疑大政府、反对种族优惠政策的保守主义者，而且是那些拒绝种族融合理念、不相信和谐的多元种族社会理想、鼓吹"白人团结"和"白人意识"的白人，宣称高加索人种生来就比其他种族更加优越，美国应该努力恢复到20世纪70年代之前的种族结构状态，[④]以避免白人作为一个种族所面临的种族灭绝（White Genocide）危险。

之所以持这样偏激的观念，白人民族主义者的理由是，美国社会在过去几十年里经历了巨大的社会变革，而带来这些巨变的就是民权运动、妇女解

① Peter Byrne, "On the Origins of White Nationalism," *New Scientist*, Vol.238, Issue 3181, Setp. 6, 2018, p.6, pp.34 – 39.

② Ibid.

③ Carol M. Swain & Russ Nieli, Preface to *Contemporary Voices of White Nationalism in America* (Cambridge: Cambridge University Press, 2003), p.viii.

④ Thomas Tandy Lewis, "The New White Nationalism in America, " *Magill's Literary Annual*, 2003, pp.1 – 3.

放运动以及同性恋婚姻运动。最近一些年，美国社会就有关移民、“肯定性行动计划”、社会福利以及其他一些高度政治化和种族化的议题争论不休。许多白人不仅将这些争论视为是对他们种族特权的侵害，也是对他们作为男人身份的挑战。一个白人男性的身份不再像过去那样安全有保障，白人男性的特权不再是想当然的和不受任何挑战的。随着经济的转型和危机的出现，许多白人男性认为他们与生俱来的要实现“美国梦”的机遇正在被剥夺。

为了达到其目的，极端白人民族主义组织者除了有部分人主张采取合法的传统形式（如集会、投票、游说等）外，还有一些个人倾向于采取激进的手段（特别是用暴力甚至是恐怖主义的方式）来发泄其心中的愤恨或达到其预想的社会轰动效果。例如，2015 年 6 月 17 日，美国南卡罗来纳州港口城市查尔斯顿的一座古老的黑人卫理公会教堂发生的枪击案，造成包括该州民主党籍州参议员克莱门塔·平克尼（Clementa Pinckney）在内的九名黑人死亡 [死者中有六名女性和三名男性（包括四名牧师）]，一人受伤。行凶者为二十一岁的白人青年狄伦·鲁夫（Dylann Roof）。根据警察的调查，鲁夫是位白人种族主义者，也是名新纳粹分子。在读高一的时候就辍学，他制造这起种族枪杀案的动机就是希望能够发起一场种族骚乱。① 这些作案动机都是在案发后警察在网络和社交媒体上找到的。如鲁夫在社交媒体“脸书”上的一张照片显示，他的夹克上有两面旗帜，一面为南非种族隔离制度时期的旗帜，另一面为罗德西亚（津巴布韦前身）被殖民时期的旗帜。在案发三天后，警察发现鲁夫的一个名为“最后的罗德西亚人”网站更是让人们意识到白人至上主义思想对这位面容稚嫩的青年的可怕影响：相关网页上除了一些反映他的白人至上和“新纳粹”思想的照片（其中包括一幅内战期间南部邦联的旗帜）外，他还发布有一份种族主义的宣言。该宣言阐述了他对黑人及其他族裔的仇恨心理，认为黑人正在接管这个世界，黑人对白人的暴力没有受到人们的足够认识等。②

① Dustin Waters & Mark Berman, “Dylann Roof Found Guilty on All Counts in Charleston Church Massacre Trial ,” *Washington Post*, December 15, 2016.

② Liam, “The Last Rhodesian ,” *BIZARREPEDIA*，https://www.bizarrepedia.com/dylann-storm-roof/.

接下来的一次白人民族主义骚乱与上述鲁夫的“仇恨”犯罪有直接的关联。这就是我们前面提到过的2017年8月发生在弗吉尼亚州夏洛茨维尔市的白人民族主义者示威及其引发的骚乱。查尔斯顿黑人教堂的枪击案发生后，美国许多州一度兴起了撤除纪念内战时期南部邦联时期重要历史人物的各种雕像和纪念碑的高潮，以消除邦联白人种族主义的影响。在此背景下，夏洛茨维尔市也做出决定：将拆除该市解放公园内一座美国内战时期南部军队总司令罗伯特·李将军的雕像。这便成了白人民族主义者于8月11—12日在该市举行名为“团结右翼”（United the Right）集会的导火索，以抗议拆除这座雕像。集会参与者主要由白人极右翼组织成员（包括“另类右翼”“新邦联分子”“三K党”和“新纳粹”分子）构成。他们身背半自动步枪，高举邦联时期和德国前纳粹党的旗帜，呼喊着种族主义和反犹太人的口号。集会最终引发了与反对集会的抗议者之间的冲突，一名“新纳粹”分子驾驶汽车冲向反集会抗议者人群，导致一名抗议者死亡，约三十人受伤。①

尽管一些极端白人民族主义者所采用的手段激进尤其崇尚暴力，然而，他们仍然是因民权运动而兴起的一种文化抵抗行动的组成部分。他们有组织地抵制并试图废除民权运动、妇女运动和同性恋运动已经取得的进步，以期恢复美国社会原有的种族关系架构和秩序，重新获得他们白人（种族主义）、男性（反对女权主义）和异性交往者（反同性恋者）的主导地位。夏洛茨维尔市白人集会的组织者也否认他们是种族主义者，并将在该市发生的骚乱归咎于该市政府对白人人权的侵犯。正如后来其组织者之一的杰森·凯斯勒（Jason Kessler）为申请在华盛顿举行纪念夏洛茨维尔集会一周年活动时所表示的，集会的目的是维护白人的民权，因为“白人被剥夺了政治集会的权利，我们不能像其他群体一样不受干扰，直面对我们具有重要意义的问题”。②

① “Charlottesville Attack: What, Where and Who?” *ALJAZEERA*, https://www.aljazeera.com/news/2017/08/charlottesville-attack-170813081045115.html.

② Joe Heim, “ ‘United the Right’ Organizer Gets Approval for Rally Anniversary Event in D.C. ,” *Washington Post*, https://www.washingtonpost.com/local/education/unite-the-right-organizer-gets-approval-for-rally-anniversary-event-in-dc/2018/06/20/597a1b1a-74a7-11e8-9780-b1dd6a09b549_story.html?noredirect=on&utm_term=.2e34a6a12d3c.

显然，白人民族主义者也在借用过去少数族裔群体为争取自身权力时所使用的认同政治话语和抗议模式，强调其作为白人族群的群体认同与权利，以表达自身的群体诉求。这便是一些学者所说的“逆向身份政治”。[①]

特朗普与白人民族主义者之间的关系被认为是紧密的。在夏洛茨维尔市的骚乱之后，特朗普也发表过几次讲话，但他对抗议“双方”无差别的指责被认为是不分立场，即意味着是对种族主义行为的肯定，因而也被许多美国人指责为是一个种族主义者。正如南卡罗来纳州共和党资深参议员林德赛·格雷厄姆（Lindsey Graham）当时在接受采访时所批评的，“他失去了一次明确表达其观点的机会。这些（白人至上主义仇恨）组织似乎相信，他们在白宫有一个唐纳德·特朗普这样的朋友”。[②]《华盛顿邮报》非裔专栏作家乔纳森·凯普哈特（Jonathan Capehart）也翻开了特朗普的“旧账”，声称特朗普就是一名种族主义者，“他对夏洛茨维尔白人种族主义者的放纵态度是令人震惊的”，特朗普让椭圆形办公室的道德权威不再，让这个国家的种族创伤溃烂。“他没有靠这样悲剧的发生来团结和治愈我们的国家”。[③]

无论如何，特朗普在2016年竞选期间是得到了白人极右翼组织的认可和支持的。美国《政治》杂志2016年10月25日刊登的海牙国际反恐中心副研究员、美国乔治敦大学极端主义研究项目研究员博格（J. M. Berger）的文章着重分析了特朗普是如何得到白人民族主义者青睐和认可及坚定支持的始末。实际上，特朗普虽然在开始的好几年时间里都在挑起质疑奥巴马的出身问题，但他都不被白人民族主义组织看好。那些白人民族主义者中的许多人怀疑特朗普受犹太人或被犹太利益集团所控制，或者不过是纽约的一位爱吹牛的自恋狂。在一些社交媒体上，白人民族主义者对特朗普在真人秀和选美活动中与那些“非白种人”的高调亲密表示愤怒。然而，博格从近两年极

① 《揭秘特朗普式美国白人民族主义：一种逆向身份政治》，新浪网，http://mil.news.sina.com.cn/dgby/2018-01-16/doc-ifyqqieu6826142.shtml。

② Nick Wing, “Lindsey Graham: Trump Must Tell White Supremacists He’s Not Their Friend,” *HUFFPOST*, https://www.huffingtonpost.com/entry/lindsey-graham-trump-white-supremacists_us_59905c47e4b09096429799de.

③ 查希：《非裔专栏作家“翻旧账”：是的，川普，你就是种族主义者！》，环球网，https://baijiahao.baidu.com/s?id=1608751445376461963&wfr=spider&for=pc。

端种族主义分子的推特和论坛分析中看到了其中的变化，即特朗普持续坚定的反移民政策纲领让这些白人右翼改变了他们对他的看法，因为反移民是白人民族主义者最主要的政策诉求之一。[①]不用明说，一种默契在他们之间保持下来。例如，特朗普用推特大肆转发白人种族主义分子有关黑人谋杀案的数据（这些数据夸大了黑人的犯罪行为）。此外，在路易斯安那州共和党初选举行的前几天，特朗普在一次接受美国有线新闻网的新闻采访中就是否支持前“三K党”领导人大卫·杜克（Daivid Duke）闪烁其词。这让一位白人民族主义网站“风暴前线”（Stormfront）的评论员欢呼道：这是“我一生中见过的最了不起的政治”。[②]

2018年8月12日，白人民族主义者在华盛顿离白宫不远的拉法耶广场再一次举行集会，以纪念一年前在夏洛茨维尔市举行的集会。就在集会举行的前一天，特朗普通过推特发声指责“所有形式的种族主义和暴力行为”，并称2017年在夏洛茨维尔市发生的暴力冲突是“毫无意义的死亡与分裂”。一些批评者对此评论说，特朗普所谓的“所有形式的种族主义”实际上是他2017年“双方”都应对暴力事件负责观点的翻版。[③]由于白人民族主义组织的一些领导人官司缠身，加上内部分裂，当时在华盛顿集会的规模要比前一年小得多。原来预计有400人到场，但最终现身的不到30人，令人大感意外；不过它同样遭到了反种族主义与反法西斯主义组织和人士的反抗议集会，人数有数千人。[④]这也可以看出，自夏洛茨维尔市的种族骚乱之后，白人种族主义者受到了美国社会自由主义势力的强势反击和打压。不过，作为一股有着一定民意基础的政治力量，白人民族主义的政治动向依然是人们高度关注的热点问题。

---

① J. M. Berger, “How White Nationalists Learned to Love Donald Trump ,” *POLITICO* Magazine, https://www.politico.com/magazine/story/2016/10/donald-trump-2016-white-nationalists-alt-right-214388.

② Ibid.

③ Christal Hayes, “Trump Condemns ‘All Types of Racism’ on Charlottesville Anniversary; Critics Slam Wording ,” *USA TODAY*, https://www.usatoday.com/story/news/politics/2018/08/11/donald-trump-charlottesville-anniversary-condemn-all-racism/965715002/.

④ 刘杰：《“白人至上”骚乱周年，极右集会在华盛顿遭抗议冷清收场》，新华网，http://www.xinhuanet.com/world/2018-08/13/c_129931932.htm。

无疑，作为一位主要政党的后选人，特朗普在2016年的大选中得到了白人民族主义分子团结一致的支持。这在历史上是没有先例可循的，也标志着后民权运动时期美国政治的一个重要变化。① 白人的“愤怒”似乎也通过特朗普找到了一个合适的出口，即使双方在关键时刻都否认相互之间的关联，白人民族主义者还是在特朗普身上找到了从其他渠道无法替代的政治影响力，而特朗普也从他们那里得到了更广泛的“民意”基础，保障了他本来就很脆弱的胜利。2020年总统大选使这一现象得以重新演绎，因为新冠肺炎疫情下美国经济受到严重的冲击，支持他的选民基本盘是他获得连任的唯一希望。为此，反全球化、反移民和煽动白人身份政治以及进一步呼应白人民族主义者的关切和诉求一直是特朗普2020年竞选策略的重心。如针对2020年8月28日发生在威斯康星州基诺莎枪击案，特朗普在8月31日的新闻发布会上就毫不掩饰地为那位枪杀了两名黑人运动示威者的17岁白人少年进行辩护：“不开枪，他可能被那些‘暴徒’打死。”而实际上这位叫里滕豪斯的嫌犯被抗议者追赶之前已经开枪打死了一名抗议者，摔倒后再次开枪，造成一死一伤。② 显然，特朗普这是为了呼应白人针对黑人抗议警察暴力执法运动而发出的“法律”与“秩序”诉求，因为在此之前他就已经称那些参加街头抗议的民众为“暴徒”了。

① J. M. Berger, “How White Nationalists Learned to Love Donald Trump ,” *POLITICO* Magazine, https://www.politico.com/magazine/story/2016/10/donald-trump-2016-white-nationalists-alt-right-214388.

② 《特朗普为抗议现场枪杀两人的17岁少年辩护：如果不开枪，他可能会死》，环球网，https://world.huanqiu.com/article/3zhayNaug6Y。

第八章

结束语

移民和种族问题始终是美国政治中十分重要的话题，并贯穿建国以来200多年历史。在此过程中，移民虽从未间断过，但因其不同时期的规模和来源地问题所引发美国政治的争执烈度不一而已，并导致各种放松或限制性移民政策的出台。自由主义与保守主义（本土主义）的博弈也由此不断重复演绎，最终形成了如今以欧洲裔白人为主，同时包含世界所有其他来源地的多元民族种族结构。而伴随这种多元结构的形成与加深，以盎格鲁-撒克逊为主流支配群体与少数族裔群体之间的关系问题不断在美国政治中反映出来。在这一过程中，黑人从奴隶到与白人享有平等的政治权利，德裔、爱尔兰裔、意大利裔和犹太裔等白人少数族裔群体被主流社会接纳而成为支配群体的组成部分，拉丁裔和亚裔也不再被视为劣等民族而遭受移民政策的特别歧视。所有这些反映了发端于建国时期美国政治文化的包容性。历史上一再出现的针对少数民族种族的歧视政策（包括针对他们的歧视性移民政策），反映的是美国主流支配群体与非主流少数族裔群体之间在话语权、投票权、族群特权和群体利益等方面的竞争性，维护和打破这种至今等级差异明显的族群分层架构的斗争一直存在于美国的政治进程之中，并经常导致美国族裔关系出现紧张的态势甚至在一定时期内社会的激烈动荡。

一、移民与文化冲突

研究美国族裔问题的学者都会注意到，美国的族群结构从一开始就与其他国家不同，其中有两个十分突出的特点：A. 在任何时候美国都不存在由某个族裔群体所占据和控制的地区，也就意味着不会存在许多国家所经历或面临的少数族裔闹独立的问题；B. 美国不存在一个完全以某个族裔群体为主的居住群落，即便在一些城市和乡村中有一些来自同一祖籍国或祖籍地的群体占据当地人口的多数，但这些地方仍然渗透着许多其他的族裔群体，某一族裔群体独占鳌头的局面很少出现。此外，除了个别小的或暂时的情况外，美国历史上大规模的移民潮带给美国的是一个个群龙无首的族裔群体，相互之间并没有紧密的个人联系和纽带。因此，美国的族裔问题始终不会对美国社会和政治体制带来颠覆性的威胁，且在一定时间的调整和适应之后，大部分都能融入美国的社会体系，并在美国政治进程中争取到相应的或一定比例的代表性。但毋庸置疑的是：一次次的移民潮多少给美国社会和文化带来了某些冲击，特别是本土出生的美国人在每次移民浪潮中总会感受到来自新移民的威胁。正如美国康涅狄格大学教授路易斯·L. 格尔森（Louis L. Gerson）所指出的，“美国这些新的族裔群体几乎注定会被美国的核心文化所同化；但由于其人数众多且在异国他乡同族间的文化亲情纽带，要成功完成这种同化如果不是几个世纪，也至少是一个几十年的漫长过程。”[①] 这就注定了移民和族裔关系问题始终是美国社会和政治的核心问题之一。面对美国第四次移民浪潮所带来的冲击，这种状况也在21世纪美国的政治进程中充分地反映出来。

① Louis L. Gerson, Preface to *The Hyphenate in Recent American Politics and Diplomacy* (Lawrence: University of Kansas Press, 1964).

自《1965年移民法》通过并实施以来，美国所经历的第四次移民浪潮至今仍未停歇。像历史上出现的其他三次移民浪潮一样，新的移民给美国社会带来了诸多冲击和挑战：移民数量不断增加，族裔结构出现更加巨大的改变。就目前形势来看，新移民浪潮带来的少数族裔人数增加所产生的第一个直接冲击就是过去一直占美国人口和选民绝对多数的白人族群现在在其中所占的比重越来越小。与此同时，以拉丁裔美国人为主的少数族裔人口则大幅上升。由此又给美国社会带来第二个挑战，即过去以黑白分裂为主轴的种族关系，现在已经转变为以白人和拉丁裔、黑人、亚裔群体等少数族群之间的多重族裔关系。整个社会从20世纪90年代开始，特别是进入21世纪之后，在全球化和去工业化的新背景下，本土主义思潮再一次变得越来越高涨。在2016年大选中最终以民粹主义的民族主义方式强势表现出来，主流与非主流群体之间、少数族裔群体之间的竞争明显加剧。这就为美国族裔政治在新世纪的发展和演变创造了一个硕大的想像空间。

二、党派政治的极化与族群的对立

从党派政治和意识形态的演变来看，少数族裔群体通过民主党的政治联盟倾向于自由主义的意识形态，而白人在过去一段时期越来越转向相对保守的共和党。这样，就形成了一种新的党派联盟格局，即以少数族裔群体的认同整体上都偏向于民主党，而绝大多数白人族群越来越成为共和党的坚定支持者。随着其人口增长和更多年轻一代选民逐步进入登记选民群体，少数族裔群体在民主党政治联盟中的比重会显著加强，这种对立的格局会变得更加明显。如果没有少数族裔群体的支持，民主党在白人人口和选民群体仍然占多数的共和党面前会毫无竞争力可言。而党派认同并非一种纯粹的感情依附或者一种习惯，特别是对于大多数少数族裔群体来说，党派认同体现的是一种意识形态和政治理念，特别是在有关政府的角色问题上。相对于比较保守的白人族群，少数族裔群体成员或多或少都希望有一个充满活力和主动积极的政府，以帮助他们抵御来自主流社会的歧视和偏见，摆脱经济上的贫困，提升社会经济地位；而白人族群则希望以其传统的“美国梦”价值观进行自我奋斗，不希望政府在社会问题上花费过多精力和资源，以维持自身在美国社会中已形成的政治经济优势和特权并保持其在族群分层体系中的特殊地位。这种对立的党派联盟格局在2008年总统选举中开始突显，并在2016年总统大选中达到极化程度。

未来一定时期内，这种严重对立格局会继续保持发展下去，而由于白人人口与选民的数量目前和未来一段时期仍占优势，保守主义的意识形态会在美国政治中占据相当一段时期的主导地位。而且根据我们前面相关章节中的分析，各少数族裔群体虽然人数和选民群体在不断增加，但其影响力仍然会受到多重因素的制约（如少数族裔成员的政治参与意愿不强，投票率低，内部的族裔结构差别大，意识形态分歧突出），其相应的政治代表性也会不足。此外，在一个传统上认为所有少数族裔群体都不如白人种族的社会中，少数族裔群体之间也必然存在着对彼此的歧视和偏见；再加上各少数族裔群体在社会资源和政治影响力方面的竞争已变得越来越激烈，这就注定了少数族裔参与政治进程所需要的政治资源总体有限。尽管它们现在内部的族裔认同或泛族裔认同越来越高，但面对一个人数占多数、泛白人种族意识和认同也变得越来越强烈的主流社会，它们将不得不为竭力鼓动自己的族裔成员去参与投票、加入各自的族裔组织及其他政治行动而不懈努力。当然，少数族裔群体能否保持一个强有力的党派政治联盟还存在诸多不确定因素。

与此同时，族裔群体还将面临一个越来越保守的司法系统，特别是在特朗普任期内联邦最高法院中自由派和保守派的结构已发生颠覆性改变的背景下。自2017年入主白宫后，特朗普提名并成功任命了保守派大法官戈萨奇接替了2016年2月去世的斯卡利亚大法官。2018年7月，他又提名了另一位保守派大法官布雷特·卡瓦诺，接替已退休的温和保守派大法官安东尼·肯尼迪；虽然该提名在参议院的听证过程中遭遇民主党的强势抵制，但仍然以50：48的微弱优势涉险过关。这样，保守派和自由派大法官的比例就形成了5：4的优势格局。2020年9月18日，自由派女性大法官金斯伯格去世，这给特朗普和共和党又一次机会提名一位保守派进入最高法院。虽然大选在即而遭到民主党的坚决反对，但特朗普和共和党控制的参议院迅速采取行动，成功提名保守派大法官艾米·巴雷特作为替补金斯伯格席位的大法官人选。这样，最高法院就出现了保守派占据绝对多数的局面。人们最为担忧的是这些保守派大法官可能会在族裔群体所关注的问题上平衡和制约少数族裔群体因其选民群体增加等带来的越来越强大的政治影响力，并在一些判决中削弱他们的力量。[①]正如特朗普自己在刚刚当选总统后接受记者采访时所表示的，他不会随意把一个人放在最高法院，除非他推翻《罗伊诉韦德案》（即 Roe v. Wade，最高法院 1973 年有关堕胎合法化的判决）和奥巴马的平价医疗法案。[②]这些正是自由主义意识明显的少数族裔所关注和受益的法案。要维护自身的利益就需要团结在民主党麾下的各族裔群体能够建立更加强大的政治联盟并进行更有力的精英领导。这些或许将成为族裔政治未来一段时期发展变化的关键因素。

三、白人的“焦虑”与少数族裔的“漂白”

伴随着美国政治中右翼保守主义思潮的再次得势，白人民族主义的情绪和极端白人至上主义的表现在一定时期内还会继续存在。虽然在 20 世纪 60 年代的美国民权运动之后，白人种族主义和白人至上主义等极右翼势力逐渐在美国社会失去了其话语权，并且在美国主流社会意识中已经不再有太多的生存空间，但正如我们在第七章中所分析的，由于新的移民浪潮和多元文化主义的认同政治所引发的白人焦虑以及全球化和美国去工业化进程给美国中下层白人所带来的危机感，泛白人意识和认同已变得越来越强烈。反移民、反多元文化主义的民粹主义和本土主义思潮泛起并相互结合，导致白人民族主义不断崛起。特朗普通过富含民族主义意味的“让美国再次伟大”口号以及采取一系列“美国优先”的民族主义色彩浓厚的政策和措施，已让白人民

① Shaun Bowler & Gary M. Segura, *The Future Is Ours: Minority Politics, Political Behavior, and the Multiracial Era of American Politics* (Thousand Oaks, CA: SAGE, 2012, p.285).

② 哥伦比亚广播公司，《特朗普当选后的首次电视专访：美国，别怕》，环球网，http://world.huanqiu.com/hot/2016-11/9678608.html。

族主义者兴奋不已并搅动了极右翼的白人至上主义和种族主义者的神经。这些人正在时刻准备利用可能的机会发出自己的声音。

要缓解白人民族主义者的情绪、消除白人至上主义和种族主义进一步生长和繁殖的土壤、避免美国社会回到过去的种族歧视和种族隔离时代，美国社会需要团结起来共同应对所出现的各种社会和经济问题，消除大多数美国白人的焦虑和危机感；同时，白人社会也需要改变其保守的意识，接受美国社会越来越多元化的现实，因为移民不会终止，族裔结构的变化也是不大可能改变的趋势。英国伦敦大学政治学教授埃里克·考夫曼（Eric Kaufmann）所提出的观点也许会被许多现实主义的白人所接受：白人需要从意识上放宽其对白人种族的界限并将那些欧洲裔与其他族裔的混血人种纳入白人的范畴，而不是继续强调其纯白人的种族特性，因为要想依据白人民族主义者的愿望从美国社会中清除少数族裔和保持美国社会的纯白种人特性是一样困难的事情。[①] 考夫曼的观点自然是建立在美国历史经验的基础之上的，因为美国的族裔政治史实际上就是美国主流白人群体不断扩展其白人种族边际的历史。最早的盎格鲁-撒克逊白人清教群体在面对不断涌入的移民浪潮过程中，逐渐将原先被他们定义为单独“种族”的德国裔、爱尔兰裔、犹太裔、意大利裔及许多东南欧裔白人群体纳入了主流白人种族的范畴，并使他们从“被边缘化”的状态转变为主流社会的一部分；而那些以前不被允许成为公民的黑人、印第安人、亚裔等少数族群也逐渐被赋予了公民权利而成为至少在政治上与白人平等的美国公民。如果这样的话，美国的族群等级结构可能就要重新排列。“中间人”拉丁裔和“模范少数族裔”亚裔可能会最先被“漂白”，成为主流社会的一部分，具有欧洲血统的黑人可能会通过跨族婚姻从黑人群体中分离出来而进入主流社会，美国社会可能会出现一种以黑肤色的加勒比海移民、非洲血统的拉丁裔及其他黑人群体与非黑人的种族划线。

无论前景如何变化，美国族裔社会多元化发展的趋势不会有太大的改变。在一个以开放、包容的政治和社会价值体系为基础的大社会背景下，美国社

① Eric Kaufmann, “Immigration and White Identity in the West: How to Deal with Declining Majorities ,” *Foreign Affairs*, Sept. 2017.

会族裔关系会继续沿着历史发展的轨迹朝着多元、“色盲”、共存的方向发展。虽然和过去一样也会出现反复，自由主义和保守主义之间的博弈甚至会很激烈，但美国的族裔关系总的趋势还是会趋于和谐与稳定并在美国人提倡的“合而为一”中实现我们中国人所说的“和而不同”的状态。不过，正如前述考夫曼在建议中所暗示的，美国白人还没有准备好要完全无限地扩展其种族边界，并接纳和“漂白”所有的族裔群体。这也意味着接纳和“漂白”的过程依然还很漫长。

附 录

主要参考文献

一、中文文献

1. 著 作

- 阿里亚娜·舍贝尔·达波洛尼亚:《种族主义的边界——身份认同、族群性与公民性》，钟震宇译，社会科学文献出版社，2015。
- 安娜·哈里斯·莱夫、苏珊娜·哈里斯·桑考斯基:《美国民族百纳图》，邹笃钦译，商务印书馆，1995。
- 保罗·芬德利:《美国亲以色列势力内幕》,武秉仁等译,中国对外翻译出版公司，1990。
- 保罗·塔格特:《民粹主义》，袁明旭译，吉林人民出版社，2005。
- 柴宝勇:《政党认同问题研究》，天津人民出版社，2010。
- 陈致远:《多元文化的现代美国》，四川人民出版社，2003。
- 戴超武 :《美国移民政策与亚洲移民》(1849—1996),中国社会科学出版社，1999。

- 邓鹏、李小兵、刘国力：《剪不断 理还乱》，中国社会科学出版社，2000。
- 邓蜀生：《时代悲欢“美国梦”》，中国社会科学出版社，2001。
- 刁大明：《2016 年大选与美国政治未来走向》，《2016 年大选与美国内外政策走向》，中国社会科学出版社，2017 年版。
- 格伦斯基：《社会分层》（第 2 版），王俊等译，华夏出版社，2005。
- 哈罗德 · F. 戈斯内尔、理查德 · G. 斯莫卡尔：《美国的政党和选举》，陆赟译，上海译文出版社，1980。
- 汉密尔顿、杰伊、麦迪逊：《联邦党人文集》，程逢如等译，商务印书馆，1980。
- 姬虹：《美国新移民研究》（1965 年至今），知识产权出版社，2008。
- 李道揆：《美国政府和美国政治》，中国社会科学出版社，1990。
- 李小兵、孙漪、李晓晓：《美国华人：从历史到现实》，四川人民出版社，2003。
- 吕振羽：《简明中国通史》，人民出版社，1959。
- 马丁 · 吉尔伯特：《五千年犹太文明史》，蔡永良、袁冰洁译，上海三联书店，2011。
- 马丁 · 麦格：《族群社会学》（第 6 版），祖力亚提 · 司马义译，华夏出版社，2007。
- 马克思、恩格斯：《马克思恩格斯全集》（第 25 卷第 2 册，第 1 版），中共中央马克思恩格斯列宁斯大林著作编译局编译，人民出版社，1974。
- 马戎：《民族与社会发展》，民族出版社，2001。
- 莫里森、康马杰：《美利坚共和国的成长》（上册），南开大学历史系美国史研究室译，天津人民出版社，1980。
- 诺曼 · 杰 · 奥恩斯坦、雪利 · 埃尔德：《利益集团、院外活动和政策制订》，潘同文等译，世界知识出版社，1981。
- 皮特 · F. 伯恩斯：《仅有选举政治是不够的：少数群体利益表达与政治

回应》，任国忠译，中央编译出版社，2011。

- 钱皓：《美国西裔移民研究——古巴、墨西哥移民历程及双重认同》，中国社会科学出版社，2002。
- 塞缪尔·亨廷顿：《文明的冲突与世界秩序的重建》，周琪等译，新华出版社，1998。
- 塞缪尔·亨廷顿：《失衡的承诺》，周端译，东方出版社，2005。
- 塞缪尔·亨廷顿：《我们是谁？美国国家特性面临的挑战》，程克雄译，新华出版社，2005。
- 施琳：《美国族裔概论》，中央民族大学出版社，2006。
- 谭融：《美国利益集团政治研究》，中国社会科学出版社，2002。
- 托马斯·索威尔：《美国种族简史》，沈宗美译，中信出版社，2011。
- 温宪：《特朗普评传——中国驻美资深记者的全面观察与深度解析》，世界知识出版社，2017。
- 余志森：《美国多元文化研究：主流与非主流文化关系探索》，华东师范大学出版社，2012。
- 约翰·J. 米尔斯海默、斯蒂芬·M. 沃尔特：《以色列游说集团与美国外交政策》，王传兴译，上海人民出版社，2009。
- 张定河：《美国政治制度的起源与演变》，中国社会科学出版社，1998。
- 张立平：《美国政党与选举政治》，中国社会科学出版社，2002。
- 张善余：《世界人口地理》，华东师范大学出版社，2002。
- 张涛：《美国民族意识的开端》，民族出版社，2008。

2. 文　章

- 安然：《从坦慕尼协会的兴衰看美国式腐败生成与治理的根源》，《社会科学战线》2011 年第 10 期。
- 曾少聪：《美国华人新移民与华人社会》，《世界民族》2005 年第 6 期。
- 柴宝勇：《论政党认同的含义及其要素》，《探索》2009 年第 1 期。

- 陈红蕾、陶佳琳：《美国华人网络对中美贸易影响的实证研究》，《国际经贸探索》2016 年第 5 期。
- 陈奕平：《当代美国亚裔参政问题分析》，《世界历史》2005 年第 4 期。
- 邓蜀生：《美国移民政策的演变及其动因》，《历史研究》1989 年第 3 期。
- 刁大明：《美国特朗普政府首年执政评估》（上），《美国研究》2018 年第 1 期。
- 董娣：《"亚裔美国人"概念的起源及其含义的变迁》，《南京师范大学学报》（社会科学版）2001 年第 4 期。
- 董娣：《亚裔美国人运动的缘起与影响》，《南京大学学报》（哲学·人文科学·社会科学版）2002 年第 2 期。
- 郭正林、李镇超：《当代世界的民粹主义：四种主要类型》，《学术前沿》2016 年 5 月。
- 郝时远：《对西方学界有关族群（Ethnic Group）释义的辨析》，《广西民族学院学报》（哲社版）2002 年 7 月。
- 何维保：《"通俄门"事件的起因、发展及影响》，《美国研究》2017 年第 5 期。
- 黄际英：《"模范少数族裔"理论：神话与现实》，《东北师范大学》（哲学社会科学版）2002 年第 6 期。
- 黄仁伟：《论美国人民党运动的历史地位》，《世界历史》1989 年第 1 期。
- 黄绍湘：《美国的总统制》，《历史研究》1989 年第 3 期。
- 节大磊：《美国政治极化与美国民主》，《美国研究》2016 年第 2 期。
- 康荣平：《全球华人创新网络的发展及作用》，《侨务工作研究》2004 年第 3 期。
- 李剑鸣：《美国土著部落地位的演变与印第安人的公民权问题》，《美国研究》1994 年第 2 期。
- 李剑鸣：《英国的殖民地政策与北美独立运动的兴起》，《历史研究》2002 年第 1 期。
- 李金：《马克思的阶级理论与韦伯的社会分层理论》，《社会学研究》

1993 年第 2 期。

- 李强：《社会分层与社会空间领域的公平、公正》，《中国人民大学学报》2012 年第 1 期。
- 李铁明：《美国政党组织的衰落及其原因分析》，《文史博览》2005 年第 18 期。
- 刘鹏：《殖民地时期北美地区农业经济快速发展的原因》，《洛阳师范学院学报》2013 年第 7 期。
- 陆月娟：《论战后美国族群结构的变化及其影响》，《华东师范大学学报》（哲社版）2002 年第 5 期。
- 潘家华：《负面冲击——正向效应——美国总统特朗普宣布退出〈巴黎协定〉的影响分析》，《中国科学院院刊》2017 年第 32 期。
- 钱皓：《美国 20 世纪 60 年代“奇卡诺运动”探微》，《世界民族》2001 年第 3 期。
- 王浩：《“特朗普现象”与美国政治变迁的逻辑与趋势》，《复旦学报》（社会科学版）2017 年第 6 期。
- 王鸿刚：《民粹主义思潮与美国的新一轮国家转型》，《学术前沿》2017 年 3 月号（下）。
- 王希恩：《民族认同与民族意识》，《民族研究》1995 年第 6 期。
- 夏立安、万尚庆：《美国宪政体制稳定的第一基石》，《湖北大学学报》（哲社版）1997 年第 5 期。
- 谢国荣：《1960 年代中后期的美国“黑人权力”运动及其影响》，《世界历史》2010 年第 1 期。
- 谢韬：《美国国家认同的危机 民主、种族和霸权视角》，《现代国际关系》2017 年第 12 期。
- 余惠芬：《“百人会”对中美关系发展的历史贡献及新时期的独特作用》，《东南亚研究》2014 年第 6 期。
- 张毅：《分裂的美国》，《美国研究》2017 年第 3 期。
- 赵树迪、黄任望：《“特朗普特质”与中美关系前景初探》，《太平洋学报》

2017 年第 6 期。

- 朱全红：《“去种族化”：奥巴马的种族政治策略》，《历史教学问题》2017 年第 1 期。
- 朱全红：《资源与影响力：美国族裔群体影响美国外交政策的政治资源分析》，《外交评论》2006 年第 4 期。

二、英文文献

1. 著 作

- Andrew Aoki & Okiyoshi Takeda, *Asian American Politics* (Cambridge: Polity Press, 2009).
- Angus Campbell, Philip E. Converse, Warren E. Miller & Donald E. Stokes, *The American Voter* (New York: John Wiley & Sons, Inc., 1960).
- Ashley Jardina, *White Identity Politics* (Cambridge: Cambridge University Press, 2019).
- Brian N. Fry, *Nativism and Immigration: Regulating the American Dream* (El Paso, TX: LFB Scholarly Publishing LLC, 2007).
- Bruce Allen Murphy, *The Brandeis/Frankfurter Connection: The Secret Activities of Two Supreme Court Justices* (New York: Oxford University Press, 1982).
- Carey McWilliams, *North from Mexico: The Spanish-Speaking People of the United States* (New York: Greenwood, 1968).
- Carl Waldman, *Encyclopedia of Native American Tribes,* 3rd Edition (New York: Checkmark Books, 2006).
- Carol M. Swain & Russ Nieli, *Contemporary Voices of White Nationalism in America* (Cambridge: Cambridge University Press, 2003).
- Chandler Davidson & Bernard Grofman, *Quiet Revolution in the South: The Impact of the Voting Rights Act, 1965–1990* (Princeton: Princeton University

Press, 1994).

- Christopher Stout, *Bringing Race Back In: Black Politicians, Deracialization, and Voting Behavior in the Age of Obama* (Charlottesville: University of Virginia Press, 2015).
- Clifton J. Child, *The German-Americans in Politics, 1914–1917* (Madison: University of Wisconsin Press, 1939).
- D. Ellen Wu, *The Color of Success: Asian Americans and the Origins of the Model Minority* (*Politics and Society in Modern America*) (Princeton: Princeton University Press, 2015).
- David E. Wilkins & Heidi Kiiwetinepinesiik Stark, *American Indian Politics and American Political System*, 3rd Edition (Lanham, Md.: Rowman & Littlefield Publishers, Inc., 2011).
- David Englander, *Britain and America: Studies in Comparative History, 1760–1970*, Edited by David Englander (New Haven: Yale University Press, 1997).
- David I. Kertzer & Dominique Arel, *Census and Identity: The Politics of Race, Ethnicity, and Language in National Censuses* (Cambridge: Cambridge University Press, 2002).
- Dinesh D'Souza, *The End of Racism* (New York: Free Press Paperbacks of Simon & Schuster, 1996).
- Edgar Litt, *Beyond Pluralism: Ethnic Politics in America* (Chicago: Scott, Foresman and Company, 1970).
- Eduardo Bonilla-Silva, *Racism without Racists* (Lanham, Md.: Rowman & Littlefield Publishers, Inc., 2014).
- Eduardo Bonilla-Silva, *White Supremacy and Racism in the Post-Civil Rights Era* (Boulder: Lynne Rienner Publishers, Inc., 2001).
- Edward H. Spicer, *The American Indians* (Cambridge, Mass.: Harvard University Press, 1982).

- Edward R. Kantowicz, *Corporation Sole: Cardinal Mundelein and Chicago Catholicism* (Notre Dame: University of Notre Dame Press, 1983).
- Ellis Cashmore, *Encyclopedia of Race and Ethnic Studies* (London: Routledge, 2004).
- Ellis Cose, *A Nation of Strangers: Prejudice, Politics, and the Populating of America* (New York: William Morrow and Company, Inc., 1992).
- Eric Kaufmann, *The Rise and Fall of Anglo-America: The Decline of Dominant Ethnicity in the United States* (Cambridge, Mass.: Harvard University Press, 2004).
- Eric Kaufmann, *Whiteshift: Populism, Immigration and the Future of White Majorities* (New York: Harry N. Abrams, 2020).
- Eric M. Uslaner, *American Political Parties: A Reader* (Itasca: F.E. Peacock Publishers, Inc. 1993).
- Francis Paul Prucha, *Documents of Unties States Indian Policy* (Lincoln: University of Nebraska Press, 1990).
- Frank Clemente, *Keep Hope Alive: Jesse Jackson's 1988 Presidential Campaign* (Boston: South End Press, 1999).
- Fred R. Harris & Others, *Understanding American Government* (Chicago: Scott, Foresman and Company, 1988).
- Frederick C. Harris, *The Price of the Ticket: Barack Obama and the Rise and Decline of Black Politics* (New York: Oxford University Press, 2012).
- George McKenna, *American Populism* (Halifax: Capricorn Books, 1974).
- George Thomas Kurian, *The Encyclopedia of Political Science* (Washington D.C.: CQ Press, 2011).
- Gerhard Lenski, *Power and Privilege: A Theory of Social Stratification* (New York: McGraw-Hill).
- Gunnar Myrdal, *An American Dilemma: The Negro Problem and Modern Democracy* (New York: Harper and Brothers, 1944).

- Hanes, Walton, Jr. & Robert C. Smith, *American Politics and the African American Quest for Universal Freedom, Reading* (Mass.: Addison-Wesley Longman, Inc., 2000).
- Hasia Diner, *The Jews of the United States:1654 to 2000* (Oakland, CA: University of California Press, 2004).
- Heather Siber Mohamed, *The New Americans?* (*Immigration, Protest, and the Politics of Latino Identity*, Lawrence: University Press of Kansas, 2017).
- Heidi Kiiwetinepinesiik Stark & David E. Wilkins, *American Indian Politics and the American Political System* (Lanham, Md.: Rowman & Littlefield Publishers, 2017).
- Henry Augustus Muhlenberg, *The Life of Major-General Peter Muhlenberg, of the Revolutionary Army* (Philadelphia: Carey and Hart, 1849).
- Homas E. Patterson, *We the People*: *A Concise Introduction to American Politics* (New York: The McGraw-Hill, Inc., 1995).
- Huey L. Perry, *Race, Politics and Governance in the United States* (Gainesville: University Press of Florida, 1996).
- J. A. Laponce, *The Protection of Minorities* (Oakland, CA: University of California Press, 1960).
- James Ciment & John Radzilowski, *American Immigration*: *An Encyclopedia of Political, Social and Cultural Change,* 2nd Edition (New York: Routledge, 2015).
- James S. Lai, *Asian American Political Action*: *Suburban Transformations* (Boulder: Lynne Rienner Publishers, Inc., 2011).
- Jan-Werner Muller, *What Is Populism?* (Philadelphia: University of Pennsylvania Press, 2016).
- Jeffrey D. Schultz, ed., *Encyclopedia of Minorities in American Politics* (Phoenix: Oryx Press, 2000).
- Jerry D. Stubben, *Native Americans and Political Participation*: *A Reference*

Handbook (Santa Barbara, CA: ABC Clio, 2006).

- John A. Garcia, *Latino Politics in America: Community, Culture, and Interests (Spectrum Series: Race and Ethnicity in National and Global Politics)* , Vol.3 (Lanham, Md.: Rowman & Littlefield Publishers, 2016).
- John Hartwell Moore, *Encyclopedia and Race and Racism*, Vol.3 (Farmington Hills, MI.: The Gale Group, 2008).
- John Higham, *Strangers in the Land* (New Brunswick, N.J.: Rutgers University Press, 1992).
- Jorge Ramos, *The Latino Wave: How Hispanics Are Transforming Politics in America* (New York: HarperCollins Publishers, 2005).
- Joseph Epstein, *Snobbery: The American Version* (Boston: Houghton Mifflin Company, 2002).
- Joseph S. Roucek & Bernard Eisenberg, *America's Ethnic Politics* (Westport: Greenwood Press, 1982).
- Julius Turner, *Party and Constituency: Pressures on Congress* (Baltimore: Johns Hopkins Press, 1952).
- Karim Murji & John Solomos, *Theories of Race and Ethnicity* (Cambridge: Cambridge University Press, 2015).
- Lawrence H. Fuchs, *American Ethnic Politics* (New York: Harper Torchbooks, 1968).
- Lawrence J. McCaffrey, *Textures of Irish America, Syracuse* (New York: Syracuse University Press, 1992).
- Lawrence R. Samuel, *The American Middle Class —A Cultural History* (New York: Routledge, 2014).
- Linda Vo, *Mobilizing an Asian American Community: Asian American History and Culture* (Philadelphia: Temple University Press, 2004).
- Louis L. Gerson, *The Hyphenate in Recent American Politics and Diplomacy, Preface* (Lawrence: University of Kansas Press, 1964).

- Lyman S. Tyler, *A History of Indian Policy, Bureau of Indian Affairs* (Washington D.C.: U.S. Government Printing Office, 1973).
- Marion Casey & J. J. Lee, *Making the Irish American: History and Heritage of the Irish in the United States* (New York: NYU Press, 2007).
- Marisa Abrajano & Zoltan L. Hajnal, *White Backlash: Immigration, Race, and American Politics* (Princeton: Princeton University Press, 2015).
- Mark Lilla, *The Once and Future Liberal: After Identity Politics* (New York: Harper, 2017).
- Michael Omi & Howard Winant, *Racial Formation in the United States* (New York: Routledge, 1994).
- Monique Avakian, *Atlas of Asian-American History* (New York: Facts On File, 2002).
- Nathan Glazer & D. P. Moynihan, *Beyond the Melting-Pot: The Negroes, Peurto-Ricans, Jews, Italians, and the Irish of New York City* (Cambridge: The MIT Press, 1963).
- Nathan Glazer & Daniel P. Moynihan, *Ethnicity: Theory and Experience* (Cambridge, Mass.: Harvard University Press, 1975).
- Neil J. Smelser, William Julius Wilson, and Faith Mitehell, ed., *America Becoming: Racial Trends and Their Consequences* (Washington, D.C.: National Academy Press, 2001).
- Paul Chaat Smith & Robert Allen Warrior, *Like a Hurricane: The Indian Movement from Alcatraz to Wounded Knee* (New York: New Press, 1996).
- Paul Eidelberg, *Philosophy of American Constitution: A Reinterpretation of the Intentions of the Founding Fathers* (New York: The Free Press, 1968).
- Peter H. Koehn & Xiao-huang Yin, *The Expanding Roles of Chinese Americans in U.S.—hina Relations: Transnational Networks and Trans-Pacific Interactions* (Armonk: M.E. Sharpe, 2002).
- Peverill Squire, James M. Lindsay and Others, *Dynamics of Democracy*

(Madison, WI: Brown & Benchmark Publishers, 1997).

- Richard T. Schaefer, *Encyclopedia of Race, Ethnicity and Society* (Thousand Oaks, CA: SAGE Publications, Inc., 2008).
- Robert A. Divine & Others, *The American Story*, 3rd Edition (Hoboken, N.J.: Pearson Education, Inc., 2007).
- Robert Berkhofer, Jr., *The White Man's Indian* (New York: Vintage, 1979).
- Robert C. Smith, *Encyclopedia of African-American Politics* (New York: Facts on File, Inc., 2003).
- Rodney P. Carlisle, *Encyclopedia of Politics: The Left and the Right* (Thousand Oaks, CA: Sage Publications, Inc., 2005).
- Rodolfo de la Garza & Others, *Latino Voices: Mexican, Puerto Rican, and Cuban Perspectives on American Politics* (Boulder, Colo.: Westview Press, 1992).
- Roger Hewitt, *White Backlash and the Politics of Multiculturalism* (Cambridge: Cambridge University Press, 2005).
- Russell Thornton, *American Indian Holocaust and Survival: A Population History since* 1492 (Norman: University of Oklahoma Press, 1987).
- Samuel Huntington, *Who Are We? The Challenges to America's National Identity* (New York: Simon and Schuster, 2004).
- Shaun Bowler, *The Future Is Ours: Minority Politics, Political Behavior, and the Multiracial Era of American Politics* (Thousand Oaks, CA: SAGE, 2012).
- Shih_Shan Henry Tsai, *The Chinese Experience in America* (Bloomington and Indianapolis: Indiana University Press, 1986).
- Steffen W. Schmidt, Mack C. Shelley & Barbara A. Bardes, *American Government and Politics Today* 2008–2009 (Florance: Cengage Learning, 2008).
- Stephen Cornell, *The Return of the Native American Indian Political Resurgence* (New York: Oxford University Press, 1988).

- Stephen H. Norwood & Eunice G. Pollack, *Encyclopedia of American Jewish History* (Santa Barbara: ABC-CLIO, Inc., 2008).
- Taeku Lee, S. Karthick Ramakrishnan & Ricardo Ramirez, *Transforming Politics, Transforming America: The Political and Civic Incorporation of Immigrants in the United States* (Charlottesville: University of Virginia Press, 2006).
- Terry Smith, Barack Obama, *Post-Racialism, and the New Politics of Triangulation* (New York: Palgrave Macmillan, 2012).
- Tony Horwitz, *Confederates in the Attic: Dispatches from the Unfinished Civil War* (New York: Pantheon, 1998).
- Valdmier Orlando Key Jr., *Politics, Parties, and Pressure Groups* (Springfield: Crowell, 1962).
- Vegas Tenold, *Everything You Love Will Burn: Inside the Rebirth of White Nationalism in America* (New York: Bold Type Books, 2018).
- William G. Mayer, *The Swing Voter in American Politics* (Washington DC: Brookings Institution Press, 2007).
- Willow Lung-Amam, *Trespassers?: Asian Americans and the Battle for Suburbia* (Oakland, CA: University of California Press, 2017).

2. 文 章

- Alberto Juarez, "The Emergence of El Partido De La Raza Unida: California's New Political Party," Aztlán, 1972.
- Alex Seitz-Wald, "Democrats Scoff, Boo, Groan, Glower at Ttrump's State of the Union," *NBC News*, Jan. 31, 2018.
- Andrew Hacker, "Liberal Democracy and Social Control," *American Political Science Review*, Vol.51, Issue 4, 1957, pp.1009–1026, p.1011.
- Ben Wattenberg & Scammon, "Black Progress and Liberal Rhetoric," *Commentary*, April 1973.

- Brian D. McKenzie, "Barack Obama, Jeremiah Wright, and Public Opinion in the 2008 Presidential Primaries, " *International Society of Political Psychology,* Vol.32, No.6, The Obama Presidency Special Issue, Dec. 2011, pp.943–961.
- Carlos Gradin, "Poverty among Minorities in the United States: Explaining the Racial Poverty Gap for Blacks and Latinos," *Applied Economics*, Vol.44, 2012, pp. 3793–3804.
- Charles R. Beitz, "Social and Cosmopolitan Liberalism," *International Affairs*, Vol.75, No.3, Jul. 1999, pp.515–529.
- Chen Changfu, "Chinese Americans and American Society," *Chinese Studies in History*, Vol.41, No.3, Spring 2008, pp.3–22.
- David Carroll Cochran, "Ethnic Diversity and Democratic Stability: The Case of Irish Americans," *Political Science* (*Quarterly*), Vol.110, No.4, Winter 1995–1996, pp.587–604.
- Dustin Waters & Mark Berman, "Dylann Roof Found Guilty on All Counts in Charleston Church Massacre Trial," *Washington Post*, Dec. 15, 2016.
- Eric Kaufmann, "Immigration and White Identity in the West: How to Deal with Declining Majorities," *Foreign Affairs*, Sept. 2017.
- G. K. Peatling, "The 'Irish', the 'Scots-Irish' and the United States in the Twentieth Century: Some Patterns of Exchange," *Etudes Irlandaises*, Vol.28, No.2, 2003, pp.81–89.
- George Koo, "Asian American Ticket to the American Dream," *Chinese American Forum*, Vol.16 , Issue 3, Jan. 2001, p.23.
- Herrington J. Bryce, "Are Most Blacks in the Middle Class?" *Black Scholars*, Feb. 1974.
- Jeffrey W. Koch, "Partisanship and Non-Partisanship among American Indians," *American Politics Research*, 2017, Vol.45, Issue 4, pp.673–691.
- Jennifer Bendery, "Senate Confirms First-Ever Native American Woman as

Federal Judge," *Politics*, May 15, 2014.

- Jim Lobe, "Asian-Americans Lean toward Kerry," Archived, 19 Sept. 2008 (at the Library of Congress), *Asia Times*, Sept.16, 2004.
- Joane Nagel, "American Indian Ethnic Renewal: Politics and the Resurgence of Identity," *American Sociological Review*, Vol.60, Issue 6, Dec. 1995, pp.947–965.
- Joe Kraus, "How the Melting Pot Stirred America: The Reception of Zangwill's Play and Theater's Role in the American Assimilation Experience," *MELUS*, Vol.24, No.3, Autumn 1999, pp.3–19.
- Joe R.Feagin, "The Continuing Significance of Race: Antiblack Discrimination in Public Places," *American Sociological Review*, Vol.56, No.1, Feb. 1991, pp.101–116.
- Joseph McCormick & Charles Jones, "The Conceptualization of Deracialization," Georgia Persons, ed., *Dilemmas of Black Politics* (New York: Harper Collins, 1993).
- Joyce Purnick and Michael Oreskes, "Jesse Jackson Aims for the Mainstream," *New York Times*, Nov. 29, 1987.
- Kristen L. Anderson, "German Americans, African Americans, and the Republican Party in St. Louis, 1865–1872," *Journal of American Ethnic History*, Vol.28, No.1, Fall 2008, pp.34–51.
- Magnus Lofstrom & Steven Raphael, "Crime, the Criminal Justice System, and Socioeconomic Inequality," *The Journal of Economic Perspectives*, Vol.30, No.2, Spring 2016, pp.103–126.
- Martin Gilens, "Race and Poverty in America: Public Misperceptions and the American News Media," *The Public Opinion* (*Quarterly*), Vol.60, No.4, Winter, 1996, pp.515–541.
- Matt Bai, "Is Obama the End of Black Politics?" *The New York Times*, Aug. 6, 2008.

- Melissa L. Walls. & Les B. Whitbeck, "The Intergenerational Effects of Relocation Policies on Indigenous Families," *Journal of Family Issues*, Vol.33 , Issue 9, Jun. 14, 2012, pp.1272–1293.
- Michael Lind, "This Is What the Future of American Politics Looks Like," *POLITICO* Magazine, May 22, 2016.
- Pei-te Lien, "Homeland Origins and Political Identities among Chinese Americans," *Chinese America: History and Perspectives,* Jan. 1, 2007.
- Peter Byrne, "On the Origins of White Nationalism," *New Scientist*, Vol.238, Issue 3181, Jun. 2018, pp.34–39.
- Ronald W. Walters, "The Impact of Slavery on 20th-and-21st-Century Black Progress," *The Journal of African American History*, Vol.97, No.1–2, Winter-Spring 2012, pp.110–130.
- Russell A. Kazal, "Revisiting Assimilation: The Rise, Fall, and Reappraisal of a Concept," *American Historical Review*, Vol.100, Issue 2, Apr. 1995, pp.437–471.
- Thomas Tandy Lewis, "The New White Nationalism in America," *Magill's Literary Annual*, 2003, pp.1–3.
- Wooksoo Kim & Robert H. Keefe, "Barriers to Healthcare among Asian Americans," *Social Work in Public Health,* Vol.25, Issue 3–4, pp.286–295.
- Zhiqun Zhu, "Two Diasporas: Overseas Chinese and Non-resident Indians in Their Homelands' Political Economy," *Journal of Chinese Political Science*, Vol.12, No.3, Fall 2007.

AFTERWORDS

后 记

我在 2001 年通过导师余志森先生主持的国家课题“美国多元文化研究”首次接触到了“美国族裔政治”问题。未曾料到的是，这一初浅的研究把我引入了对美国社会各族裔群体方方面面既进行宏观考察又条分缕析地深入研究。结果一发不可收拾，直至今日，我还在对它不懈地进行探究。“美国族裔政治研究”于 2012 年获得国家社科一般项目的资助，聚焦美国族裔群体在美国政治进程中争取平等权利的不同历程、群体认同与意识及其参与政治进程的主要方式等，旨在探讨美国族裔关系变化和调整的政治基础和机制。

从整个研究过程来看，课题涉猎内容繁杂，远超本人的知识水平和研究能力，加上期间工作的变化与忙碌，课题研究拖延许久。不过也正是在这个时期，我们经历了 2008 年、2016 年以及 2020 年美国族裔政治史上三次具有重要意义的大选。这其中产生了美国第一位黑人总统，随后又迎来了美国 21 世纪民粹主义的高潮和白人民族主义的“复活”。这为我们的族裔政治研究提供了难得的现实题材，本书相关章节专门对此进行了分析和讨论。实际上，本人除了前几年利用在美国研究和工作的机会不断搜集相关素材并尽力推进研究进程外，十多年来我一直坚持指导美国研究中心的研究生追踪美国族裔问题热点和最新研究成果并开展相关领域的研究，先后有十余篇硕士论文涉及美国移民与族裔问题，其中一些内容已融入了本书之中。作为本课题的直接参与者，徐翰飘、萨琪儿、侯一凡和陈佳佳还分别参与了本书部分内容的撰写工作。其中，徐翰飘撰写了第六章的第一、第二、第三节内容，萨琪儿参与了第七章第一节的研究，侯一凡和陈佳佳参与了第七章第二节部分内容的写作工作。因此，本书是一部团队研究的成果，凝聚了各位同学的集体劳动和智慧。感谢同学们多年来的努力和付出。

在书稿完成之际，我要感谢导师余志森先生长期以来对我的诸多关心与支持。在选题、构思与研究方法上，导师都给予了许多宝贵的建议。书中许多观点的形成也受益于导师先前主持的国家课题“美国多元文化研究”。此外，我要感谢英语系和美国研究中心的同事们在本课题的申请、讨论及撰写过程中给我的各种建议和帮助。其中在参与金衡山教授主导教育部的一些国别研究课题中，我也受益匪浅。最后，我还要特别感谢哥本哈根大学保罗·莱文（Paul Levine）教授、弗吉尼亚大学政治系约翰·欧文（John Owen）教授、上海外国语大学王恩铭教授、华东师范大学历史系林广教授、国际关系与地区研究院院长刘军教授、中国社会科学院副院长吴文钰以及世界知识出版社的编辑曾伏华等。本书得以顺利出版离不开他们的关心、支持和鼎力相助。当然，我家人的默默支持是所有这些能够最终完成的保障。

学术探究永无止境，尽管我们已经付出了艰巨的努力，本书仍有许多未及完善和不逮之处。特别是当前美国族裔政治发展变化迅速，书中我们虽然对 2019—2020 年的形势也有一些专门的讨论，但因一切仍在变化之中，相关问题还无法深入分析和思考，讨论也不成熟。如果本书能给其他学者和同仁一些启发和借鉴，我便心满意足了。

朱全红

2021 年 7 月 1 日